余映潮中学语文教学主张与教学创意

余映潮 著

中国轻工业出版社

图书在版编目(CIP)数据

余映潮中学语文教学主张与教学创意/余映潮
著.—北京：中国轻工业出版社，2021.3
ISBN 978-7-5184-3228-8

Ⅰ.①余… Ⅱ.①余… Ⅲ.①中学语文课－教学研究 Ⅳ.①G633.302

中国版本图书馆CIP数据核字（2020）第197684号

总 策 划：石　铁
策划编辑：吴　红　　　　　责任终审：滕炎福
责任编辑：吴　红　　　　　责任监印：刘志颖

出版发行：中国轻工业出版社（北京东长安街6号，邮编：100740）
印　　刷：三河市鑫金马印装有限公司
经　　销：各地新华书店
版　　次：2021年3月第1版第1次印刷
开　　本：787×1092　1/16　印张：18.00
字　　数：184千字
印　　数：1—5000
书　　号：ISBN 978-7-5184-3228-8　定价：58.00元
读者热线：010-65181109，65262933
发行电话：010-85119832　传真：010-85113293
网　　址：http://www.chlip.com.cn　http://www.wqedu.com
电子信箱：1012305542@qq.com
如发现图书残缺请与我社联系调换
200626Y1X101ZBW

自　序

《余映潮的中学语文教学主张》2012年3月由中国轻工业出版社出版，弹指一挥间，8年过去了。

2020年的春天格外不同，面对突如其来的疫情，举国上下齐心协力进行抗疫阻击战。已经进入74岁的我，在宅于家中的日子里，对这部作品进行了细致的修订与补充，并更改书名为《余映潮中学语文教学主张与教学创意》。

这次修订，是在统编中小学语文教材已经全面使用的背景下进行的。在全书总体格局基本不变的前提下，删换了书中的绝大部分旧例，用比较大的篇幅新增了一些内容，如第一章的"提升古诗词鉴赏力"、第二章的"统编教材15篇课文的教学新创意"、第三章的"指导自读，实践学法"、第六章的"养成积累'范文'资料的好习惯"等，意在给语文教师同人提供更多的实用教学资料。

如果要用一句话来概括我的语文教学主张，那就是：

中小学语文教师需要做到"利用语文教材中的教学资源"来组织课堂读写训练活动。

只有摆脱了"就课文教课文""就课文内容问课文内容"的陈旧教学习惯，语文课堂教学的效率才有可能获得较大的提升。

做追求教学质量的语文教师，就一定要懂得语文教学。

最最基础的"懂"，表现在如下三个方面。

（1）要懂得语文训练目标的重要性

语文教师要懂得，语文教材是用于对学生进行训练的，每个单元都有明确的训练目标；离开训练目标，任何语文课堂都只是在照本宣科。

如统编初中语文教材，从七年级到九年级的36个单元，对阅读能力和文体阅读的训练点，安排了如下清晰的教学目标：

七年级：学习朗读，品味文中的精彩语句，体会汉语之美；整体感知课文内容，把握作者思想感情；学习默读，梳理文章的主要内容；学会圈点勾画，理清作者思路；学做摘录，概括文章的中心；学习快速阅读，练习展开联想和想象；学习精读，字斟句酌，把握人物特征；学做批注，了解抒情方式；熟读精思，把握叙事角度，分清详略；学习略读，快速捕捉阅读重点；学习比较阅读，了解描写方法，学习托物言志的手法；学习浏览，快速提取文章的主要信息。

八年级：阅读新闻类文章，获取主要信息，把握作者的观点和态度；阅读传记类文章，对人物和事件有自己的理解和判断；诵读古诗文，借助注释和工具书了解大意，积累常见文言实词；阅读不同类型的散文，把握其共性和个性；学习说明方法，揣摩说明语言，把握说明对象的特征；诵读古诗文，积累常见文言虚词；了解民俗，学会多种表达方式的综合运用；把握主要观点，提取主要信息，领悟科学精神和科学方法；诵读古诗文，积累常见文言句式；了解书信和演讲的特点；阅读游记，把握叙述角度和景物描写的特点；诵读古诗文，积累经典语句。

九年级：学习诗歌，理解诗歌的意象，感受意境，品味语言；阅读议论性文章，能够区分观点和材料，把握议论的中心；诵读古诗文，把握作者的情感；梳理小说的情节，理解小说的主题；分析材料，把握论据，理解观点与材料之间的联系；阅读古白话小说，把握情节和结构，揣摩语言；学习诗歌，感受韵律，把握意象，理解诗人情感；把握小说的人物形象，学会欣赏小说；诵读古诗文，注重积累、感悟和运用；了解作者观点，提出看法，探讨疑难，尝试迁移运用；阅读戏剧作品，把握戏剧冲突和戏剧人物；诵读古诗文，感受人物的思想和情感。

可谓由浅入深，由易及难，充分覆盖，周密安排：设若教师的专业水平不高，背景知识不厚，教学能力不强，教学方法不力，只知道在烦琐的课堂提问中对课文内容进行解析，无法落实上述各项训练目标，那么如何能让学生的语文素养得到真正的提升？

(2) 要懂得深刻钻研教材，充分利用课文教学资源

语文教师只有深刻钻研教材，充分利用课文教学资源，才能组织起真正的课堂训练活动。

尽管《语文课程标准》强调教师"应认真钻研教材，正确理解、把握教材内容，创造性地使用教材"，但在日常课堂教学中，仍然很难见到"使用教材""用教材教"的好案例。

怎样判断教师是在"教教材"？主要看课堂提问。课堂提问的量越大，提问越细碎，"教教材"的痕迹就越重，教学方法就越陈旧；这就是所谓"碎问"式教学。

而教师的"碎问"所引发的，就是学生的"碎答"。"碎问碎答"是阅读教学的顽固基因，也是无数语文教师的教学习惯。其流弊是浮于课文表层，零碎肤浅地解析课文内容。它大量耗费课堂教学的宝贵时间，却难以让学生得到有效的训练及厚实的积累。

怎样判断教师是在"利用教材""用教材教"？主要看学生的课堂实践活动。所谓"课堂实践活动"，就是学生集体参与的朗读背诵、大意概说、故事复述、层次划分、语言品析、精段品读、手法欣赏、人物评说、内容探究、改写扩写等训练活动。

"利用教材"进行教学的本质特点是，不着眼于单调地解析课文内容，而是对学生进行语言学用训练、读写技能训练和知识积累训练；在课堂训练中落实课程标准所说的"注重"："注重语言的积累、感悟和运用，注重基本技能训练，让学生打好扎实的语文基础"。

如《春》的"春花图"片段：

桃树、杏树、梨树，你不让我，我不让你，都开满了花赶趟儿。红的像火，粉的像霞，白的像雪。花里带着甜味儿；闭了眼，树上仿佛已经满是桃儿、杏儿、梨儿。花下成千成百的蜜蜂嗡嗡地闹着，大小的蝴蝶飞来飞去。野花遍地是：杂样儿，有名字的，没名字的，散在草丛里像眼睛，像星星，还眨呀眨的。

它可以用于：朗读训练，背诵训练，概括训练，仿写训练，层次划分，字词品析，修辞手法赏析，映衬手法欣赏，段与段之间的关系分析，表达作用与表达效果

的分析，等等。假设有选择地整合上述训练角度来上一节课，一切的"碎问"在这些"用于"面前都会相形见绌。

这些"用于"都是开展阅读活动的抓手，可以称为"课文教学资源"。

变"碎问碎答"为"实践活动"，需要教师有"课文教学资源"的意识。

每篇课文中都有丰富的教学资源；即使课文中的一个部分、一个段，乃至一个句子，也都含有可以利用的教学资源。

"教学资源"，指的是教材、课文中能够用于对学生进行语言教学、技能训练、方法养成、知识积累、情感熏陶的材料。一位语文教师，有了提取、整合课文教学资源的能力，就有可能在"利用教材""利用课文"上迈出重要的一步。

提取、整合课文教学资源的方法是：分类集聚。

如，《从百草园到三味书屋》中提取出来的丰富的教学资源有：字音认读，字形书写，词义解释，动词连用的片段，量词丰富的片段，句式学用的片段，段式学用的片段，人物素描的片段，场景描写的片段，重要精美段落，课文文意把握，课文层次分析，课文语言赏析，表达手法欣赏，课中比较阅读，课文朗读与背诵等。有了这些内容的呈现，就可以利用其训练价值来对学生进行不同内容、不同角度的有效训练了。

语文教师要建立"课文教学资源"的教学理念，以此来提升自己教材研读的能力和利用"教学资源"设计教学的能力。

建立"教学资源"的理念，是语文教师的教学从低端能力向高端能力发展的关键。在善于提取、整合、利用课文教学资源的教师的眼中，教材、课文中的教学资源取之不尽、用之不竭。

重要的是，因为减少了"碎问碎答"而增加了"实践活动"，学生能真正享受到优质的语文学科的教育。

（3）要懂得讲究教学能力，追求教学艺术

语文教师要努力提高教学能力，磨炼教学艺术。用艺术的教学设计优化课堂读写活动，是语文教师的真本领。

从"教学"二字来看：创意优美、角度新颖、细节生动、手法巧妙、激趣益情、

学生活动充分、课堂积累丰富的设计技巧与教学技巧就是教学艺术。教学艺术是具有美感、富有情味、训练智能、省时高效的高层次教学艺术。

语文教师用艺术的教学设计优化课堂读写活动，其最简单的方法与角度是什么？

①运用"板块式"思路进行教学设计。

教学思路清晰是所有教师教学设计水平的第一反映。

如苏轼《记承天寺夜游》的教学思路设计：

活动一：自读自讲——教师出示作家作品简介；学生自主学习，利用课文注释自读自讲。

活动二：朗读体味——教师分步训练学生习练朗读：读出欣然的味道，读出孤寂的味道，读出高兴的味道，读出陶醉的味道，读出深沉的感慨。

活动三：读背积累——教师引导学生翻译课文，师生共同背诵课文。

活动四：选点品析——品析文中的写景美句，体会其表达作用与表达效果。

以上教学创意将一个课的教学大致上整合为四个教学板块，由此可知"板块式"思路的一个重要特点：教学思路清晰，教学过程有序，表现出"一块一块地来落实"的教学形态。

②运用"主问题"手法进行教学设计。

提问精粹实在是教师课堂教学水平的第一反映。

如《散步》阅读教学中的"主问题"设计：

1. 给这篇美文再拟一个标题
2. 用一个富有诗意的句子概说文章的内蕴
3. 以"深情渗透在这一句"为话题品析文中美句
4. 品析"这南方初春的田野"段的美感与作用
5. 说说课文中的"波澜"
6. 发现课文中的"照应"
7. 品味课文末段的表达之美与优美含义
8. 结合文意诠释"整个世界"的意味
9. 微文写作：好美的一个家

10. 朗读课文，力求读出课文的情味

对于上述这些话题，学生并不能立即回答"是"或"不是"，每个话题或每个任务都需要在反复研读、认真揣摩课文内容之后才能进行阐释或表达。

这就是"主问题"教学手法的运用。它有利于学生课堂上实践活动的开展，有利于"简化教学头绪，强调内容综合"，有利于每个学生的自主学习、独立思考、解决问题、获得真知。

有了"板块式"思路对学生课堂实践活动的"规划"，有了"主问题"设计对学生课堂实践活动的引领，让每个学生在每节语文课上得到有质量的教学训练就不再是一种理想的状态，也不再是一句空话了。

教师的教学艺术，能够优雅地造福于学生的课堂学习。

笔者愿意与所有语文教师同人一起，做懂得语文教学的人，做站得稳讲台的人。

余映潮

2020年5月18日

于武汉映日斋

目 录

第一章 别出心裁研读课文 …………………………………… 1
  1. 章法的审美 …………………………………………………… 2
  2. 语言的品味 …………………………………………………… 8
  3. 探秘段式和句式的世界 …………………………………… 13
  4. 趣读 ………………………………………………………… 22
  5. 深读文章的一个点 ………………………………………… 27
  6. 多角度反复赏析 …………………………………………… 32
  7. 表达技法的欣赏 …………………………………………… 37
  8. 提升古诗词鉴赏力 ………………………………………… 43

第二章 教学创意的美妙角度 ………………………………… 51
  1. 什么是教学创意 …………………………………………… 52
  2. 教学创意讲究"新" ………………………………………… 56
  3. 教学创意讲究"简" ………………………………………… 59
  4. 教学创意讲究"实" ………………………………………… 63
  5. 教学创意讲究"活" ………………………………………… 65
  6. 教学创意讲究"雅" ………………………………………… 69
  7. 教学创意讲究"趣" ………………………………………… 74
  8. 统编教材15篇课文的教学新创意 ……………………… 76

第三章 教材处理的生动手法……115
1. 整体反复，多次品读……116
2. 文意把握，选点突破……118
3. 朗读为线，分层品析……123
4. 一文为主，多文联读……126
5. 巧妙穿插，增加厚度……131
6. 课文作文，以写带读……135
7. 化长为短，变难为易……138
8. 指导自读，实践学法……142

第四章 板块式思路和主问题设计……147
1. 什么是教学思路……148
2. 板块式教学思路的基本特点……151
3. 板块式教学思路的设计角度……154
4. 板块式教学思路详案示例……162
5. 主问题的教学魅力……165
6. 主问题的设计技巧……170

第五章 语文教师阅读教学的基本技能……181
1. 课型设计技能……182
2. 能力训练技能……185
3. 语言教学技能……187
4. 活动组织技能……194
5. 手法运用技能……199
6. 朗读教学技能……203
7. 学法指导技能……209
8. 教案撰写技能……214

9. 语言表达技能 ……………………………………………………221

第六章 语文教师作文教学的基本素养 ……………………………225
1. 对文体的写作技法进行综合研究 …………………………226
2. 对不同的写作环节进行细致的指导 …………………………232
3. 设计有训练实效的作文详案 …………………………………240
4. 创造灵动多姿的写作训练形式 ………………………………248
5. 关注作文评点语的魅力 ………………………………………258
6. 养成积累"范文"资料的好习惯 ……………………………262

第一章

别出心裁研读课文

中学语文教材,是精选的语言现象,是美丽而博大的知识海洋,蕴藏着精粹的知识宝藏,沉淀着丰富的能力训练因素。

教材研读,是语文教师最基础最常用最必需的研究方法,这种研究方法伴随每位语文教师一生的语文教学;语文教师的第一功夫,应该是能够读出课文的味道。

为了高效真实的阅读教学,语文教师要把教材读"厚",把教材教"薄";要利用教材增加学生知识,利用教材训练学生能力。

教材研读,是一切阅读教学设计的开端与基础。教材研读的深度与广度影响着教学设计的质量。

教材研读有很多好方法,如拆分式阅读、提取式阅读、反复式阅读、选点式阅读、连类式阅读、发现式阅读、赏析式阅读、资料式阅读等。

本章给大家介绍一些课文研读的特别精巧的方法与角度。

1. 章法的审美

"章法",《现代汉语规范词典》的解释是:文章的组织结构;书画篆刻作品的布局;比喻办事的规矩或程序。

"章法",用于文章写作,一般的解释是:诗文布局谋篇的法则,诗文布局谋篇的技巧与方法。

"章法"重在形式之美,它所讲究的是:顺序合理,思路完整,脉络清晰,形式美观,手法生动。

语文教学中"章法"主要指诗文的布局谋篇的技巧与方法,其品析欣赏的视点丰富而深刻,如:起承转合,重章叠句,开合有度,抑扬有致,虚实相映,先疏后密,轻波微澜,一波三折,悬念层叠,前伏后应,一线串珠,一词经纬,反复穿插,首尾呼应,叙议结合,夹叙夹议,倒叙顺叙,插叙补叙,先总后分,横式结构,纵式结构等,其细节性的技巧奥妙无穷,不胜枚举。总的来看,几乎都与"精深美妙"四个字有关。

可以说,语文教师关于文章章法的阅读分析与鉴别欣赏的能力,可能是其阅读分析能力的核心组成部分。

即便不说"章法"二字,只把视点放到比较单一的"文章结构"上,也能看到,许多常规的与非常规的表达方式几乎每天都会出现在我们的面前,出现在教学中。如:

记叙文的要素:时间,地点,人物,事情的起因、经过、结果。

新闻的结构:标题、导语、主体、背景、结语。

说明文的时间顺序、空间顺序、逻辑顺序,以及在此基础上的更为复杂的顺序。

论说文的引论、本论、结论及其展开的技巧。

小说的开端、发展、高潮、结局以及细部上的构思技巧。

诗歌、散文的结构层次;古诗词的章法结构。

文章表达方面各种常规的或变式的细节技巧。

不同文体文章的创新结构的分析与欣赏。

……

这些基础的教学内容，足以让我们知道语文教师在此方面的阅读分析能力的重要性。

章法的审美，是语文教师提高阅读分析能力的美好角度和给力方式。

(1) 章法的审美让我们能更深刻地从布局谋篇技法的角度去欣赏作品

如《记承天寺夜游》的章法分析。

先看课文：

记承天寺夜游
苏轼

元丰六年十月十二日夜，解衣欲睡，月色入户，欣然起行。念无与为乐者，遂至承天寺寻张怀民。怀民亦未寝，相与步于中庭。庭下如积水空明，水中藻、荇交横，盖竹柏影也。何夜无月？何处无竹柏？但少闲人如吾两人者耳。

85个字，短短的一段话，即兴地写了一次生活的偶感，干干净净，简简单单。

现在将其进行一次"变形"：

记承天寺夜游
苏轼

元丰六年十月十二日夜，解衣欲睡，月色入户，欣然起行。念无与为乐者，遂至承天寺寻张怀民。怀民亦未寝，相与步于中庭。庭下如积水空明，水中藻、荇交横，盖竹柏影也。　　　　　　　　　　　　　　　　　　　　　　　　　　（叙事）

何夜无月？何处无竹柏？但少闲人如吾两人者耳。　　　　（抒情）

请看，它的章法之美初现，有叙有议，先叙后议，景情相生，虚实相映。

将其再进行一次"变形"：

记承天寺夜游
苏轼

元丰六年十月十二日夜，解衣欲睡，月色入户，欣然起行。念无与为乐者，遂至承天寺寻张怀民。怀民亦未寝，相与步于中庭。　　　　　　　（记叙）

庭下如积水空明，水中藻、荇交横，盖竹柏影也。　　　　（描写）

何夜无月？何处无竹柏？但少闲人如吾两人者耳。　　　　　　　　（抒情）

于是，其章法之美再现，文脉清晰，思路明朗，层层推进，表达方式的运用井然有序。

下面再进行一次"变形"：

记承天寺夜游
苏轼

元丰六年十月十二日夜，解衣欲睡，月色入户，欣然起行。　　　　（起）

念无与为乐者，遂至承天寺寻张怀民。怀民亦未寝，相与步于中庭。　（承）

庭下如积水空明，水中藻、荇交横，盖竹柏影也。　　　　　　　　（转）

何夜无月？何处无竹柏？但少闲人如吾两人者耳。　　　　　　　　（合）

全文表现出起、承、转、合的精巧结构，表现了中国古诗文创作的第一笔法。此时我们可以真正感受到作者在章法运用上的高超技巧。起，写出了事件的背景；承，写出了寻友的情境；转，写出了美丽的月景；合，写出了非同一般的心境。由"月色入户"到"月下寻友"到"月影清丽"到"月夜偶感"，情思荡漾，一气呵成。

难怪有人说，《记承天寺夜游》是苏东坡笔下的"神品"，仅仅其章法之美就给我们以出神入化的感受。

（2）章法的审美让我们能够提炼文章的表达规律

如对杏林子《生命　生命》的章法模式的欣赏。

生命　生命
杏林子

我常常想，生命是什么呢？

夜晚，我在灯下写稿，一只飞蛾不停地在我头顶上飞来飞去，骚扰着我。趁它停下来的时候，我一伸手捉住了它。只要我的手指稍一用力，它就不能动弹了。但它挣扎着，极力鼓动双翅，我感到一股生命的力量在我手中跃动，那样强烈！那样鲜明！飞蛾那种求生的欲望令我震惊，我忍不住放了它！

墙角的砖缝中掉进一粒香瓜子，过了几天，竟然冒出一截小瓜苗。那小小的种子里，包含着一种多么强的生命力啊！竟使它可以冲破坚硬的外壳，在没有阳光、没有泥土的砖缝中，不屈向上，茁壮生长，即使它仅仅活了几天。

有一次，我用医生的听诊器，静听自己的心跳，那一声声沉稳而有规律的跳动，给我极大的震撼，这就是我的生命，单单属于我的。我可以好好地使用它，也可以白白地糟蹋它。一切全由自己决定，我必须对自己负责。

虽然生命短暂，但是，我们却可以让有限的生命体现出无限的价值。于是，我下定决心，一定要珍惜生命，决不让它白白流失，使自己活得更加光彩有力。

这篇文章，是"总起分承，叠加反复"技法的代表性作品。

承接"我常常想，生命是什么呢"一句，作者从"动物、植物、人"等三个不同的角度表达了对生命的感悟。第二段、第三段、第四段都是先简叙再议论抒情，形成典型的"叙议结合，叠加反复"的写法。

"叙议结合，叠加反复"，是一种小巧、生动、严整的章法模式。

从整体结构上看，它大致上表现为"总分总"的结构。

从"分写"的部分来看，追求"多角度材料"的"叠加"效果。

从"分写"的内容来看，每一则叠加的"材料"在表达方式上都注重"叙议结合"的层次表达。

"叙议结合"便于抒情，长于议论。

"叠加反复"增添美感，增强力度，增加角度，增大强度。

这种文章模式，表现出一种由远及近，由浅显到深刻，由写一般事物、一般感受向热烈抒情、深刻议论发展的逻辑思路。

运用这种思维方式，可以写叙事文、绘景文、说明文、议论文等不同文体的文章；因为"反复"，其表现出来的特点是：立意明确、情味深长。

这样的章法结构也可用于表达思想，进行议论；全文可以分点阐释，以叙为引子，以议为重点，深刻有序地表达见解与情感。

这是一种将短话写长、将文面写美的构思方法。

这是一种将情意写深、将主旨写亮的构思方法。

(3) 章法的审美让我们能够细细研读品析文章层次的表达之妙

朱自清先生的散文《春》，抒盼春之情，绘万物争春之景，表颂春爱春之意，给人以美好的艺术享受，其写作的艺术美不胜收。

在章法结构方面，它有四个方面的神秘美点。

第一个神秘美点，是它的四个部分。

《春》一共有10个自然段，对其文章结构的分析，一般的说法都是三个部分。如：总叙——分写——合议；盼春——绘春——赞春；开篇抒情——春景美图——结尾议论，等等。上述"角度"都能点示出作者对文章层次的精心安排。

但也有人这样欣赏：

《春》可以分为四个部分：

第一段，春回大地，写"时"；

第二至六段，春色明丽，写"景"；

第七段，春早人勤，写"人"；

第八至十段，春意催人，写"意"。

这是极精致、科学的美妙分析，特别是"写'意'"一说，揭开了《春》之章法、手法的面纱。

第二个神秘美点，是它的时令顺序。

对《春》的思路、顺序的分析，一般都是着眼于"春草图""春花图"等五幅图，但有人有如下奇妙的发现：《春》中有一条"节令"的纵线，全文是以"时令"为序展开的。

第一段，望春，抒盼春之情；描写大寒之后，立春将至的情景。

第二段，写物，表迎春之喜；描绘立春、雨水之间的时令景色。

第三段，赞草，写游春之悦；抒写雨水、惊蛰之时万物的萌发。

第四段：咏花，写闹春之乐；吟咏春分时节的烂漫花色。

第五段：赋风，写沐春之醉；表现清明前后播种育秧时的恬静景象。

第六段：绘雨，写赏春之感；描述谷雨期间的春色。

第七段，写人，绘迎春之态；点示谷雨、立夏之间的暮春景象。

第八至十段，颂春，表赞春之意；写整个春天，深化全文意境。

这种解读的角度言之成理，让人大开眼界、击节赞许。

第三个神秘美点，是它的动静变化。

看看孙绍振先生是如何分析的。

《春》的章法，有一点危险性：分门别类的写法是不容易讨好的，有平铺直叙、罗列现象、写成流水账的危险。流水账、罗列现象、平铺直叙，在艺术上的危险就是单调，缺乏内在的丰富和变化。如果真是这样，朱先生这篇散文就不可能经得起历史的考验。可能是意识到了单调的危险性，朱先生在行文中，一方面以一种孩子气的单纯贯穿全文；另一方面，又在努力寻求内在的变化。前面已经说过，从视觉意象到触觉、味觉和听觉的转换，是一个方面。另一个方面，则是在大幅度动态的、热闹的景象之后，提供一幅静默的图画，与之形成对比，预防可能产生的单调之感。应该说，这一笔是比较到家的。

【摘自：孙绍振. 春天的两种不同的散文美——读朱自清的《春》和林斤澜的《春风》：[J]. 语文学习，2006（1）.】

这样的章法分析极有美学价值，让我们大开眼界。《春》写草、咏花、赋风、写人，都表现出"热闹"，写"雨"则表现出"静默"，这就是文章节奏的调整，其艺术的美感油然而生。

第四个神秘美点，是层次变化中的选材变化。

《春》的第三、四段，描绘的是春天里的自然景物。具体描写了春草、春花两个生动的画面。草萌发于早春，花绽放开于盛春，先草后花，先后顺序的安排自然贴切。

而它的第五、六段，则变换了绘景的角度，描绘的不是自然景物，而是春天里的自然气象，先写风，再写雨，在自然气象的描绘之中表现春天里的景物和人们的活动。其顺序的安排自然而得体。

以上写春景的四个段落，每两段为一个层次，可谓角度巧妙、构思精密。

然后第七段由写景转向写人；由景及人，前文已有铺垫，而这一段则集中笔力写人，是极为重要的一笔。相比上面四段而言，是又一次变换描写的角度。

作者采用了"画面连缀"式的铺展手法，在一幅幅画面的描绘中表达爱春、颂春、赞春的美好情感。

2. 语言的品味

语文的教学，本质上是语言的教学，是语言的学用、品味、赏析的教学。

品词析句，是语文教师解读文本的最重要的能力之一。

没有这样的能力或者缺乏这样的能力，则无法做称职的语文教师。

教师的语言品析、语言欣赏的功夫一定要经过训练，且一定要进行艰苦的自我训练。

训练的方法就是"写"；写赏析的文字、文章。

"写"是硬功夫、真功夫、苦功夫、静功夫，唯此才能提高自己赏读课文的水平。

(1) 用课文评点的方式品析课文的语言

《白雪歌送武判官归京》简明评点

《白雪歌送武判官归京》，岑参诗，七言古诗，咏雪诗，送别诗，边塞诗，军营诗；千百年来，它一直被人们传诵、喜爱。

北风卷地白草折，胡天八月即飞雪。

写风狂雪骤，写的是外景、动景、全景。写了地域之远，季节之早，风力之大。

忽如一夜春风来，千树万树梨花开。

写雪的名句，特写镜头，壮阔迷人的塞北雪景图。比喻生动，画面奇丽。"忽""一夜"生动地写出了诗人的惊讶和赞叹；"千树万树"足见雪景的壮阔；"梨花"不仅写皎洁悦目的白色，而且传神地表现了雪花成簇的形态。

以上四句写边地雄奇壮丽的雪景，先写风狂雪猛，再写雪景之明丽。作者以神来之笔写变幻之景，表达了惊奇而又惊喜的感情。

散入珠帘湿罗幕，狐裘不暖锦衾薄。

将军角弓不得控，都护铁衣冷难着。

写雪天里的军帐、军营。虽是写人，实则写雪。"狐裘不暖"、"锦衾"嫌薄、"角弓"难拉、"铁衣"难着等几个反常细节，刻画出塞外风雪的气势，突出了北方雪天之奇冷。

这四句写军营将士的苦寒生活，侧面烘托大雪的寒威。

从开头眼见"北风卷地白草折"的威猛，到观赏"千树万树梨花开"的壮美，再到体验奇寒难熬的艰苦，诗人抒发了种种真情实感；从雪的瑰美写到雪的严寒，大多是以特写从正面或侧面来表现的。

瀚海阑干百丈冰，愁云惨淡万里凝。

这里写的是外景，是定格的静景：由近及远，一写千里冰封的地上景色，一写万里凝云的天上景色，语势夸张，画面壮阔，气势磅礴地勾勒出了瑰奇的沙漠雪景，进一步描写了环境之奇冷。

这两句是过渡。一个"愁"字，一个"惨"字，不仅为饯别场面酝酿了气氛，而且暗写了武判官归京的路途艰辛。

中军置酒饮归客，胡琴琵琶与羌笛。

写内景，点出"归客"，写人，写事，写声，写热烈的气氛，写酒宴的热闹场面，写边塞的音乐特色。让人想象劝酒的热闹、话别的殷切与乐曲的悠扬。

纷纷暮雪下辕门，风掣红旗冻不翻。

写辕门外的冰雪画面，写归客起程的情景，写雪大风寒。"风掣红旗冻不翻"是描写边塞奇寒奇景的名句。纷纷暮雪与不翻红旗相互映照：一白一红，一动一静，描绘出庄严沉滞的气氛，深切地表现出人们送行时刻的沉重心情。

轮台东门送君去，去时雪满天山路。

一幅雪中送别的感人场面。深情送别，送出辕门，送至轮台东门，"雪满天山路"，感情深沉，暗含着作者的担心与牵挂。

山回路转不见君，雪上空留马行处。

全诗诗眼。叙述作结，寓浓情于淡墨之中，给人一种言尽而意无穷的感觉——从那望着雪地上的马蹄印迹的默默沉思中，我们似乎真切地看到了诗人依依惜别、怅然若失的情状。

以上八句写送别情景。"胡琴琵琶与羌笛"的音乐声烘托着离别的惆怅，"风掣红旗冻不翻"的特写生动地表现了边塞的奇寒，而画面上渐行渐远的马蹄印迹，更是让人思绪绵延。

整首诗从咏雪写到送人,在咏雪中含送人,在送人中有咏雪,景情合一,匠心独具。作者运用比喻、夸张等手法,浓重铺叙风狂雪重、设宴饯别、依依相送等场面和细节,既表现了鲜明的边塞雪景特色,又写出了古代戍边将领的特殊生活感受,更表达了雪中送别的深挚友情。

(2)用学术资料"集句"的方式来品读欣赏课文的语言

所谓"集句",就是从众多的文献资料中摘取一些句子,由它们构成一篇赏析文。这既是学术资料的阅读与积累,也是进行文章赏析的特别手法。如:

《沁园春·长沙》字词欣赏集句

"独立寒秋,湘江北去,橘子洲头"。起句"独立"二字辟空而来,见其笔力的道劲,而以"寒秋""橘子洲"点明时、地。独立的形象,北去的江流,又有"寒秋"着色,便有了无限的涵泳之味和沉郁豪迈之气。

"独立",不仅表明是一个人,而且显示了诗人砥柱中流的气概。寒秋季节望着日夜不息的江水,诗人陷入了沉思,表达了对祖国和民族前途的忧思之情。

"遍"写枫色之广,"层"写枫林之茂,"染"写树色之奇,"漫"写江水之溢,"透"写湘水之清,"争"写行船之奋,"击"写雄鹰之健,"翔"写鱼儿之乐。锤炼之妙,令人叫绝。

"万山红遍,层林尽染",既是四周枫林如火的写照,又寄寓着诗人火热的革命情怀。红色象征革命,象征烈火,象征光明,"万山红遍"正是作者"星火燎原"思想的形象化表现,是对革命与祖国前途的乐观主义的憧憬。

"红遍""碧透"写不同色彩;"层林""漫江"写不同景物,"争流""击""翔"写不同形态,描写了湘江秋色多姿多彩的画面。

"百舸争流","争"增加了昂扬奋进的气氛,活现出千帆竞发、争先恐后的热烈场面。

"鹰击长空""鱼翔浅底","击"透出猛、劲的飞鹰雄姿,矫健有力,更觉天空秋高气爽;"翔"突出轻、快,游鱼从容,轻快自如,更显江水清澈见底。"击""翔"准确而生动地刻画出了在万里长空中鹰飞的矫健和在清澈见底的江水中鱼游的欢畅自在。

"万类霜天竞自由","竞"字有力地突出了在寒秋严霜下的万物蓬勃旺盛的生命力,让人感受到诗人对大自然的无限热爱和由衷赞美。

一"怅"一"问",把人们的思绪带入了对国家命运的深沉思考之中。旋律格调由扬而抑,由起而伏,由雄而沉;节奏语气由急而缓,由张而弛。

"问苍茫大地,谁主沉浮",慷慨激昂的情绪喷涌而出,虽为问句,实际上是作者肯定的回答。这一问,排空而下,没有万钧笔力难作此等豪迈慷慨之语。词人虽未作答,但言外之意却已昭然。

"忆往昔峥嵘岁月稠",以峥嵘形容岁月,新颖、形象,将无形的不平凡的岁月,化为一座座有形的峥嵘的山峰,让人感到巍峨奇丽的崇高美。

一个"忆"字,引出往昔峥嵘岁月。

"恰同学少年,风华正茂;书生意气,挥斥方遒",四个排句,激昂顿挫,节奏鲜明,描绘出一群青年革命家的英姿俊采。

"指点江山,激扬文字,粪土当年万户侯",艺术地概括了这群青年革命家的实践活动。"粪土"二字,用得恰当、生动、简练。

"万山""万类""百舸"表现了毛诗在数词运用上的一大特色。毛诗并不满足于意象本身之大,还乐于运用大数目的数词,以夸张的手法,追求更大更强的气势。

一句"曾记否",把人们的思绪拉回到了现实,庄严思考自己的历史责任。情绪出现小小低沉。接着,用"到中流击水,浪遏飞舟"这一在惊涛骇浪之中英勇搏击的生动意象,再现突峰。

"中流击水,浪遏飞舟",一幅奋勇进击、劈波斩浪的宏伟画面。

"遏"字乃传神之笔,掷地可作金石声,使我们仿佛看到了他们激昂的情态,好似听到了他们自豪的壮语。"中流击水",并不仅仅写青年人玩水的兴致,此中还表现出大风暴里海燕们的慷慨意气。全词就此收住,言已尽而意无穷。

整首词昂扬激越的风格在结尾有更加充分的表现,寓意深刻,含蓄隽永。一"击"一"遏",其力至强,其神至壮,刻画出诗人的激昂情态和英武精神。

(3) 对课文语言表达的特异之处进行专门欣赏

《岳阳楼记》语言表达的"对举"之美

《岳阳楼记》语言极工。用"对举"一词来分析其语言表达的特色，可以像线索一样牵动对全文内容的细读品味。

所谓"对举"，就是相对举出、相对列出。《岳阳楼记》中，这种语言现象布满全篇。细细地揣摩，可以发现如下形式特点。

第一类：自对。

作者运用了大量类似于"句中自对"的短语，如"政通"对"人和"、"唐贤"对"今人"。还有"朝晖夕阴""迁客骚人""樯倾楫摧""虎啸猿啼""去国怀乡""忧谗畏讥""春和景明""岸芷汀兰""心旷神怡"等。从语法的角度看，每个短语都由并列的两个部分构成，不仅看起来词形美观，读起来音节响亮，更重要的是因为"自对"的原因而显得语意密集、含义深广，一个短语有多个短语的表现力量，表现出精致简洁、描摹生动、反复强化的美感。

第二类：对偶、对仗。

文中写景抒情，运用的对偶句达十几处之多，如"衔远山，吞长江""北通巫峡，南极潇湘""阴风怒号，浊浪排空""日星隐曜，山岳潜形""去国怀乡，忧谗畏讥""沙鸥翔集，锦鳞游泳""长烟一空，皓月千里""浮光跃金，静影沉璧""不以物喜，不以己悲""居庙堂之高则忧其民，处江湖之远则忧其君""进亦忧，退亦忧""先天下之忧而忧，后天下之乐而乐"等。它们词工句丽，音韵铿锵，笔力雄健，文采生动。将它们用于写景，既大笔勾勒景物，又准确生动地表现出景物的特征，同时绘景抒情，融情入景；用于抒情议论，则境界高远，气势雄豪，既能在文章中表达出自己的肺腑之言，又能将笔力渗透于文外，形成精警之语，表达出崇高的思想之美和深厚的哲理之美。

第三类：对称、对比。

如文中的两个重要段落：

若夫霪雨霏霏，连月不开，阴风怒号，浊浪排空；日星隐曜，山岳潜形；商旅不行，樯倾楫摧；薄暮冥冥，虎啸猿啼。登斯楼也，则有去国怀乡，忧谗畏讥，满目萧然，感极而悲者矣。

至若春和景明，波澜不惊，上下天光，一碧万顷；沙鸥翔集，锦鳞游泳；岸芷汀兰，郁郁青青。而或长烟一空，皓月千里，浮光跃金，静影沉璧，渔歌互答，此乐何极！登斯楼也，则有心旷神怡，宠辱偕忘，把酒临风，其喜洋洋者矣。

这是两个写景抒情段、排比段、骈偶段，对称与对比的特点表现得格外鲜明：都是先写景，后写情，情景交融；前段极力渲染"悲"的情感，后段尽力渲染"喜"的气氛；前段写"因己而悲"，后段写"因物而喜"；前段写"浊浪排空"，后段写"波澜不惊"；前段写"日星隐曜"，后段写"皓月千里"；前段写"虎啸猿啼"，后段写"渔歌互答"等。它们不仅在整体上形成景物鲜明的一暗一明、一阴一晴和情感一悲一喜的对比，连句段的细部都可以大致形成相互的映衬。

这两段文字，描绘了两幅互相对照的图画，气韵生动，意境美妙，它们貌似一副长长的对联，既对称，又对比，含义丰富，情感如江流奔腾直下，读来动人心魄。

在日常的课文阅读中，在备课中，我们随时可以顺势进行品析。如下面的说法与角度："这个字用得美……""这个词用得好……""这里写出了……表现了……""这里运用的手法是……""这个词（句、段）的表达作用（表达效果）是……"

习惯成自然，对语言欣赏的能力就会逐渐提高。

3. 探秘段式和句式的世界

（1）探秘段式的世界

段式，是组成文章的基本单位之———段落的结构形式；段式，是文章段落的写作、展开形式。

段式分析与研究，长期以来被我们忽略了。课堂阅读教学中，常常少了"精段阅读"这一项重要内容，这是语文教师很少进行段落研究的表现。

所谓"段式分析"，是对文章的"段"进行思路、结构、层次、脉络乃至手法的分析与提炼，它着眼于"段"的形式之美研究、"段"的展开方式之研究，从"段落教学"的角度发现大量有用的课堂教学资源。

"段式分析"主要有以下作用：

就教师而言，提高自己深读教材、精读教材、美读教材的能力，学会用"提炼"的眼光与手法去发现并分析语言表达的现象或规律，积累有用的读写训练材料。从更高的层次来说，还可以激发教师个人对"小专题"研究的兴趣。

从教学的角度而言，可以利用教师提炼出来的精致的语言表达形式，对学生进行层次划分能力、内容概括能力、思路分析能力、段式仿写能力训练，以及进行有序表达的口语训练与思维能力训练；更可以组织起读写结合、段式学用的课堂活动。

"段式分析"是语文教师教材阅读中的一处"冷门"。语文教师一般不研究"段式"，这无论对于教师的阅读分析能力的训练，还是教师教学资源的积累，都是一种损失。

段式研究的主要目的是为了教学中的运用。

每一位语文教师都应该享受一下段式分析的乐趣。

①可以对单个段落的结构进行分析。如：

我老实告诉你一句话："凡职业都是有趣味的，只要你肯继续做下去，趣味自然会发生。"为什么呢？第一，因为凡一件职业，总有许多层累、曲折，倘能身入其中，看它变化、进展的状态，最为亲切有味。第二，因为每一职业之成就，离不了奋斗；一步一步的奋斗前去，从刻苦中将快乐的分量加增。第三，职业性质，常常要和同业的人比较骈进，好像赛球一般，因竞胜而得快乐。第四，专心做一职业时，把许多游思、妄想杜绝了，省却无限闲烦闷。孔子说："知之者不如好之者，好之者不如乐之者。"人生能从自己职业中领略出趣味，生活才有价值。孔子自述生平，说道："其为人也，发愤忘食，乐以忘忧，不知老之将至云尔。"这种生活，真算得人类理想的生活了。

（选自《敬业与乐业》）

这个段落：

第一层是第一个句子，这个句子是中心句、论点句，是"总说"。

第二层是"为什么呢"引出的道理,是"论证",是"分说"。分说的语言标志很明显,"第一""第二""第三""第四"表现出由主到次的层次。

第三层是"孔子说"以后的部分,这里反复引用孔子的语例,深化对论点的论述并得出结论。

这是一个无论从结构层次还是从表达手法看都极显优美的论述片段,浸透着深刻的人生体悟和哲理,给我们深刻的教益。

②可以对多个段落的表达规律进行提炼。如:

春天像刚落地的娃娃,从头到脚都是新的,它生长着。

春天像小姑娘,花枝招展的,笑着,走着。

春天像健壮的青年,有铁一般的胳膊和腰脚,领着我们上前去。

(选自《春》)

这腰鼓,使冰冷的空气立即变得燥热了,使恬静的阳光立即变得飞溅了,使困倦的世界立即变得亢奋了。

使人想起:落日照大旗,马鸣风萧萧!

使人想起:千里的雷声万里的闪!

使人想起:晦暗了又明晰、明晰了又晦暗、尔后最终永远明晰了的大彻大悟!

容不得束缚,容不得羁绊,容不得闭塞。是挣脱了、冲破了、撞开了的那么一股劲!

好一个安塞腰鼓!

(选自《安塞腰鼓》)

上面的例文中都有一种常用段式——排比段。

文章中的排比段主要由结构相同或相近的小段连缀而成。

于是:就有了一种文面之美,就有了一种节奏之美,就有了一种抒情之美,就有了一种力度之美。

③可以对同一段式的不同表达手法与角度进行分析。

如《中国石拱桥》中的"总分式说明段"。

第一种形式:总分例证式——分说的部分由"例证"组成。

石拱桥的桥洞成弧形,就像虹。古代神话里说,雨后彩虹是"人间天上的桥",

通过彩虹就能上天。我国的诗人爱把拱桥比作虹,说拱桥是"卧虹""飞虹",把水上拱桥形容为"长虹卧波"。

这一段写石拱桥的形态。第一层为总说,第二层为分说,总说句"石拱桥的桥洞成弧形,就像虹",说明了事物的特征之一,分说部分则举出了两个例子来证明这种特征。全段的总说很概括,分说很生动,结构严密,层次清楚,线索明晰。

第二种形式:总分要点式——分说的部分由"要点"组成。

这座桥的特点是:(一)全桥只有一个大拱,长达37.4米,在当时可算是世界上最长的石拱。桥洞不是普通半圆形,而是像一张弓,因而大拱上面的道路没有陡坡,便于车马上下。(二)大拱的两肩上,各有两个小拱。这个创造性的设计,不但节约了石料,减轻了桥身的重量,而且在河水暴涨的时候,还可以增加桥洞的过水量,减轻洪水对桥身的冲击。同时,拱上加拱,桥身也更美观。(三)大拱由28道拱圈拼成,就像这么多同样形状的弓合拢在一起,做成一个弧形的桥洞。每道拱圈都能独立支撑上面的重量,一道坏了,其他各道不致受到影响。(四)全桥结构匀称,和四周景色配合得十分和谐;桥上的石栏石板也雕刻得古朴美观。唐朝的张鷟说,远望这座桥就像"初月出云,长虹饮涧"。

这一段说明了赵州桥的结构特点,总说句为"这座桥的特点是",分说的内容分别用(一)(二)(三)(四)领起,写了四个要点。全段的层次十分清楚,内容特别便于理解。

第三种形式:总分主次式——分说的部分有明显的"主次"标志。

为什么我国的石拱桥会有这样光辉的成就呢?首先,在于我国劳动人民的勤劳和智慧。他们制作石料的工艺极其精巧,能把石料切成整块大石碑,又能把石块雕刻成各种形象。在建筑技术上有很多创造,在起重吊装方面更有意想不到的办法。如福建漳州的江东桥,修建于八百年前,有的石梁一块就有二百来吨重,究竟是怎样安装上去的,至今还不完全知道。其次,我国石拱桥的设计施工有优良传统,建成的桥,用料省,结构巧,强度高。再其次,我国富有建筑用的各种石料,便于就地取材,这也为修造石桥提供了有利条件。

这一段写中国石拱桥光辉成就的原因,"为什么我国的石拱桥会有这样光辉的成就呢"是全段的总说句,后面"答"的层次极为分明——"首先""其次""再其次"就是语言标志。正是由于这些关键词的强调，本段说明的思路便极为清晰——由"主要"说到"次要"。

还有第四种形式：总分阶段式——课文"两千年来"这一段，其分说的部分标示了明确的时间段。

一篇课文中能够有四种形式的"总分"结构让我们学习运用，着实让人赞叹。

我们还可以从文体表达的角度进行段式研究，或者进行规模更加宏大而内容非常细腻的段式"大全"的研究，等等。

④如果我们沉浸在享受段式研究的乐趣中，还可以更进一层，不仅仅从结构上，而且从手法上研究"段式"，会有更美妙的收获。如课文《桂林山水》中优美的抒情段式。

……

我看见过波澜壮阔的大海，玩赏过水平如镜的西湖，却从没看见过漓江这样的水。漓江的水真静啊，静得让你感觉不到它在流动；漓江的水真清啊，清得可以看见江底的沙石；漓江的水真绿啊，绿得仿佛那是一块无瑕的翡翠。船桨激起的微波扩散出一道道水纹，才让你感觉到船在前进，岸在后移。

我攀登过峰峦雄伟的泰山，游览过红叶似火的香山，却从没看见过桂林这一带的山。桂林的山真奇啊，一座座拔地而起，各不相连，像老人，像巨象，像骆驼，奇峰罗列，形态万千；桂林的山真秀啊，像翠绿的屏障，像新生的竹笋，色彩明丽，倒映水中；桂林的山真险啊，危峰兀立，怪石嶙峋，好像一不小心就会栽倒下来。

它们是形态反复段、结构反复段、手法反复段；从水写到山。反复之中又注意到一定的变化。

每段两个层次。

第一层，起兴，引出所咏之景，并且起着烘托的作用。

第二层，描写，或用形容，或用比喻，大笔勾勒，生动描写，写景抒情。

全文因为这样的段式而美好，因为这样的段式而清晰，因为这样的段式而动情。

一篇课文里面竟有如此丰美的抒情段式！它们语言美、情感美、手法美、结构美、形态美，给人神思飞扬、尽情抒发之感，于读于写，都是很好的训练材料。

(2) 探秘句式的世界

有一定表达形态与结构特点的句子形式称为句式,如排比句式、对称句式。

冰心《观舞记》中的一个片段,就是表现"句式"风采的片段。

我应当怎样来形容印度卡拉玛姐妹的舞蹈?

假如我是个诗人,我就要写出一首长诗,来描绘她们的变幻多姿的旋舞。

假如我是个画家,我就要用各种彩色,点染出她们的清扬的眉宇和绚丽的服装。

假如我是个作曲家,我就要用音符来传达出她们轻捷的舞步和细响的铃声。

假如我是个雕刻家,我就要在玉石上模拟出她们的充满了活力的苗条灵动的身形。

然而我什么都不是!我只能用我自己贫乏的文字,来描写这惊人的舞蹈艺术。

如同一个婴儿,看到了朝阳下一朵耀眼的红莲,深林中一只旋舞的孔雀,他想叫出他心中的惊喜,但是除了咿哑之外,他找不到合适的语言。

但是,朋友,难道我就能忍住满心的欢喜和激动,不向你吐出我心中的"咿哑"?

这个片段中的每一个句子都表现出"句式"的特点。特别是四个"假如"句,进行了多角度的"人物假设",它们形态齐整,节奏鲜明,音韵和谐,文势畅达,格调高雅,在排比与反复之中尽情抒发自己的赞美之情,表达生动。

在教学中,由于考试的原因,句式研究的关注度远远大于"段式研究",但"句式"世界的妖娆多姿、丰富多彩,绝不只限于考试中的那几点浪花。

只是我们平时淡漠了对这美丽的语言世界的观看与欣赏。

只有进入欣赏的层面,我们才能知道"句式"的美好和这种研究的美好。

下面来欣赏一组句子。

我们的脚下仿佛轻松起来,平静地,宽廊地,带着欣幸与希望,走上了那银光的路,朝向红玉的琼台走了去。

(选自《听潮》)

蠢笨的企鹅,胆怯地把肥胖的身体躲藏在悬崖底下……只有那高傲的海燕,勇敢地,自由自在地,在泛起白沫的大海上飞翔!

(选自《海燕》)

我和妻子都是慢慢地，稳稳地，走得很仔细。

（选自《散步》）

猎狗愣住了，它可能没料到老麻雀会有这么大的勇气，慢慢地，慢慢地向后退。

（选自《麻雀》）

这四个句子有一个共同的表达规律，每个句子中都运用了两个状语——"平静地，宽廓地"修饰"走"，"勇敢地，自由自在地"修饰"飞翔"，"慢慢地，稳稳地"修饰"走"——这种"双状语"的句式有如下优点：两个状语修饰同一动词，表现出修饰语的角度之美；两个状语反复出现，表现出一种形态美；两个状语各有停顿，语速舒缓，表现出语音之美与抒情之美。

再来欣赏一段话：

今天，这里有没有特务？你站出来！是好汉的站出来！你出来讲！凭什么要杀死李先生？杀死了人，又不敢承认，还要诬蔑人，说什么"桃色事件"，说什么共产党杀共产党，无耻啊！无耻啊！这是某集团的无耻，恰是李先生的光荣！李先生在昆明被暗杀，是李先生留给昆明的光荣！也是昆明人的光荣！

（选自《最后一次演讲》）

这个段落全用短句，口语色彩浓烈，句式运用丰富，设问、祈使、感叹、反问、陈述、反复、引用等各类语法句、修辞句信手拈来。由于大量使用富有爆发力的短句，加之演讲时声色俱厉，所以全段文字动感极强，显得激烈跳荡、咄咄逼人、酣畅淋漓，给人以荡气回肠之感。

像这样的品析与欣赏，才是进入文本深处的句式研究与欣赏。

这就是"品词析句"中的"析句"。

就教师的教学而言，句式的研究有以下重要意义。

①让语文教师充分地关注这神秘美好的语言天地。

②让语文教师积累丰富的句式和与句式有关的知识。

③让语文教师从句式欣赏的角度来美读课文、深读课文。

④让语文教师从实践的角度对学生进行句式读写训练。

句式的研究，是语文教师进行语言教学研究的最美好最实在的内容之一，研究的过程充满文趣，充满雅趣。

现在让我们来感受《在马克思墓前的讲话》一文中句式的魅力。

《在马克思墓前的讲话》的句式运用堪称经典。文中的情感张力，紧紧依托于课文的句式表达。

请看下段文字：

3月14日下午两点三刻，当代最伟大的思想家停止思想了。让他一个人留在房里还不到两分钟，当我们进去的时候，便发现他在安乐椅上安静地睡着了——但已经永远地睡着了。

段中第一句是一个婉言句，感情深沉、含蓄。不说"一个伟人逝世了"，而说"当代最伟大的思想家停止思想了"，突出了思想家的特点，远比"逝世""和我们永别"等说法显得准确、得体，表达出深深的悲痛和惋惜之情；既突出了马克思作为一位卓越的思想家的伟大，又表现出马克思逝世前一刻还在"思想"着。第二句也是一个婉言句，不仅平静、委婉地表达了一个伟人逝世的情状，还运用了递进式复说的手法。"安静地睡着了"写出了逝者的平静安详，"永远地睡着了"表达了活着的人的深沉的哀痛。

请看下面的语段：

一生中能有这样两个发现，该是很够了。即使只能作出一个这样的发现，也已经是幸福的了。但是马克思在他所研究的每一个领域，甚至在数学领域，都有独到的发现，这样的领域是很多的，而且其中任何一个领域他都不是浅尝辄止。

这段话中的句式十分精彩。作者退一步，说"一生中能有这样两个发现，该是很够了"；再退一步，说"即使只能作出一个这样的发现，也已经是幸福的了"，这是在说，即使只有一个发现，马克思也是非常伟大的人。然而紧接着语势一转，进一步，再进一步，说"马克思在他所研究的每一个领域，甚至在数学领域，都有独到的发现"。其言外之意是说，马克思的"独到的发现"其成果是这样的丰硕，是这样地令人叹为观止。作者用奇妙的语言表达方式称颂了马克思作为"科学家"的伟大，字里行间满溢着深深的崇敬与赞美之情。同样的，"老实说，协会的这位创始人即使没有别的什么建树，单凭这一成果也可以自豪"这一句在表达上也与上述文字有着异曲同工之妙：即使马克思仅仅创立了国际工人协会，这种伟大也是不可估量的，更何况他还有那么多的发现，还有伟大的革命斗争实践！

再看下面的语段：

正因为这样，所以马克思是当代最遭忌恨和最受诬蔑的人。各国政府——无论专制政府或共和政府，都驱逐他；资产者——无论保守派或极端民主派，都竞相诽谤他，诅咒他。他对这一切毫不在意，把它们当作蛛丝一样轻轻拂去，只是在万不得已时才给以回敬。现在他逝世了，在整个欧洲和美洲，从西伯利亚矿井到加利福尼亚，千百万革命战友无不对他表示尊敬、爱戴和悼念，而我敢大胆地说：他可能有过许多敌人，但未必有一个私敌。

这一段由4个句子组成，句式更加丰美，每一个句子都在表现"人物形象"，又有力而深沉地透露出深切的悼念、赞颂之情。"各国政府——无论专制政府或共和政府，都驱逐他；资产者——无论保守派或极端民主派，都竞相诽谤他，诅咒他"，既是对称句，又是层进式解说句，形式简洁，层次清晰，容量饱满，语气毫不含糊，有力地支撑着"马克思是当代最遭忌恨和最受诬蔑的人"，鲜明地表现出马克思"斗争是他的生命要素"的战斗形象。"他对这一切毫不在意，把它们当作蛛丝一样轻轻拂去，只是在万不得已时才给以回敬"是一个精彩的比喻句，作者化巨为细，化重为轻，用轻轻拂去"蛛丝"的比喻恰切地表现了马克思的"巨人"形象。段中最后一个句子"现在他逝世了……但未必有一个私敌"是一气呵成的流水句，然而层次的"对比"又很分明。第一层表现了马克思作为一个革命家"满腔热情、坚韧不拔和卓有成效地进行斗争"的领袖形象，第二层则表现了"我"心目中的伟大战友形象；从句式看，"他可能有过许多敌人，但未必有一个私敌"的表达艺术非常耐人寻味。

句式的研究与欣赏属于文学欣赏的一部分。教师对句式的欣赏不深刻、不美好、不到位，甚至不能够进行这方面的研究与欣赏，既影响自己的教学水平，又影响对学生的句式学用的训练。

句式学用的过程是训练的过程；这种过程既求美又求实，学生既能得到表达能力的训练，又能积累美好的语言。

遗憾的是，句式训练，即句式学用，基本上是日常阅读教学中的"空白"，在课文的阅读教学中，极少有教师对学生进行句式写作的基本功训练。

课堂教学低效，往往在于教师没有找到对学生进行训练的抓手。

4. 趣读

趣读，就是用有趣的方法读课文，在阅读的过程中会感到趣意盎然。

趣读，其过程往往表现出阅读的机敏和思维的灵动；读之所获，也常常带有一些奇趣与妙趣。

教师趣读课文的最大好处是，可以将自己趣读的方法与收获直接用于课堂教学，那时就是"趣教"。而"趣教"又是我们在课堂教学艺术方面所追求的比较高雅的层面。

笔者常常用下面的方法趣读课文，也常常用这些方法引导学生趣读课文。

(1) 文中集美

文中集美是指用精选课文美句的方法，形成同名的微型美文。这种方法颇费心力，是高质量的阅读方式。如：

微型《紫藤萝瀑布》

从未见过这样盛的藤萝！只见一片辉煌的淡紫色，像一条瀑布从空中垂下；紫色的大条幅上，泛着点点银光，就像迸溅的水花。

每一穗花都是上面的盛开、下面的待放。每一朵盛开的花像是一个张满了的小小的帆，帆下带着尖底的舱。船舱鼓鼓的，又像一个忍俊不禁的笑容，就要绽开似的。

我伫立凝望，抚摸了一下那小小的紫色的花舱，那里满装生命的酒酿，它张满了帆，在这闪光的花的河流上航行。

这里除了光彩，还有淡淡的芳香，梦幻一般轻轻地笼罩着我。我觉得这一条紫藤萝瀑布不只在我眼前，也在我心上缓缓流过：生命的长河，是无止境的……

(2) 多角概说

对课文、对情节、对人物、对事件等进行反复的"一句话概说"，可以达到对课文、对情节、对人物、对事件的多角度理解。如：

《故乡》里的中年闰土：一个身材增加了一倍的人，一个紫色的圆脸已经变作灰黄的人，一个脸上加上了很深的皱纹的人，一个眼睛周围都肿得通红的人，一个头顶破毡帽、身上只一件极薄的棉衣、浑身瑟索着的人，一个手里提着一个纸包和一支长烟管的人，一个手又粗又笨而且开裂、像是松树皮一样的人，一个脸上现出欢喜和凄凉神情的人，一个脸上虽然刻着许多皱纹却全然不动、仿佛石像一般的人，一个拿起烟管来默默吸烟的人……他是一个像一尊"木偶"的人，是一个外形穷苦、心情愁苦、语言悲苦、精神困苦、生活劳苦的人，是一个饥寒交迫、在磨难中挣扎、在痛苦中煎熬的中年农民……

《台阶》里的"父亲"：父亲是一个有力量的人，是一个终年劳作的人，是一个老实厚道的人，是一个有生活目标的人，是一个认真做事的人，是一个不怕千辛万苦的人，是一个为做新屋而兴奋的人，是一个尽一切力量为自己的新屋而劳作的人，是一个好强的人，是一个终于在新屋建造中伤了身体的人，是一个在新屋建造过程中逐渐老去的人。他是十分勤劳的父亲、非常节俭的父亲、需要尊重的父亲，是一位有志气、不甘人后、有长远的生活目标、有坚韧不拔毅力的父亲……

(3) 朗诵设计

朗诵设计是指就诗歌、散文、故事等作品的朗读进行"角色设计"与"角色分配"，在此过程中尽情地品味、咀嚼、欣赏、揣摩。

如教师编写的《安塞腰鼓》朗诵材料：

（男领）看！——

（女领）黄土高原上，爆出一场多么壮阔、多么豪放、多么火烈的舞蹈哇！

（众合）好一个安塞腰鼓！

（男女领）百十个斜背响鼓的后生，如百十块被强震不断击起的石头，狂舞在你的面前。

（男合）骤雨一样，是急促的鼓点；

（女合）旋风一样，是飞扬的流苏；

（男合）乱蛙一样，是蹦跳的脚步；

（女合）火花一样，是闪射的瞳仁；

（众合）斗虎一样，是强健的风姿。

（男领）百十个腰鼓发出的沉重响声，碰撞在四野长着酸枣树的山崖上，

（众合）只听见隆隆，隆隆，隆隆。

（女领）百十个腰鼓发出的沉重响声，碰撞在遗落了一切冗杂的观众的心上，

（众合）也是隆隆，隆隆，隆隆。

（女合）每一个舞姿都充满了力量。每一个舞姿都呼呼作响。

（男合）每一个舞姿都是光和影的匆匆变幻。每一个舞姿都使人颤栗在浓烈的艺术享受中，使人叹为观止。

（众合）好一个安塞腰鼓！

（男女领）容不得束缚，容不得羁绊，容不得闭塞。是挣脱了、冲破了、撞开了的那么一股劲！

（众合）它使你从来没有如此鲜明地感受到生命的存在、活跃和强盛。那消化着红豆角角老南瓜的躯体，居然可以释放出那么奇伟磅礴的能量！

（男女领）好一个黄土高原！

（众四步轮读）好一个安塞腰鼓！好一个安塞腰鼓！好一个安塞腰鼓！好一个安塞腰鼓！

(4) 数字连缀

数字连缀是指在句子中运用特别的数字来不断地概说、分析课文内容，发现文中的美点与规律，同时深读、美读课文。

如用"三"字来研读《邹忌讽齐王纳谏》：

《邹忌讽齐王纳谏》不过440来字，却生动地叙写了一个完整的故事。文章的总体构思是"事不过三"，"三"形成了全文振动的频率。文中小事大事的出现与发展，基本上表现出一种层进式的反复。在这"三"的旋律之下，作者用笔富于变化，令人称道。可以说，这篇文章用笔高超，剪裁讲究，繁简虚实，各显其妙。

第一部分214字，写了邹忌为期"三"天的活动。这是全文用笔最为繁复之处，主写三问三答，细节生动丰富。且不说三人答问语气语调的微妙变化，且不说"与坐谈"显示出场合的正规与发问的慎重，且不说"孰视"时的认真态度，仅两次

"窥镜"就有丰富的意味,生动地表现出人物自得与自愧的神情意态与心理变化。

第二部分103字,写的是邹忌讽谏齐王。这一段是简笔,作者惜墨如金,进谏的准备工作与人物的心理活动等完全不提,只用"于是入朝见威王"七个字一笔带过。但这一段简中有繁,设喻生动,繁在那脍炙人口的"三比"。"三比"中进行了两次推论,第一次由家事而推论到王之周围的人与事,第二次推论则着力点出关键:"由此观之,王之蔽甚矣!"这里类比深刻,说理充分,由小及大,由点及面,发人深思。

第三部分123字,写的是齐王纳谏与纳谏之后的措施与效果。作者在这里集中地表现出了"讽"的效果,用来诠释"善"字的,就是那畅快淋漓、颇有气势的排比句"三赏",它们让人感受到了齐王纳谏的决心与非凡措施,表现出了齐王善于纳谏、广开言路的贤君形象。至于文中对纳谏效果的描画,则是实中出虚,由一句"燕、赵、韩、魏闻之,皆朝于齐"从侧面进行烘托,国家的强大、国力的强盛不言自明。"此所谓战胜于朝廷"更是画龙点睛,深刻简练。

(5) 妙句撷取

妙句撷取是指从不同的课文中撷取妙句、美句,形成特别的知识板块。

笔者曾经拟写过一组生动的作文题,其实它们都是课文中的句子:

咱俩还是好朋友(《羚羊木雕》);成功后的宁静(《谈生命》);在晶莹的泪光中(《背影》);我最急于告诉你们的(《谁是最可爱的人》);春天的脚步近了(《春》);这不能不说是一个奇迹(《看戏》);我感到了责任的重大(《散步》);真是个细心人呢(《枣核》);纯真的心(《我的老师》);海的美就在这里(《听潮》);比梦更美(《致乌兰若娃》);这是自由诗,这是交响乐(《从宜宾到重庆》);正想偷懒时(《藤野先生》);小桥流水人家(《天净沙秋思》);每当回忆往事的时候(《生命的意义》);我应该感谢母亲(《回忆我的母亲》)……

(6) 文中选文

从长文中"选"出一篇完整的、堪称范文的短文,既可以进行选点阅读,又可以进行作文指导。

如下面的短文，是从课文《我的"长生果"》中截取出来的，它实际上是阅读教学中用"选点精读"的方法进行教学和作文教学中训练"叙议结合"能力的好材料。

我的"长生果"（文中选文）

莎士比亚说："书籍是全世界的营养品。"像我这样对阅读如饥似渴的少年，它的功用更是不言而喻。醉心阅读使我得到了报偿。从小学三年级开始，我的作文便常常居全班之冠。阅读也大大扩展了我的想象力。在家对着一面花纹驳杂的石墙，我会呆上半天，构想种种神话传说；路上遇到一个残疾人，我会黯然神伤，编织他的悲惨身世。

记得有一次，作文的题目是"秋天来了"。教师读了一段范文之后，当大多数同学千篇一律地开始写"秋天来了，树叶黄了，一片一片地飘到了地上"时，我心里忽然掠过了不安分的一念：大家都这样写多没意思！我要用自己的眼睛去看秋天，用自己的感受去写秋天。

我把秋天比作一个穿着金色衣裙的仙女，她那轻飘的衣袖拂去了太阳的焦热，将明亮和清爽洒给大地；她用宽大的衣衫挡着风寒，却捧起沉甸甸的果实奉献人间。人们都爱秋天，爱她的天高气爽，爱她的云淡日丽，爱她的香飘四野。秋天，使农民的笑容格外灿烂。

于是，我的作文得到了个"甲优"，教师在文中又圈又点，将它作为范文在班上朗读。

这小小的光荣，使我悟得一点道理：作文，首先构思要别出心裁，落笔也要有点与众不同的"鲜味"才好。这些领悟自然是课外读物的馈赠。

另外，还有"论证证明"的方法，如证明《中国石拱桥》全文的结构是极其精致的；还有"变体阅读"的方法，如将《被压扁的沙子》读成"议论文"；还有"课中之最"的方法，如品味出《拿来主义》中许多个"最"；还有"创新说法"的方法，如对死亡的描写最为出色的课文是《伟大的悲剧》，观察点的变化最为丰富的课文是《小石潭记》，流动时间最长的课文是《一滴水经过丽江》，流动速度最快的课文是《朝辞白帝彩云间》……

趣读教材的方法越多，教师动的脑筋也越多，阅读的收获也就愈加奇妙。

5. 深读文章的一个点

深读课文的一个点是一种追求，是需要花时间、下力气、动脑筋的事。

深读课文的一个点，或读出一处极深的地方，或读出一处极美的地方，或读出一处极有韵味的地方，或读出一处表达技法精巧优美的地方……

深读课文的一个点，这个"点"，可以是文章的一个段落、一个部分；可以是文中的某个细节或者某种构思技巧；也可以是语言欣赏或者人物分析，等等。

（1）深读课文的一个点，就是读出课文的深度，读出自己的创见

深读课文的一个点，需要细读，细品，细细揣摩，细细欣赏；需要用别样的眼光欣赏课文；这是文章阅读的一种境界，也是语文教师美读课文所要追求的一种境界。

下面是课文《陋室铭》。

陋 室 铭
刘禹锡

山不在高，有仙则名。水不在深，有龙则灵。斯是陋室，惟吾德馨。苔痕上阶绿，草色入帘青。谈笑有鸿儒，往来无白丁。可以调素琴，阅金经。无丝竹之乱耳，无案牍之劳形。南阳诸葛庐，西蜀子云亭。孔子云："何陋之有？"

有短文这样分析《陋室铭》，说此文的行文特点是六个字：突起、纡行、峭收：

文章的标题是"陋室铭"，作者却从山、水、仙、龙起兴，这是"突起"。这一笔，用山、水、仙、龙的具体形象引出"有德则馨"的中心题旨，既是化虚为实，又显得极有气势。中间部分对于陋室的具体刻画，一共只有八句话，又可以分出三层意思，即从室外景色、朋友交往和思想情趣三个方面刻画了陋室主人的胸襟、气度，由表及里，一层深似一层。接着，又以"南阳诸葛庐""西蜀子云亭"作比，进一步烘托出主人的地位和抱负。这种多侧面、多层次地展开的方式，就是"纡行"。最后，作者又用"藏头"的手法，引用孔子所说的"君子居之，何陋之有"的后半句作结，目的是让读者联想到那省去的前半句，进而更好地体会全文的题旨，

这就是"峭收"。这种言简而意蕴的笔法,可以说是劲峭而有余味了。

(摘自:路德庆.写作艺术示例[M].上海:华东师范大学出版社,1983.)

此文分析的虽然也是《陋室铭》的结构层次与内容特点,但眼光与众不同,用了"突起""纡行""峭收"三个词来概括课文的表达特点,说明作者深读了这篇课文的一个点:行文手法、章法特点。

深读文章的一个点,角度多样,创意丰富美好。

(2) 深读课文中的一两句话

有的课文的教学,必须对文中的一两句话深刻理解,这样的地方无法回避,只能面对,只能精读。如:

予独爱莲之出淤泥而不染,濯清涟而不妖,中通外直,不蔓不枝,香远益清,亭亭净植,可远观而不可亵玩焉。

(选自《爱莲说》)

长风破浪会有时,直挂云帆济沧海。

(选自《行路难》)

故国神游,多情应笑我,早生华发。人生如梦,一樽还酹江月。

(选自《念奴娇·赤壁怀古》)

因此,需要教师在课文研读之初就开始自己的细读、精读、美读、深读。教师心中有底,才能引导学生研读品析,才能与学生顺利对话。

如对《木兰诗》中"不闻爷娘唤女声,但闻黄河流水鸣溅溅""不闻爷娘唤女声,但闻燕山胡骑鸣啾啾"这两个诗句的品赏:

①唤女声与流水声、嘶叫声,一面是亲情,一面是战情。

②唤女声与流水声、嘶叫声,一面是思家之情,一面是卫国之情。木兰毅然服从了后者,勇敢地奔赴前方。

③爷娘唤女的亲切、关怀、熟悉的声音与黄河水声、胡骑鸣叫声的陌生、凄厉、可怕形成鲜明的对比,反映了木兰复杂、矛盾的心情。

④"黄河流水鸣溅溅"写自然环境的严酷,"燕山胡骑鸣啾啾"写战争环境的严峻。

⑤"不闻"与"闻"对照鲜明,表现了木兰忠贞报国的精神。

⑥两次"不闻"表现了木兰从军的坚定,两次"闻"表现了木兰所经受的历练。

⑦两个诗句,写出了木兰离开家乡,走上征途——远征,再远征。

⑧两个诗句,句式相同,音节相对,反复咏叹,渲染出悲壮的气氛。

……

这样就一个字一个字地、一句话一句话地、多角度地、反复地咀嚼品味了课文中美好的语言材料。

(3) 深读课文的一个段或者一个部分

指导学生深读、美读一个段或是一个部分,是课文阅读教学中的常用手法。为了进行细腻的阅读品析,我们常常将教学的视点定得更加集中一点。这样也给教师的阅读欣赏能力提出了很高的要求。

如《小石潭记》中的特写镜头欣赏:

潭中鱼可百许头,皆若空游无所依,日光下澈,影布石上,佁然不动,俶尔远逝,往来翕忽,似与游者相乐。

这是一个美段。孙绍振先生曾高度评价过它:(这一段)才是全文的灵魂,才是使本文成为千古绝唱的关键。

霍松林先生对这一段进行过这样的评说:

"潭中鱼"几句,不太细心的读者会认为不过是写鱼罢了。其实不仅仅写鱼。齐白石只画飞虫,不画天空,只画游鱼,不画清水。但由于虫的确在飞,鱼的确在游,因而在欣赏者面前也就出现了天空、出现了清水。这几句正是采用了这种以实写虚的手法……柳宗元不写水,只写鱼游,而澄澈的潭水已粼粼映眼。

【摘自:霍松林. 柳宗元《永州八记》选讲(下)[J]. 语文学习,1979(3).】

孙绍振先生则进行了这样的欣赏:

更精彩的是,柳宗元不从正面,而是从侧面写,来突出水的清澈。正面写的是日光:日光照下来,鱼的影子落在石头上。这一句写得更加有智慧,水清澈透明,得到更加独特的表现:日光照到水里,没有变暗,可见水之清澈;这还不算,石头上居然出现了鱼的影子，影子之黑，正是日光之强、水之清澈的结果。吴均和郦道元的文章，都以鱼的可视来反衬水的清澈，柳宗元则进一步用鱼的影子，用黑来反衬水的清澈，艺术上的反差效果更为强烈。这可以说是柳宗元的一大创新，对后世产生了很大的影响。

【摘自：孙绍振. 可欣赏而不可久居——《小石潭记》的诗意境界和散文现实的矛盾[J]. 语文建设，2007（9）.】

霍松林先生运用了设例比较的方法，从"以实写虚"的视角评析了这段文字的意境之美。孙先生运用了举例比较的方法，从"侧面手法"的视角阐释了这段文字的手法之妙，他们所进行的都是深度解读。

笔者认为，这样的写法，好在创造，好在新颖，好在写出了作者在那一瞬间的真实感受，写出了洁净清幽的境界：既写了鱼儿自由生活在像水晶宫一样的奇丽环境，又写了水质的清莹和水色的清亮。

这不仅仅有趣，而且是一种表达艺术——对某物一个字也不写，而在文中处处见到此物——不著一字，尽得风流。

这就是"一笔双写"的美妙笔法，它言此意彼，虚实相生，语言凝练，令人回味；它比直接描写某物更能表现优美的意境。

(4) 深读课文的一种手法、一处细节或者一个表达特点

与阅读品析课文中的句段相比，这里所说的"深读"，其视点发生了很大的变化。此时的研读不是重视文章中的某个部位，而是关注具有艺术性、文学性、涉及面广的"点"。

这样的深读，可以读到课文中的任何"点"，非常个性化，很讲究"角度"，十分推崇"发现"，颇为强调"新意"；这样的深读，最能表现教师阅读欣赏能力的深度。

下面是笔者对《祝福》的一个"点"的欣赏：

《祝福》的反复手法

"反复"手法是《祝福》的主要表现手法。

重大事件的反复是最重要的、最有表现力的反复：两次婚姻，两次死丈夫，两次来到鲁四老爷家当女工。

对人物"脸色"的反复描写贯穿全文，"脸色"的描写与人物命运的发展密切关联，起伏于文中，形成一条线索。

对人物"眼睛、眼色、眼神"的反复描写也贯穿于全文之中。它与"脸色"的描写同在，表现着人物的性格、心情、命运。

景物描写的重点是"雪花"。它们反复出现，设置场景，烘托气氛，表现人物。一句"天色愈阴暗了，下午竟下起雪来，雪花大的有梅花那么大，满天飞舞，夹着烟霭和忙碌的气色，将鲁镇乱成一团糟"，极为简练，却敷设了"祝福"故事沉重的氛围基调。

表达最为深沉的是对"我真傻，真的"的反复渲染。这是写作中的复笔技巧，其形式特点有点像音乐中的三重奏或者四重唱。它们反复出现，深刻地表现着人物命运中的无限悲哀。

细节描写的反复能在简短的字句中表现出"一笔两写"的力度，"祥林嫂，你放着罢！我来摆，四婶慌忙的说。""'祥林嫂，你放着罢！我来拿。'四婶又慌忙的说。""'你放着罢，祥林嫂！'四婶慌忙大声说。"这里的描写岂止是表现四婶的惊慌，它们已是祥林嫂走向死亡的前奏。

对人物的称呼也是如此："卫老婆子叫她祥林嫂""大家都叫她祥林嫂""大家仍然叫她祥林嫂"，为什么这样反复？这样写一定有明确的表达目的。

另外，还有两次"头上扎着白头绳，乌裙，蓝夹袄，月白背心"的肖像描绘等。连对祥林嫂额上的"伤疤"的成因描写也用了反复手法。先是侧面的描写，再是正面的描叙，在这样的反复之中表现着卫老婆子、四婶、柳妈、祥林嫂这四个不同身份的女人。

"象征"的运用尤为巧妙。如下面的反复描写：

直到十几天之后，这才陆续的知道她家里还有严厉的婆婆；一个小叔子，十多岁，能打柴了；她是春天没了丈夫的；他本来也打柴为生，比她小十岁：大家所知道的就只是这一点。

……这实在是叫作"天有不测风云"，她的男人是坚实人，谁知道年纪青青，就会断送在伤寒上？本来已经好了的，吃了一碗冷饭，复发了。

春天快完了，村上倒反来了狼，谁料到？……我单知道下雪的时候野兽在山里没有食吃，会到村里来，我不知道春天也会有。

"祥林嫂？怎么了？"我又赶紧的问。"老了。""死了？"我的心突然紧缩，几乎跳起来，脸上大约也变了色。但他始终没有抬头，所以全不觉。

……

以上写的都是"死亡"——祥林，贺老六，阿毛，祥林嫂。祥林嫂命运中所有的重大不幸，所有的"死"，都反复地与"春"有关，都是在春天里或迎春的日子里发生。这是一种用得极为巧妙的象征，含义深刻，耐人寻味。

……

这篇短文专门欣赏了《祝福》的反复手法，欣赏了这篇小说中的一个"点"。其实，笔者的这篇短文中作为例证的很多内容都是可以再进行细化的研读并写出赏析短文的。如《祝福》中人物脸色的描写、人物眼神的描写、雪花的描写、四次"我真傻"中的辛酸、三次"你放着罢"等，都是值得深入品味的"点"。

6. 多角度反复赏析

教师的课文研读，应该是为了课堂教学的优美和扎实而进行的。

单篇课文的研读，尤其需要反复，需要多角度，需要乐此不疲。

笔者读课文，除了写作之外，往往着眼于课堂教学，着眼于教学过程中的需要，所以对课文常常是五读、六读、八读、十几读，在反复的研读之中细细地把玩作品的美妙，哪怕是很短、很浅，看似不用研读的课文。

如《赫耳墨斯和雕像者》，我读这篇浅显的课文时，读得比较艰苦，方法与角度也与一般的读法不同。现在介绍一下对它的"五读"。

(1) 用评点的方式细细地读

用"评点"的方式读课文，有两个目的：一是因为要评点而细细地读，静静地读，耐心地读；二是因为要评点而非写不可，于是就把自己的思想所得变成了文字。应该说，用"写"的方式读课文，是最"划得来"的一种方式，其价值是留下了思考的痕迹。

《赫耳墨斯和雕像者》故事部分的简略评点

赫耳墨斯想知道他在人间受到多大的尊重，就化作凡人，来到一个雕像者的店里。

这是情节的开端。点明人物、事件、地点。点明赫耳墨斯"下凡"的"目的"。一个"想"字表现出了事件本身的讽刺性，说明赫耳墨斯相信自己一定受到了人们的尊重，他很想知道这种尊重到了什么程度。

他看见宙斯的雕像，问道："值多少钱？"雕像者说："一个银元。"赫耳墨斯又笑着问道："赫拉的雕像值多少钱？"雕像者说："还要贵一点。"

这是故事情节的发展。对话的特点是：问者有意，答者无心。问者的"有意"表现在他开口就问众神的首领、自己的父亲宙斯的雕像的价，接着又问赫拉的雕像的价。这两个"比较点"的选择表现出赫耳墨斯的自不量力。

后来，赫耳墨斯看见自己的雕像，心想他身为神使，又是商人的庇护神，人们会对他更尊重些，于是问道："这个值多少钱？"雕像者回答说："假如你买了那两个，这个算添头，白送。"

这是故事的高潮。一个"想"字进一步写出了赫耳墨斯的狂妄。作者巧妙地运用寓言中常用的揭示矛盾的"反差"法，写出了赫耳墨斯期望受到更大的尊重和客观方面的一文不值，突现了故事的深刻讽刺性。

（2）多角度概说课文内容

用"一句话概说"的方式，从教师能够看出的角度对课文进行概说，这样的概说特别能够提升教师的研读水平和扩大教师赏析课文的视野。这样的概说，也特别有利于课堂教学中对学生的评价与指导，如果在教师已经对课文进行概说的基础上将其设计为学生"概说课文"的活动，则更加实用、有效。

下面是对《赫耳墨斯和雕像者》故事部分的多角度概说：

这是一篇以"神"为主要人物形象的寓言。

这是一篇完整的、有曲折情节的寓言故事。

这是一篇有鲜明的人物形象的故事，赫耳墨斯的自大和他受到的辛辣讽刺跃然纸上。

这是一篇主要运用"对话"手法来展开故事情节的寓言。

这是一篇运用了"对比"手法的小故事。

这是一篇运用了"白描"手法，寥寥几笔就勾勒出人物形象的寓言故事。

这是一则运用了"空白"手法，让我们想象人物尴尬结局的小故事。

这是一则运用了"反差"手法，写"出人意料"之事、写"事与愿违"之事的故事。

这是一则运用"开门见山"的方法开头的故事。

这是一则运用了"戛然而止"的方法结尾的故事。

这是一则表达含蓄、需要细细揣摩人物心理活动的故事。

这是一则细节生动的寓言故事，文中有语言的描写、动作的描写和神情意态的描写。

这是一篇含意丰富深刻、于我们做人处事有教益的寓言故事。

……

（3）用一组句子点示课文的寓意

这则寓言本身点示寓意的句子是：这个故事适用于那些爱慕虚荣而不被人重视的人。于学生的思维能力与表达能力的训练而言，这是一个可以利用的地方。

我在教学设计中考虑到，可以请同学们再用一个句子来点示课文的寓意，可要求学生进行生动的、深刻的、有自己独到见解的表达。

于是我必须用更多的语句来点示课文寓意，以保证与学生对话交流的质量。（那么，教师在教学中没有对话质量的话语是什么呢？只能说"很好""非常好""特别好""太好了"等。大多数情况下，这是教师对所探讨的内容心中没底的表现。）

下面是一组对课文含意进行再点示的句子：

这则寓言讽刺那些自以为胜过别人其实远不如别人的人，告诫人们要谦虚谨慎，不要骄傲自大。

这个故事告诉我们，要想真正获得人们的尊敬，就不要贪慕虚荣，妄自尊大。

这个寓言是一篇很生动的讽刺小品，故事的主旨是告诫我们不要做爱慕虚荣而不被人重视的人。

一心只想着自己的身价，想着自己受到多大的尊重，企望人家特别尊重自己，这是一种虚荣心。

这则寓言通过赫耳墨斯自命不凡、主观臆断而在事实面前碰壁的故事，以神喻人，讽刺和批评了那些爱慕虚荣、妄自尊大的人。

《赫耳墨斯和雕像者》告诉我们，在所谓的身份与贡献面前，我们不要自视甚高、自我欣赏。

"虚荣的人，注视着自己的名字"，赫耳墨斯不关心如何造福人类，而是关注自己的身价，这也可以看作"不务正业"。

故事的主人公赫耳墨斯是一个有"权力"的"人"，在权力面前，他想到的是自己的身价……

(4) 用朗读的方式来品读课文

可以说，从细节来看，在语文教师的教学技能中，最需要提升的是朗读指导技能。我们的课堂朗读教学，其口令离不开如下"最熟悉的台词"：大声地读起来、读准字音、读顺句子、读得流畅、读好节奏、读出重音、读出感情、用你最喜欢的方法去读书……从小学一直到高中，其教学的难度、教学的标高基本上都是这样。

课堂朗读教学的设计，最重要的是朗读训练角度的寻觅。

朗读指导一旦有了"角度"，就有了新意，有了创意，有了朗读教学的灵动。

笔者从如下的角度来训练自己朗读这篇课文。

①就整体而言，用停顿的方式，表示自己读出了这则寓言中"故事"的层次：课文的第一句话是一层，后面的三问三答又是一层。

②就细节而言，读好"三问三答"，以表现人物的神采：

问道："值多少钱？"——"值"后面拖一下，表示出关切地、认真地询问的样子。

赫耳墨斯又笑着问道："赫拉的雕像值多少钱？"——"笑"字要读出笑意，

以表现赫耳墨斯知道宙斯雕像价格之后情不自禁地有点高兴的心理。

于是问道："这个值多少钱？"——可以读成："这个——值——多少钱？"虽然赫耳墨斯此时是化身为凡人，但"神"的高傲仍在，所以多少有点矜持，"多"字可以读得更加夸张些，以表现赫耳墨斯的自命不凡。

雕像者回答说："假如你买了那两个，这个算添头，白送。"——读得平静而有波澜。"这个"后面停顿一下，"白送"二字读出波澜："白——送"，表现出随意的、不在乎的态度。

如此朗读的角度，也可以是对学生进行朗读训练的角度。

(5) 读出文学的味道

这是对课文的深读。深读能够把课文读得更加透彻，作为语文教师，这一点尤为重要。

在前面所述的"一句话概说"中，已经涉及了本课不少文学层面的内容。如"对比""白描""空白""反差"手法的运用等。但《赫耳墨斯和雕像者》的手法更为精妙的是：蓄势于前，急转于后。

"蓄势"一词，从字面意思来看，含有"积蓄力量"或者"积蓄了充分的能量"的意思。文学作品中的"蓄势"，指的是运用一定的手法，一步一步地描叙事物，形成氛围，以达到对散文的意旨进行开掘或者为小说高潮的到来进行充分铺垫的目的。

《赫耳墨斯和雕像者》的"蓄势"表现在：首先，赫耳墨斯自认为自己是受到人们尊重的；其次，他知道宙斯的雕像并不便宜之后便扬扬自得起来；最后，当知道赫拉的雕像还要贵一点之后他心中更加暗自得意。可以说，故事的第三问之后，赫耳墨斯心中等待的就只是雕像者的又一句"还要贵一点"的话语了。

有意思的是，故事情节在此发生了巨大的跌宕，雕像者的一句"假如你买了那两个，这个算添头，白送"一下子让赫耳墨斯如跌入冰窖。故事到此打住，留给读者深深的思索。

"蓄势于前，急转于后"能够表现出"出乎意料"而"合乎情理"的表达效果，在峰回路转之中让人掩卷沉思。

这样对《赫耳墨斯和雕像者》这篇极短的文章"五读"之后,教师对所有细节都有了精致的赏析,在教学中训练学生就没有问题了。

7. 表达技法的欣赏

这里主要谈小说的技法欣赏;小说技法的欣赏,是语文教师觉得最费力的地方。

就一般的读者而言,小说的表达技法永远是深不见底的谜。这是因为一般的读者并不是小说创作研究的专家,但如果是语文教师,从教学的需要来看,从教师的素养来看,非常需要用一些时间来潜心地研究、体味、欣赏。它们是真正文学的、高雅的内容。如果一位语文教师在小说的教学中只能给学生指导"小说的要素"等基本常识,那就很难说得上具有一定的教学素养。

可以说,能够懂得小说的技法或笔法,就能够懂得其他所有文体的文章技法与笔法。教师能够比较深入地欣赏小说作品,才真正拥有了阅读欣赏能力。

所以,语文教师如果要练就文学欣赏的功夫,就首先要关注对小说的欣赏,提高自己欣赏小说表达技巧的水平与能力。

欣赏小说的技法,最好运用积累的方法,在对每一篇小说课文的研读中积累有关知识,由一篇而推知一类。久而久之,知识就丰富起来,眼光就敏锐起来。

如研读小说《孔乙己》,可以积累这样一些知识。

故事背景

故事发生的时间——清朝末年。把孔乙己置于清朝末年这个特定的时代来刻画,便于塑造其封建科举制度殉葬品的典型,再现"典型环境下的典型人物"。

主要人物

小说的主角是孔乙己。其可悲之处在于其身份的边缘性。连处于社会底层的人都能任意地嘲笑他。他是一个孤独无助的形象。

场景安排

小说将人物的活动安排在咸亨酒店这个具体的场景中。这个环境有两个基本特征,一是它的等级性,二是置身其中的人们的人格与道德准则的卑劣性。酒店这个场景对于描写孔乙己的性格和表现人们对孔乙己的态度是最合适的。更重要的是，通过酒店的设置，能在一个场景里集中地表现更多的人物、叙述复杂的故事情节。

叙事视角

《孔乙己》采用儿童的叙事视角。《孔乙己》的故事来源于"小伙计"的观察。一方面他作为一个不谙世事的孩童观察者，另一方面"小伙计"又在一定程度上代表着孔乙己周围的观众视角，代表着造成孔乙己悲剧命运的冷漠的环境、背景。

看客设置

短衣主顾，其他人。鲁迅总是要在他的悲剧主人公的周围，设置一群"无姓名无意识的杀人团"，构成一种社会环境和氛围，从而形成"看""被看"的叙述模式。

故事氛围

笑。"笑"纵贯了《孔乙己》一文的始末。孔乙己在人们的笑声中登场，在人们的笑声中表演，最后又在人们的笑声中走向死亡。

人物特征

长衫，语言，手。它们是孔乙己最明显的特征。长衫是一种象征；语言直接呈现人物的身份背景；手的不同阶段的功用隐喻着孔乙己的人生命运。

虚写手法

小说中的丁举人是一个没有出场的人物。作者巧用侧笔，通过旁人之口，突出了他对孔乙己的拷打。这个"插曲"虽只有寥寥几笔，却也是文中的一个关键之处。它对故事情节起着承前启后的作用，表明孔乙己命运"质"的变化，没有这一笔，故事就不能向高潮发展。

对比描写

《孔乙己》通篇使用了对比手法。总的来说，文中的对比表现在两个主要方面。一是描写社会环境时的对比，二是人物描写中的对比。最突出的一组对比是孔乙己第一次亮相和最后一次出场，在外貌、语言、声音、神态、动作方面的对比，把精神和肉体上受到巨大摧残的孔乙己的形象鲜明地呈现在读者面前，引起人们深深的思索。

小说结构

作品选取了孔乙己在鲁镇咸亨酒店的几个典型场面——几个他生命中的时间"点",来表现孔乙己的故事。故事由"我"穿针引线、衔接缝合,由"点"带"面"、以"点"牵"线",驭繁于简,昭示了孔乙己式的知识分子的悲剧人生。

如研读小说《故乡》,我们能够在外貌描写的笔法知识方面有一些积累。

特写式写意

这来的便是闰土。虽然我一见便知道是闰土,但又不是我这记忆上的闰土了。他身材增加了一倍;先前的紫色的圆脸,已经变作灰黄,而且加上了很深的皱纹;眼睛也像他父亲一样,周围都肿得通红,这我知道,在海边种地的人,终日吹着海风,大抵是这样的。他头上是一顶破毡帽,身上只一件极薄的棉衣,浑身瑟索着;手里提着一个纸包和一支长烟管,那手也不是我所记得的红活圆实的手,却又粗又笨而且开裂,像是松树皮了。

白描式写意

这时候,我的脑里忽然闪出一幅神异的图画来:深蓝的天空中挂着一轮金黄的圆月,下面是海边的沙地,都种着一望无际的碧绿的西瓜,其间有一个十一二岁的少年,项带银圈,手捏一柄钢叉,向一匹猹尽力的刺去,那猹却将身一扭,反从他的胯下逃走了。

他正在厨房里,紫色的圆脸,头戴一顶小毡帽,颈上套一个明晃晃的银项圈,这可见他的父亲十分爱他,怕他死去,所以在神佛面前许下愿心,用圈子将他套住了。

夸张式写意

我吃了一吓,赶忙抬起头,却见一个凸颧骨,薄嘴唇,五十岁上下的女人站在我面前,两手搭在髀间,没有系裙,张着两脚,正像一个画图仪器里细脚伶仃的圆规。

《故乡》对中年闰土的描写是工笔式的,对少年闰土的描写是白描式的,对杨二嫂的描写是漫画式的。换一个角度看,《故乡》对中年闰土的外貌描写运用了连续用喻法,对少年闰土的外貌描写运用了回环反复法,将童年闰土与中年闰土的外貌描写展现出来,则是浓缩对比法。

读古典名著的片段,会更有收获。

下面是笔者苦读《林教头风雪山神庙》之后写的技法赏析短文。

浅说《林教头风雪山神庙》中的"蓄势"手法

"蓄势"一词，沿用广泛，凡分析小说的文学鉴赏文字，很少有不提到"蓄势"二字的。但令人奇怪的是，《现代汉语词典》和《现代汉语规范词典》中均没有它的词条。另一个已经用滥了的词"蓄势待发"在词典中也同样没有位置。于是我们就难以了解对它们的确切解释。

"蓄势"一词，从字面意思来看，含有"积蓄力量"或者"积蓄了充分的能量"的意思。文学作品中的"蓄势"，特别是散文、小说中的"蓄势"，指的是运用一定的手法，一步一步地描叙事物，形成氛围，以达到对散文的旨意进行开掘或者为小说高潮的到来进行充分铺垫的目的。

小说中的"蓄势"，还有一层意思，就是作者往往尽力地让故事情节显得扑朔迷离，显得波澜起伏，显得曲折有致，在跌宕迂回之后才有力地推出故事的高潮。于是故事就很有韵味，十分吸引人。

《林教头风雪山神庙》中的"蓄势"手法主要有以下四种。

悬念

如"酒店偷听"。李小二妻子的隔墙之耳，是听不清楚陆谦等人的密谋的。假设在这个时候完全听清了，那么后续的故事情节就会索然无味。正是这种听到一点又听不清楚的情境，在李小二夫妻、林冲和读者的心中激起一个大大的疑团——这些人到底要干什么？这就是"悬念"。悬念不解，扣人心弦，让人想知道事情的真相而又一时无法知道，这就是在为情节的发展"蓄势"。文势在一个一个的悬念中渐渐蓄起，故事情节一步一步地推向高潮。

张弛

如"买刀寻敌"。当李小二将来酒店那人的容貌和"高太尉"等只言片语告诉林冲时，林冲直觉正是陆虞候来这里害他，于是大怒离开酒店，买了一把解腕尖刀，前街后巷去寻，此时的矛盾冲突随时可以出现，就是"张"。但故事并没有朝着一场血肉迸飞的厮杀方面发展，作者在此故意顿了一笔，写林冲寻了三五日，不见动静，"也自心下慢了"；陆谦等人在小酒店里一闪后，也消失得无影无踪。

冲突的浪头起而又伏,情势趋向于舒缓,这就是"弛"。如果故事在"张"中就爆发矛盾,林冲手刃仇敌,那就没有一点儿味道了。文章在这样的张弛中积蓄力量,准备迎接又一轮故事情节的发生。

渲染

如"风雪描写"。文中的风雪描写,与故事情节的进展、环境气氛的烘托紧密相连。危险的风浪暗中涌起时,"正是严冬天气,彤云密布,朔风渐起,却早纷纷扬扬卷下一天大雪来";林冲买酒时,可能也是陆虞候等人出发之时,"那雪正下得紧"了;买酒回来之时,离火烧草料场的时辰也就不远,"看那雪,到晚越下得紧了"。雪越下越大,暗中涌动的气氛也越来越紧张。这就是渲染、烘托。但正是由于"雪"下得"紧",林冲踏着那瑞雪、迎着北风回来时,"那两间草厅,已被雪压倒了"。于是故事情节在这里发生重大转折,形成更加迂回曲折的发展过程,此所谓"大雪塌草厅,环境再蓄势"。

顿挫

如"庙前复仇"。所谓"顿挫",在这里指笔势的停顿转折。在本文中,"庙中偷听"历来是人们最为欣赏的"巧合"之一。但从文势来看,这里却是重要的一"顿"。一块石头挡住了庙门,放火成功的陆谦们推而不能入。如果换用一种情节安排,让陆虞候等直接推门而入,仇人相见,分外眼红,一番捉拿询问,也会写得有声有色。但这里的一"顿",将放火的三人阻在门外,他们自以为阴谋得逞、得意忘形,尽情表现,议论纷纷,让林冲听得真真切切,一字不漏。这就像来势汹涌的大水,一下子被挡在堤坝之外,激起巨大波澜。这里的一"顿",就是美妙的"蓄势"。

在苦读与欣赏这篇小说节选之后,笔者还写了一则随记——

历时多天,我终于写完了《林教头风雪山神庙》的"映潮说课"稿,7000余字。

最难的是课文欣赏的短文的写作,1600字的短文,三易其稿,整整写了两天。

第一次的标题是:《〈林教头风雪山神庙〉的"波澜"手法》。

第二次的标题是:《〈林教头风雪山神庙〉中的"文学辞典"》(即悬念、抑扬、巧合之类)。

第三次的标题是:《〈林教头风雪山神庙〉的"蓄势"手法》。这是真正没有人写过的内容,可以说是"填补"了对这篇课文的欣赏的一个小小的空白。

在这次写作中，我为弄懂两个"术语"花去了大半天的时间。

一个"术语"是"顿挫"，文学作品的"顿挫"到底包含什么内容，很少有人举例说明，因此也不大明白。

一个"术语"是"蓄势"，它让我有了惊喜的发现。

"蓄势"一词，使用广泛，凡分析小说的文学鉴赏文字，很少有不提到"蓄势"二字的。对这个词，我也进行了比较详细的解释。

由此想到：

如果不悉心研讨一个事物，你怎能知道它的现状？你怎能发现其中的空白？

在写作中，我还发现，对课文中"风雪"的描写，可以从"写作技法"角度来进行多方面的欣赏：

（1）这是"点染"的技法。什么是"点染"，我还说不清楚，要通过例证来深入地理解。

（2）这是"白描"的技法。到底什么样的描写是"白描"，还需要下功夫去弄清楚。

（3）这是"渲染""烘托"的技法。

（4）在本文中，这也是"蓄势"的技法。

（5）是否还可以从文章局部的"线索"来理解它？

如果我再就此问题写一篇赏析文，可能也是比较独到的。

另外，如果专门利用这一课的例证来提高自己的文学鉴赏能力，也是很有"啃头"的。如悬念、伏应、巧合、张弛、顿挫、点染、渲染、波澜、白描、露与藏、草蛇灰线等。

……

由此可见，教师"习得"一点文学知识，特别是小说表达技法知识，是多么艰难，而习得、感悟之后的感觉又是多么美妙。

8. 提升古诗词鉴赏力

对中国古诗词教学的高度重视，随着统编中小学语文教材的全面使用而更加明朗地呈现在语文阅读教学之中。提升古诗词鉴赏的能力，真正作为一个"问题"摆在了每一位语文教师的面前。解决"问题"的方法，仍然是自我训练，根据一定的规律、一定的方法来训练自己的鉴赏能力。

这里讲一下赏析古诗词的几种规律、方法及要求。

（1）整体概析

对于一首诗词，大致可分三个层次进行品读欣赏：第一层，描述全诗词的大意；第二层，对这首诗词进行有序的内容解说；第三层，对此诗词的表达艺术进行简明的赏析。如：

竹 里 馆

王维

独坐幽篁里，弹琴复长啸。

深林人不知，明月来相照。

赏析：此诗写诗人王维在幽深茂密的竹林里独自弹琴、长啸、与明月相伴的情景，表现出诗人的隐居生活及其清雅情趣。

诗的前两句写"独坐""弹琴""长啸"等动作，后两句写夜静人寂，明月相伴。

全诗有声有色，有静有动，有景有情，有实有虚，手法生动，诗中有画；人与物浑然一体，营造出优美、高雅的意境，传达出诗人宁静淡泊的心情。

（2）句意阐释

这种阐释也需要分层进行。如对绝句的内容解说，可以运用"第一句怎样，第二句怎样，第三、四句如何"的思维方式，也可运用"前两句如何、后两句怎样"的思路，还可用"第一层、第二层"的解说方式。对律诗的解说，可以按"首联、颔联、颈联、尾联"的层次进行。对词的解说，可按"上阕、下阕"的顺序进行。如：

出 塞
王昌龄

秦时明月汉时关,万里长征人未还。

但使龙城飞将在,不教胡马渡阴山。

赏析:"七绝圣手"王昌龄的边塞诗《出塞》曾被赞为"唐人七绝的压卷之作"。全诗写景、叙事、抒情议论紧密结合,感情丰富深刻。

第一句,大笔勾勒,概括描述了从秦汉时就存在着的"明月边关"景象。慨叹此地汉关,秦时明月,一直如此;岁月流逝而征战未断、边患依然。

第二句,有触景生情之意味,叹息征程辽远,征人难还;戍边将士远征万里塞外,无法回归故乡,有多少男儿战死沙场。

第三、四句,笔锋一转,企盼有李广那样的名将来戍守边关,平息胡乱,安定边防。全诗语言平易但铿锵有力,篇幅精短却主旨雄浑;气势豪迈,一气呵成,洋溢着深切的爱国激情。

(3) 特点评说

对古诗词可多角度地进行赏析,如评说内容特点、情感特点、风格特点、写法特点和语言特点等;也可进行视点比较集中的品析,如品析语言特点、风格特点等。如:

敕 勒 歌
北朝民歌

敕勒川,阴山下。

天似穹庐,笼盖四野。

天苍苍,野茫茫。

风吹草低见牛羊。

赏析:《敕勒歌》是北朝流传的一首民歌,歌咏了北国草原壮丽富饶的风光,抒写了人们热爱家乡的深情。全诗的特点之一是"壮丽":生动描画出壮阔、生机勃勃的大草原全景图,形象地展现了这里水草丰盛、牛羊肥壮的图景。诗的起笔点示了草原的背景;次句运用比喻,概写了草原恢宏的天际和辽阔的原野;第三句描述的是天野相接、一望无际、辽远壮阔的地域景象。最后一句勾勒出一幅水草繁茂、牛羊成群、富有动感的美好画面。全诗境界开阔，雄健质朴，格调高远，浑然天成，是描写草原风光的千古绝唱。

(4) 名句点评

对古诗词一般分两个层次进行评析：先简说一首诗词的基本内容，再重点评析此诗词中脍炙人口的佳句。如：

使 至 塞 上

王维

单车欲问边，属国过居延。
征蓬出汉塞，归雁入胡天。
大漠孤烟直，长河落日圆。
萧关逢候骑，都护在燕然。

赏析：王维的《使至塞上》，因"大漠孤烟直，长河落日圆"而流传千古。欣赏这首诗的文人墨客数不胜数，许多文章都是就这个名句而展开细致的分析与鉴赏。叶圣陶先生的品析就是一例：

在想象中睁开眼睛来，看这十个文字所构成的一幅图画。这幅图画简单得很，景物只选四样，大漠、长河、孤烟、落日，传出北方旷远荒凉的印象。给"孤烟"加上个"直"字，见得没有一丝的风，当然也没有风声，于是更来了个静寂的印象。给"落日"加上个"圆"字，并不是说唯有"落日"才"圆"，而是说"落日"挂在地平线上的时候才见得"圆"。圆圆的一轮"落日"不声不响地衬托在"长河"的背后，这又是多么静寂的境界啊！一个"直"，一个"圆"，在图画方面说起来，都是简单的线条，和那旷远荒凉的大漠、长河、孤烟、落日正相配合，构成通体的一致。

（摘自：叶至善. 叶圣陶集 [M]. 南京：江苏教育出版社，2004.）

(5) 字词品析

这是指重点品味赏析古诗词中运用字词精美得当、别出心裁、富有表现力的特点；特别注意阐释其在具体语境中的表达作用与表达效果。如：

钱塘湖春行

白居易

孤山寺北贾亭西，水面初平云脚低。
几处早莺争暖树，谁家新燕啄春泥。
乱花渐欲迷人眼，浅草才能没马蹄。
最爱湖东行不足，绿杨阴里白沙堤。

赏析：这首诗的炼字炼句堪称经典。特别是单音节字词的表现力，让人赞叹。如，"低"，表现了视野的开阔；"早"，写欣欣向荣、初春来到；"争"，表现春鸟的快乐、鸟语的喧闹；"暖"，写阳光，表现大地回春；"新"，表达出赞美喜爱之情；"啄"，描写燕子忙碌而兴奋的情形；"乱"，写花的千姿百态、争奇斗艳；"迷"，写花多花美，美不胜收、应接不暇；"没"，有画面感、分寸感；"爱"，表现了喜爱之情、陶醉之情。

（6）知识解说

这是指结合诗词的内容、情境、语境及手法，提炼、提取并阐释诗词本身所蕴含的知识。对于诗词中的知识，也可以进行分类介绍。如：

清　明

杜牧

清明时节雨纷纷，路上行人欲断魂。
借问酒家何处有，牧童遥指杏花村。

赏析：我们可以像这样来细细阐释《清明》诗中所蕴含的知识点。

文化知识：清明节的来历与故事，杏花村的文化意义。

文章知识：诗中故事的时间、地点、人物、环境，以及顺叙的手法、起承转合的结构、抑扬有致的情感波澜。

表达艺术：诗中的意象、画面暗写人物心情，寓情于景的首句、余味悠长且诗味浓郁的末句。

趣味知识：《清明》一诗的丰富变体与变式。

（7）专项赏析

这是指对诗词中的某种艺术手法进行专门、专项的品读鉴赏。如《水调歌头》的写"月"艺术。

苏轼《水调歌头》作于1076年中秋。苏轼时任密州太守，弟弟苏辙在任齐州，兄弟之间已有六七年未见。中秋之夜，作者望月思亲，醉中抒情，赋词放歌，遂有此作。

这首词上阕问天，抒发奇想；下阕怀人，感念人生，咏月怀人。它是"中秋词"里最为脍炙人口的作品。词中句句扣住"月"来写，情感起伏变化，在抑扬之中反复转换，有很强的感染力。

现在让我们来梳理作者情感变化的轨迹，体味作者对于人生的思考。

先看这首词的序："丙辰中秋，欢饮达旦，大醉，作此篇，兼怀子由。""中秋"二字，暗点明月，大醉之中，怀想、惆怅的心情自然显现。

再看其上阕，把酒问月，想象丰富。先有"把酒问青天"的醉问，表达了作者对宇宙和人生的疑惑以及对明月的赞美向往之情。"不知天上宫阙，今夕是何年"引出了"我欲乘风归去"的飞天之梦。然而真的要飘然成仙，"又恐琼楼玉宇，高处不胜寒"，于是就有了"何似在人间"的深沉感喟。飞天探月的随想让位于对人间生活的热爱。这里是一次明显的情感起伏变化。

这首词的下阕，化景为情，议论抒怀。词中有月景的描绘，"照无眠"三个字写出了词人的情思；有"不应有恨，何事长向别时圆"的对月之问，表达了对亲人不能团聚的叹惋；但随即就有"人有悲欢离合，月有阴晴圆缺，此事古难全"的哲思，这里又漾起一次跌宕起伏的情感波澜。最后，词人高扬一笔，于是就有了"但愿人长久，千里共婵娟"的深情祝愿。

《水调歌头》以月为主线，将景、情、理融会贯通。作者通篇咏月，绘月成景，由月生情，以月明理，咏月寄意；全词构思奇特，意境优美，笔调起伏，情味厚重；其深长的意味力透纸背。

(8) 综合鉴赏

这是指对诗词进行角度比较多、内容比较细、阐释比较深的综合赏析，就像唐诗赏析词典、宋词鉴赏词典那样的写法。如：

十五从军征
《乐府诗集》

十五从军征，八十始得归。

道逢乡里人：家中有阿谁？

"遥看是君家，松柏冢累累。"

兔从狗窦入，雉从梁上飞。

中庭生旅谷，井上生旅葵。

舂谷持作饭，采葵持作羹。

羹饭一时熟，不知贻阿谁！

出门东向看，泪落沾我衣。

《十五从军征》是汉乐府诗、五言诗、叙事诗。它描述了一位背井离乡从军在外数十年的老兵回到故里时"归来无家"的情景，表现了底层劳动人民在当时不合理的兵役制度下的苦痛。

这首诗用语通俗，读起来感觉平白朴实。但是品析起来却会觉得内涵深沉，技法纯熟，具有深沉的表现力。

①漫长的时空，短暂的瞬间。

整首诗只有80个字，却写了一位孤苦老兵65年的生活。"十五从军征，八十始得归"写的是漫长的时空。其中的"空白"能让我们展开丰富的想象：老兵的从军，征程中的军旅生活，战场上的血雨腥风、出生入死，对家乡和亲人的思念……

漫长的时空，短暂的瞬间，包容着丰富的内涵，这就是详略之妙、虚实之妙、剪裁之妙。

②宏大的背景，渺小的场景。

汉代长期拓边征战，给人民带来了深重的苦难。这首诗真实地反映了这一历史阶段的社会生活。这就是它的宏大背景。

这种宏大背景却是通过渺小的场景表现出来的：这就是老兵的"家"。老兵回家，本身就很悲凉，但更可悲的是，他的家远望却是"松柏冢累累"，近看则是"兔从狗窦入，雉从梁上飞。中庭生旅谷，井上生旅葵"。这里没有杨柳，只有松柏；没有家人，只有坟茔；没有人迹，只有鸟兽；没有作物，只有野谷；没有亲人的声音，只有死亡的寂静。

宏大的背景，渺小的场景；有家的景愿，无家的现实；逝去的亲人，幸存的老兵；打仗的活着回来，在家的全部死去；曾经熟悉的故乡，如此陌生的家园；极其微型的篇幅，非常巨大的容量——这就是本诗深沉的叙事技巧，有着美妙的表达角度。

③平凡的字词，精美的表达。

《十五从军征》所有的字眼都平淡无奇，却有着惊人的表现力。如：

"十五从军征，八十始得归。""八十"与"十五"两相对照，形成反差，突现老兵离家时间之久远；"从军征"与"始得归"虚实相映，从不同的侧面表现了老兵的生活，为老兵的故事铺设了厚重的事实背景。

"遥望是君家，松柏冢累累。"这是一种侧面描写手法："松柏"用得好，常青的只是坟茔累累的墓地，生机之下是一片死亡的景象；"累累"用得好，遍地坟墓，渲染了悲伤的景象，揭示了人民苦难深重的社会现实。

"羹饭一时熟，不知饴阿谁。"用最常见的生活情景来表现最不可思议的生活现实，粗谷野菜，难以下咽，老兵思念那些再也见不着的亲人，更是难以抑制心头的悲伤。

"出门东向看，泪落沾我衣。""泪"字用得极有分量。"归"来的结果只是见到累累的坟头、荒芜的庭院和野兔野鸡野谷野菜；所有的悲怆，全用无声的"泪"来表现。诗歌到此，没有抒情，没有议论，留下的是一个永远定格的艺术形象，是意境深远、韵味绵长的艺术效果。

……

我们还可以运用"双篇比读法""横向联系法""专人作品赏析法""唐诗素描法"等进行古诗词品析、鉴赏。

第二章

教学创意的美妙角度

构思教案，取舍角度，勾勒思路，优化细节，斟酌手法，教师在教学之前的这些策划都可以称为"教学创意"。

教学创意，表现在教学设计上，体现出来的是教师的教学素养和教学智慧。

优秀教学创意的产生不追求灵机一动。它的产生需要三个方面的条件：

①教师对课文文本的精细研读和深刻体会。

②反复认真地斟酌、思考、提炼与修改的构思过程。

③有带有时代特点的教学理念的支撑和与课文教学有关的丰厚参考资料的支撑。

创新的教学设计追求五个境界：新颖、简明、实用、灵活、雅致。

创新的教学设计需要回避五个方面：教程死板、课前预演、课中展示、浅表阅读、高调清谈。

在"教学创意"上多下力气，对于教师特别是年轻教师业务能力的提高极有好处。

这一章主要介绍教学创意的六个讲究——新、简、实、活、雅、趣，还介绍了我对统编教材15篇课文的教学新创意。

1. 什么是教学创意

《现代汉语规范词典》是这样解释的：创意——创造性的设计、构思等。

根据这种解释，我们试着来定义"教学创意"：所谓"教学创意"，就是充满新意的、有个性的、有一定创造性的教学构想，就是准备实施于教学的新点子、新角度、新思路、新策划。

一般而言，"教学创意"是"教学设计"的先行。"教学创意"侧重于创新，侧重于构想，侧重于独特性，侧重于表现个性。"教学设计"则更多地表现为平实、翔实、厚实。有时候也直接将"教学创意"视为可执行的"教学设计"。

从教学研究和教学设计艺术的角度看，研究"教学创意"的立意高于研究"教学设计"。不只是整体的策划或者构想，语文教学的每一个细节都充满了创意，在充满智慧的语文教师面前，教学方案或者细节的构思永远都是"创意无限"的。

下面通过《我的叔叔于勒》的教学设想来看"创意"。

《我的叔叔于勒》创新教学设计之一（两节课）

课型设计

第一课时——自读品析课：理解课文内容，进行初步赏析。

第二课时——选点精读课：设置课堂话题，进行深入赏析。

第 一 课 时

1. 导入课文，进行背景材料的铺垫。
2. 认字识词；交代课文的训练重点。
3. 学生自读课文，感受文意。
4. 学生简述故事情节，拟小说的情节结构提纲；课中交流，教师小结。
5. 学生再读课文，从课文整体的角度就"课文巧妙的构思，曲折的情节"进行讨论。教师小结：

"船"是整篇小说构思的着眼点；"我"作为叙事的主体贯穿全篇；"于勒"是小说的线索人物；小说运用了虚实结合的手法，情节曲折引人；抑扬对比的手法得到了恰切的运用;用人物的言行神态的变化自然而深刻地表现人物的心理、性格;用景物的描写烘托人物的心情;"船上巧遇"这个情节极为重要地表现了本文"巧妙的构思"……

第 二 课 时

1．教师点拨：欣赏一篇小说，一般有三种角度。第一，整体性品评，即阅读小说后体会它的布局谋篇、刻画人物、展现情节的妙处。第二，线条式品析，即从人物语言、行动、神态的描绘，人物心理的刻画，环境的描写，对比手法的运用，修辞手法的运用等诸多"线条"中抽出一"条"来咀嚼回味。第三，美点式品评，结合全文内容，挑选一两个细节，认真欣赏、分析。

这一节课重点品析"船上巧遇"这一部分，学生自取角度，写一篇一两百字的赏析文。

2．学生思考、写作，全班讨论交流。

3．教师小结，举办课中微型讲座："特快号"船长作用赏析——

"船长"，证实了一次奇特的巧遇。

"船长"，照应了于勒的美洲之行。

"船长"，补全了于勒的生命轨迹。

"船长"，衬托了于勒的卑微低下。

"船长"，给故事增添了美妙波澜。

"船长"，推动了情节的迅速发展。

……

这个教学创意，表现出如下特点：

①进行了课型设计。

②从一开始就进入"文学作品教学"这个氛围。

③第一课时从整体理解的角度处理课文，第二课时从选点品析的角度处理课文。

④要求学生用"写"的方法进行课文赏析。

⑤教师的课中微型讲座提高了教学的品位。

《我的叔叔于勒》创新教学设计之二（一节课）

这节课，学生先要预习课文。

第一步，课文背景材料介绍。

第二步，讨论一个话题：如果这篇小说可以分为两个部分，请分析并说明每一部分在文章中的主要作用。

第三步，讨论六个微型话题：于勒的"称呼"欣赏，巧合让故事如此美丽，品味小说中"虚写"的手法，菲利普神态描写欣赏，克拉丽丝语言描写欣赏，"我"的表达作用欣赏。

这个教学创意表现出如下特点：

①简化并突显了小说教学的特点。

②运用了生动的话题手法，特别是"微型话题"手法的运用。

③形成了开放的但又切实的文学欣赏阅读教学的过程。

④课堂教学有动有静，对话生动，展现了师生风采。

即使是片段的、局部的、细节的教学，也要讲究教学创意。

下面再用《社戏》(片段)的教学设计来解说"教学创意"。

《社戏》(片段)

这一天我不钓虾，东西也少吃。母亲很为难，没有法子想。到晚饭时候，外祖母也终于觉察了，并且说我应当不高兴，他们太怠慢，是待客的礼数里从来所没有的。吃饭之后，看过戏的少年们也都聚拢来了，高高兴兴的来讲戏。只有我不开口；他们都叹息而且表同情。忽然间，一个最聪明的双喜大悟似的提议了，他说，"大船？八叔的航船不是回来了么？"十几个别的少年也大悟，立刻撺掇起来，说可以坐了这航船和我一同去。我高兴了。然而外祖母又怕都是孩子们，不可靠；母亲又说是若叫大人一同去，他们白天全有工作，要他们熬夜，是不合情理的。在这迟疑之中，双喜可又看出底细来了，便又大声的说道，"我写包票！船又大；迅哥儿向来不乱跑；我们又都是识水性的！"

诚然！这十多个少年，委实没有一个不会凫水的，而且两三个还是弄潮的好手。

外祖母和母亲也相信，便不再驳回，都微笑了。我们立刻一哄的出了门。

我的很重的心忽而轻松了，身体也似乎舒展到说不出的大。一出门，便望见月下的平桥内泊着一支白篷的航船，大家跳下船，双喜拔前篙，阿发拔后篙，年幼的都陪我坐在舱中，较大的聚在船尾。母亲送出来吩咐"要小心"的时候，我们已经点开船，在桥石上一磕，退后几尺，即又上前出了桥。于是架起两支橹，一支两人，一里一换，有说笑的，有嚷的，夹着潺潺的船头激水的声音，在左右都是碧绿的豆麦田地的河流中，飞一般径向赵庄前进了。

教学创意：由一篇知一类，对初中生进行小说阅读的启蒙教学。

创意解说：《社戏》一文，由于课文内容的生动美好，在教材中往往安排在七年级的单元里。在日常的教学处理上，基本上都是从记叙文的角度而并非从小说的角度进行教学。

如果我们安排从小说的角度进行教学，且将上面历来被教师的教学淡化、忽视的片段作为重要的教学内容，就是教学立意的创新、教材处理的创新和教学角度的创新，这就是"教学创意"。

这个教学创意，在中学生小说阅读技能的启蒙上力求达到如下目标：

①由"这十几个少年"知道什么是"人物群像"。

②由"双喜"知道什么是人物"出场"，什么是"人物个像"。

③由"八叔的航船"知道什么是小说中人物活动的"场景"。

④由"双喜拔前篙，阿发拔后篙"知道阿发出场的作用，了解什么是"伏笔"。

⑤由"母亲送出来吩咐'要小心'的时候"知道它与后文写"母亲"等候我们归来的"照应"。

⑥由这个课文片段知道什么是情节，什么是细节，什么是波澜。

特别要指点学生：短篇小说的开端部分，往往起着人物出场、场景设置的作用。

这些角度是别人基本上没有用过的，但它又是可用的、可行的，于是它就是创新的、富有创意的。

2. 教学创意讲究"新"

"创意",意味着必须进行创新。所以,教学创意讲究"新"。

"新"字主要体现在"角度"二字上。因为"角度"好,"角度"与众不同,便有了个性,于是就叫作"创意"。

创新的教学设计,一个"新"字牵动我们无数的思绪。可以出"新"的角度太多了。

新的教案体例,即教案撰写的格式、思路非同寻常,如笔者常用的体例就是"课文赏析短文+教学方案设计"的教案体例。

新的课文处理方式,即巧妙地处理课文,或难文浅教,或短文深教,或课中比读,或一次多篇……

新的训练角度,即充分利用课文的教育教学价值,从超常规而又切实可行的角度对学生进行朗读、阅读、思考、表达的训练。

新的活动方式,即课堂活动着眼于能力训练,着眼于学生深层次的思考,引导学生独立思考,让学生集体经受课堂训练的历练。

还有,运用新的教学手法、创造新的教学思路、采用新的教学形式、安排新的作业方式等;在课堂教学的每一个环节、每一个细节中,都可以让"新的创意"展现风采。

下面是笔者关于统编语文教材七年级下册的课文《土地的誓言》的全新教学设想。它新在课型的设置,新在课文处理的角度,新在对课文的充分利用,新在学生活动的方式,新在学生阅读能力训练的角度。

《土地的誓言》教学创意

课型:自读课。

教学创意:诵读课。

创意说明:《土地的誓言》,对七年级学生而言,是一篇比较难的文章,是一篇比较长的文章。而就自读课而言,又只有40分钟或者45分钟的教学时间。所以,此课的教学必须化难为易。就课文本身的表达而言,此课的教学又必须考虑其情感抒发的真挚热烈,必须考虑课文语言的生动优美。综合这两个方面的要求,课文教学主要采用剪辑课文片段并以激情朗诵的方式进行。

教学步骤与内容:

朗诵艾青的诗《我爱这土地》。

我爱这土地

艾青

假如我是一只鸟,

我也应该用嘶哑的喉咙歌唱:

这被暴风雨所打击着的土地,

这永远汹涌着我们的悲愤的河流,

这无止息的吹刮着的激怒的风,

和那来自林间的无比温柔的黎明……

——然后我死了,

连羽毛也腐烂在土地里面。

为什么我的眼里常含泪水?

因为我对这土地爱得深沉……

活动之一:厚重地铺垫

铺垫内容:

1. 作者简介。

2. "九一八"事变简介。重在展示"九一八"之后东北人民家破人亡、流离失所的惨状和悲痛,努力让学生感受到家国之痛、民族之恨,唤起学生的内心情感,引起学生的心灵共鸣,同时营造课堂学习的庄严氛围。

3. 初读课文。利用课文的"阅读提示"切入教学,切入课文内容:文中许多描写像电影特写镜头一样,叠现出家乡一幅幅动人的画面,你感受到了吗?学生活动,初知课文内容,体会课文浓郁的抒情。

活动之二：精心地剪辑

教师组织"精选"课文内容的活动。

活动形式：人人自读。

活动内容与要求：从《土地的誓言》中选出三"块"完整的内容，形成课文朗诵稿。这三块内容中的每一块都要加上小标题，三个标题既要有利于诵读演示，又要力求表现课文主题。

学生活动，师生对话，形成大致统一的看法，形成《土地的誓言》诵读稿。

《土地的誓言》诵读稿

对于广大的关东原野，我心里怀着挚痛的热爱。我无时无刻不听见她呼唤我的名字，我无时无刻不听见她召唤我回去。我总是被这种声音缠绕，不管我走到哪里，即使我睡得很沉，或者在睡梦中突然惊醒的时候，我都会突然想到是我应该回去的时候了。

故　乡

当我躺在土地上的时候，当我仰望天上的星星，手里握着一把泥土的时候，或者当我回想起儿时的往事的时候，我想起那参天碧绿的白桦林，标直漂亮的白桦树在原野上呻吟；我看见奔流似的马群，听见蒙古狗深夜的嗥鸣和皮鞭滚落在山涧里的脆响；我想起红布似的高粱，金黄的豆粒，黑色的土地，红玉的脸庞，黑玉的眼睛，斑斓的山雕，奔驰的鹿群，带着松香气味的煤块，带着赤色的足金；我想起幽远的车铃，晴天里马儿戴着串铃在溜直的大道上跑着，狐仙姑深夜的谰语，原野上怪诞的狂风……

土　地

在故乡的土地上，我印下我无数的脚印。在那田垄里埋葬过我的欢笑，在那稻棵上我捉过蚱蜢，在那沉重的镐头上有我的手印。我吃过我自己种的白菜。故乡的土壤是香的。在春天，东风吹起的时候，土壤的香气便在田野里飘起。河流浅浅地流过，柳条像一阵烟雨似的窜出来，空气里都有一种欢喜的声音。原野到处有一种鸣叫，天空清亮透明，劳动的声音从这头响到那头。秋天，银线似的蛛丝在牛角上挂着，粮车拉粮回来，麻雀吃厌了，这里那里到处飞。稻禾的香气是强烈的，碾着新谷的场院辘辘地响着，多么美丽，多么丰饶……

誓 言

　　土地，原野，我的家乡，你必须被解放！你必须站立！夜夜我听见马蹄奔驰的声音，草原的儿子在黎明的天边呼唤。这时我起来，找寻天空中北方的大熊，在它金色的光芒之下，是我的家乡。我向那边注视着，注视着，直到天边破晓。我永不能忘记，因为我答应过她，我要回到她的身边，我答应过我一定会回去。为了她，我愿付出一切。我必须看见一个更美丽的故乡出现在我的面前——或者我的坟前。而我将用我的泪水，洗去她一切的污秽和耻辱。

活动之三：激情地演读

　　教师组织不同形式的表演式诵读活动，让这语言的精华、让这热爱的深情渗透到同学们的心灵之中。

　　教师结合课后阅读提示进行学习小结。

3. 教学创意讲究"简"

　　简化课堂教学程序、简化课堂教学内容，是极其重要的教学要求。

　　教学过程和教学内容的繁复基本上是人为的，或者说是教师群体不知道从什么时候开始形成的非良性的教学习惯。

　　繁难的设想不好深入，艰深的方案不便展开，可能都不是好的"创意"。

　　好的"创意"能够让人一眼看出它明晰的思路和简洁的内容，于是它就"可用""有用"。"创意"离开了"有用"二字，用褒义词来评价，可能只是"畅想"。

　　几乎所有的教师都能够胜任简化头绪的教学。

　　而"简化"则并不意味着学生学不到知识，练不出能力。

　　教学创意讲究"简"，其实质在于让教师的课堂活动精练起来，让学生的训练活动充实起来。

　　教学创意讲究"简"，其奥妙在于：教学过程看似简单，教学内容却丰厚——简中求丰。

　　下面是笔者对《林教头风雪山神庙》一课的教学创意。它首先是求"新"的，然后是求"简"的；它的教学过程与内容简洁明了，但对学生的训练却十分扎实；可以看出教师研读课文的深度与广度，又可以看出对学生进行训练的力度与厚度。

《林教头风雪山神庙》教学设想

教学创意

1. 设法将学生引入课文之中。
2. 用逐层深入、逐渐细化的教学步骤引导学生既从整体上把握文章内容，又注重对文章细节的品评欣赏。
3. 运用"话题讨论"的方式引导学生分析文章层次和欣赏文中细节。

预习要求

1. 读课文，给生字注音；读注释，理解部分词语的含义。
2. 读课文，试对每段课文的大意进行概括。

课时安排

在预习的基础上，用两节课完成此课的教学。

第 一 课 时

教学铺垫（一）

与本课有关的背景、情节介绍。

教学铺垫（二）

认字识词：赍发　亲眷　玷辱　恁地　浑家　酒馔　尴尬　防喧　髭须
　　　　　朔风　仓廒　反拽　迤逦　搠　剜

教学铺垫（三）

对《林教头风雪山神庙》的若干学术评价。

（以上约8分钟）

教学活动一：从比较粗的线条入手组织阅读活动

概说活动——用巧妙设计"抓手"的方法，让学生进入课文，初步把握文意。

活动"抓手"：请学生根据课文内容，说说对课文标题"林教头风雪山神庙"的理解。

活动方式：学生自由叙说，教师对学生的理解进行评说。

发言的内容可能有：

这个标题点出了故事的人物、地点、环境。

这个标题表现的是林教头风雪之中夜宿山神庙的故事。

这个标题表现出人物生活的一种凄凉的环境。

这个标题有着类似于"悬念"的作用，让读者急于知道故事的内容。

这个标题突显了故事的高潮。

这个标题可以让我们品味环境描写对故事情节与人物的烘托作用。

从故事内容看，这个标题表现了林冲人生道路的又一次重大的转折。

……

教师顺势插入人们对这个标题的种种评说。

（以上约15分钟）

教学活动设计二：从稍细的线条入手组织阅读活动

分析活动——运用"一石多鸟"的方法，既让学生进入课文，又训练学生的分析、概括能力，并间接地提高多角度认识事物的能力。

活动内容：

1. 教师介绍对课文内容层次的一般划分与概括，即这篇课文分为四个部分。

第一部分（第一段）：沧州遇旧。（林教头巧遇李小二）（林教头沧州遇旧知）

第二部分（第二段至第五段），买刀寻敌。（林教头买刀寻仇人）（林冲怒买刀去寻敌）

第三部分（第六段至第九段），到草料场。（林教头接管草料场）

第四部分（第十段至第十二段），雪夜报仇。（林教头怒杀陆虞候）（风雪夜山神庙复仇）

2. 教师提出讨论的话题。

对这篇课文内容层次的划分，有人提出可以分为三个层次，也有人认为可以划分为五个层次，请同学们各自选一种说法，证明这种说法言之有理。

学生活动，课堂交流，表达看法，教师进行评点。

（教师对"三个层次""五个层次"的划分方法应有充分的准备，以便和学生对话。对话之中顺势插入多角度分层划段的观点。）

（以上约20分钟）

第 二 课 时

教学活动设计三：从更细的角度入手组织阅读活动

欣赏活动——运用"读写结合"的方法，既引导学生深入课文，又训练学生的欣赏能力、表达能力。

活动要求：

请同学们从老师提供的话题中自选一个话题，写二三百字的欣赏短文。

请同学们自己拟定话题，写二三百字的欣赏短文。

教师提供的话题：

1. 课文中的一字之妙

2. 课文中的一物之妙

3. 课文中的一景之妙

4. 课文中的悬念之妙

5. 课文中的伏应之妙

6. 课文中的巧合之妙

7. 课文中的细节描写之妙

8. 课文中的语言精粹之妙

9. "山神庙"描写欣赏

10. "偷听"描写欣赏

11. 三"喝"描写欣赏

12. "风雪"描写欣赏

13. 对话描写欣赏

14. 故事"高潮"部分欣赏

15. 林冲性格欣赏

……

教师示例：

掇石靠庙门 "小"石掀巨澜

林冲至山神庙，入了庙门，把门掩上，旁边恰巧有一块大石头，便"掇将过来靠了门"。这一石头非常关键,在文中取得了一石二鸟的效果。一方面因石头靠了庙门,陆虞候、富安等人放火后推不开门,林冲才因此得知他们的害人奸谋,促使林冲的性格最终发生转变,完成了人物性格的最后升华,更推动情节发展到了高潮。另外,雪大风急,林冲掇石靠门,抵御风寒是正常的,但要知道,此石头林冲能"轻轻""掇开",却让陆虞候等三人"再也推不开",不也体现了作为八十万禁军教头的林冲的神勇吗?"小"石头之巧正可谓一石掀起千层澜,人物情节两丰满。

【摘自:渠慎松."巧"解《林教头风雪山神庙》[J].
阅读与鉴赏:教研版,2006(10).】

学生写作。(约15分钟)

全班交流。(约15分钟)

教师评说,教学小结。(约6分钟)

这个教学创意的"简",表现在层次分明的学生阅读训练活动:较粗的线条,稍细的线条,更细的角度——都是学生的阅读赏析活动。

4. 教学创意讲究"实"

实,是有效教学的前提之一。

所谓"实",是说课堂教学要实实在在地开展活动,少搞花架子。

将课堂教学做稳做实,需要考虑"大量减少"与"大量增加"的问题。

五个方面的内容应该大量减少:

①大量减少课堂教学中非语言文字手段的使用;

②大量减少课堂教学中的碎问碎答和教师的话语量;

③大量减少就课文教课文而不重视学生能力训练的教学设计;

④大量减少完全脱离课文语言环境的所谓"迁移拓展"与"清谈感受"活动;

⑤大量减少"小组展示活动"。

五个方面的内容应该大量增加:

①大量增加学生在课堂上安静思考的时间;

②大量增加充分利用课文训练学生能力的课堂实践活动；

③大量增加语言训练即语言学用、语言品析活动的比重；

④大量增加学生在语文课堂上"知识"的积累量；

⑤大量增加对学生个体独立解决问题的能力训练。

反过来说，课堂教学中的"实"：不是不负责任地让学生"你喜欢怎么读就怎么读"；不是死板地、硬性地要求上课后用5分钟时间检查字词、下课前用5分钟时间进行反馈；不是用编写水平低下的所谓"学案"来限制语文课堂教与学的智慧；不是让浪费学生大量时间的"课前演练、课中展示"泛滥成灾。

中学语文课堂教学中的"实"，简而言之是强调教师的教学素养和教学技艺，对学生当堂进行训练，当堂见到成效。

下面请欣赏：

《陈太丘与友期行》教学创意——读、练、品、议——能力综合训练

陈太丘与友期行

陈太丘与友期行，期日中。过中不至，太丘舍去，去后乃至。元方时年七岁，门外戏。客问元方："尊君在不？"答曰："待君久不至，已去。"友人便怒曰："非人哉！与人期行，相委而去。"元方曰："君与家君期日中。日中不至，则是无信；对子骂父，则是无礼。"友人惭，下车引之，元方入门不顾。

教学过程与内容：

一读：请同学们反复朗读课文，做到用朗读表现课文的两个层次。

（这个环节中的朗读，已经不是一般意义上的对课文的出声诵读，已经带有分析课文内容、划分课文层次的能力训练的性质。）

二练：请同学们根据下面的要求对词义进行自由辨析。

两个意思比较难以理解的字

两个分别表示敬与谦的美字

两个同形而意义有区别的字

两个字形不同而意相近的字

两个能够表现本文要义的字

（这个环节中的字词练习，也不是一般意义上的字词练习。由于要求从"两个"的角度来辨析字词，于是这个活动带有思维训练和学习方法训练的色彩，当然也更好地解决了字词认读的问题。）

三品：请同学们再读课文，对课文内容进行品味、品析。

根据下面的话题来表达自己的见解：——————

从文章中的一个字（词）读出了：——————

从文章中的一句话中读出了：——————

从这篇文章读出了：——————

（这个环节把学生的思维引入课文，训练学生品词论句的能力和表达阐释的能力，同时提升课堂教学欣赏的品位。）

四议：评说课文。

话题：议一议《陈太丘与友期行》叙述的是一个什么样的故事。

（这个环节训练学生认识课文、提炼课文、概说课文的能力，深化学生对课文表达技巧的理解。）

这个教学创意，既新又简又实，预设精巧，生成到位，学生可有充分的多个角度、多种形式的课堂实践活动，能接受实实在在的课堂阅读训练。这样的教学效果绝非那种碎问碎答式的教学所能比。

5. 教学创意讲究"活"

"活"，指的是教学创意讲究过程灵动、手法生动，讲究环节与细节的科学变化，讲究有一点诗意。

"活"，可根据学生的不同情况采用不同的教学创意。

"活"，可根据学生的不同情况进行不同的教材处理。

"活"，可根据学生的不同状况设计不同的课堂活动。

"活"，可多角度、多层次地利用课文进行读写训练。

"活"，教学创意本身具有灵动而不失严谨的特色。

"活",学生课堂阅读实践的时间更多,学生的活动更自主。

"活",学生在训练活动中可收获丰富多彩的学习成果……

总之,由于教学创意讲究"活",我们会摒弃人为限定的死板形式与模式,让科学而灵动的教学创意产生生动而丰美的教学效果。

下面请欣赏:

《牧场之国》教学创意

牧场之国

卡雷尔·恰佩克

荷兰,是水之国,花之国,也是牧场之国。

一条条运河之间的绿色低地上,黑白花牛,白头黑牛,白腰蓝嘴黑牛,在低头吃草。有的牛背上盖着防潮的毛毡。牛群吃草时非常专注,有时站立不动,仿佛正在思考着什么。牛犊的模样像贵夫人,仪态端庄。老牛好似牛群的家长,无比尊严。极目远眺,四周全是丝绒般的碧绿的草原和黑白两色的花牛。这就是真正的荷兰。

这就是真正的荷兰:碧绿色的低地镶嵌在一条条运河之间。成群的骏马,匹匹膘肥体壮。除了深深的野草遮掩着的运河,没有什么能够阻挡它们飞驰到远方。辽阔无垠的原野似乎归它们所有,它们是这个自由王国的主人和公爵。

在天堂般的绿色草原上,白色的绵羊,悠然自得。黑色的猪群,不停地呼噜着,像是对什么表示赞许。成千上万的小鸡,成群结队的长毛山羊,在见不到一个人影的绿草地上,安闲地欣赏着这属于它们自己的王国。这就是真正的荷兰。

到了傍晚,才看见有人驾着小船过来,坐上小板凳给严肃沉默的奶牛挤奶。金色的晚霞铺在西天。远处偶尔传来汽笛声,接着又是一片寂静。在这里,谁都不叫喊吆喝,牛脖子上的铃铛也没有响声,挤奶的人更是默默无言。运河之中,装满奶桶的船只在舒缓平稳地行驶,满载着一罐一罐牛奶的汽车、火车,不停地开往城市。车船过后,一切又恢复了平静。最后一抹晚霞也渐渐消失了,整个天地都暗了下来。狗不叫,圈里的牛也不再发出哞哞声,马也忘记了踢马房的挡板。沉睡的牲畜,无声的低地,漆黑的夜晚——只有远处的几座灯塔在闪烁微弱的光芒。这就是真正的荷兰。

课型设计：自读课，语言学用课。

学习活动：层进式语言训练活动。

预期效果：灵活，生动，活跃，扎实。

铺垫活动：朗读课文，再朗读课文，了解课文大意。

主体活动：

自由勾画，记一组词

如：

仪态端庄：指神情举止、姿态风度端正庄重。

极目远眺：极，即尽；眺，即望。尽眼力之所及眺望远方。

镶嵌：把一物体嵌入另一物体内，这里指运河和低地交错排列着。

膘肥体壮：形容牲畜肥壮结实。

辽阔无垠：非常广阔，看不到边界，常用于形容大草原。

悠然自得：指悠闲的样子，内心感到非常满足。

概括内容，对一个句

教师出示一个写景的句子，请学生学用这个句式，"对"上一个句子，概括课文内容：

奔流不息的江河，连绵起伏的丘陵，直插蓝天的雪峰，辽远广阔的草原：真是江山如画！

学生用心读书，自由写句。如下面的句子：

仪态端庄的牛犊，膘肥体壮的骏马，悠然自得的绵羊，辽阔无垠的草原：好个田园诗情！

语言学用，写一段话

要求：或者把"这样的景色真让人着迷"用在段末，或者把"这样的景色真让人着迷"用在段首，利用、组合课文中的语句，写一段话。

学生写的内容可能有：

一条条运河之间的绿色低地上，黑白花牛，白头黑牛，白腰蓝嘴黑牛，在低头吃草。牛犊的模样像贵夫人，仪态端庄。老牛好似牛群的家长，无比尊严。极目远眺，四周全是丝绒般的碧绿的草原和黑白两色的花牛。这样的景色真让人着迷。

天堂般的绿色草原上，白色的绵羊，悠然自得。黑色的猪群，不停地呼噜着，像是对什么表示赞许。成千上万的小鸡，成群结队的长毛山羊，在见不到一个人影的绿草地上，安闲地欣赏着这属于它们自己的王国。这样的景色真让人着迷。

这样的景色真让人着迷：碧绿色的低地镶嵌在一条条运河之间。成群的骏马，匹匹膘肥体壮。除了深深的野草遮掩着的运河，没有什么能够阻挡它们飞驰到远方。辽阔无垠的原野似乎归它们所有，它们是这个自由王国的主人和公爵。

这样的景色真让人着迷：最后一抹晚霞也渐渐消失了，整个天地都暗了下来。狗不叫，圈里的牛也不再发出哞哞声，马也忘记了踢马房的挡板。沉睡的牲畜，无声的低地，漆黑的夜晚——只有远处的几座灯塔在闪烁微弱的光芒。

这里有天堂般的绿色草原。极目远眺，辽阔无垠的原野全是丝绒般的碧绿。一条条运河之间的绿色低地上，黑白两色的花牛在低头吃草，成群的骏马膘肥体壮，白色的绵羊悠然自得，黑色的猪群不停地呼噜……这样的景色真让人着迷。

到了傍晚，金色的晚霞铺在西天。远处偶尔传来汽笛声，接着又是一片寂静。运河之中，装满奶桶的船只在舒缓平稳地行驶，过后一切又恢复了平静。最后一抹晚霞也渐渐消失了，整个天地都暗了下来。这样的景色真让人着迷。

这就是真正的荷兰：碧绿色的低地镶嵌在一条条运河之间，深深的野草遮掩着运河。极目远眺，在天堂般的绿色草原上，成群的骏马膘肥体壮。这样的景色真让人着迷。

再读课文，答一个问

教师：读这篇美文，你有什么样的发现？或作者为什么要反复运用"这就是真正的荷兰"这个句子？

原来：

这就是真正的荷兰。

这就是真正的荷兰。

这就是真正的荷兰。

这就是真正的荷兰。

作者在用相同的句子活跃文章的结构,抒发自己的情感。

教师指点:这就叫作"线索明晰""反复咏叹"。

这个教学创意,把对课文的利用做到了极致,把活动的美好做到了极致,把学生的能力训练做到了极致,把教学的灵动多姿做到了极致。

6. 教学创意讲究"雅"

语文的阅读教学与写作教学,不论是从教书育人还是从阅读欣赏角度来看,都需要关注一个"雅"字。

"雅",表示语文教学的内容与手法要文雅、优雅、高雅。

要在雅致的语文教学中引导学生欣赏文学作品,使他们能够领悟作品的内涵,从中获得对自然、社会、人生的有益启示。

要在雅致的语文教学氛围中训练学生的品读能力,使学生对作品的思想感情倾向能做出自己的评价;能对作品中感人的情境和形象表达自己的感受。

要在雅致的语文教学氛围中训练学生的赏析能力,使他们能够品味作品中富于表现力的语言,能够感受文学手法的表达作用与表达效果。

要在雅致的语文教学氛围中训练学生的朗读能力,让充满情致的朗读训练对学生进行审美熏陶、情感陶冶和气质培养。

下面是笔者关于《赤壁赋》的完整创意设计,作为一个教学方案,它在体例上是创新的,在教学活动的设计上则力求高雅。

《赤壁赋》教学创意

【课文品读】

浅识《赤壁赋》中的意味

《赤壁赋》：

这是一篇赋。

这是一首散文诗。

这是一个哲理故事。

这是一篇抒写心情的文赋。

这是一篇因景生情、因情入理的抒怀之作。

这是一个自言其愁而又自解其愁的人生故事。

这是一篇"文学"与"哲学"完美结合的佳作。

这是一篇低扬着悲音、高扬着超脱与旷达的赋中名篇。

这是一篇有着优美的意境、动人的情思和深邃的哲理的千古经典。

这是一篇表现作者忧患人生的巨大苦闷和自我解脱的惊人妙悟的作品。

这是一篇借主客问答的方式，抚今追昔，畅述对天地人生之感触的文章。

这是一篇写景、抒情、议论紧密结合，充满诗情画意而又蕴含着人生哲理的艺术境界高雅的美文。

这是一篇情景交融、虚实相生、文笔灵动、意味深长的课文。

……

所谓"意味"，在文学作品的欣赏中，包含着两个层面的内容：一个层面是"意趣""情味"；另一个层面是"作品含蓄的内容中所表达出来的言外之意"。

从"意趣""情味"的角度来看，课文中的"意味"，主要表现在：

① 情境意味。本文情境意味浓郁。作者写夜游赤壁，重在突出"视听"。"月出于东山之上，徘徊于斗牛之间""白露横江，水光接天""扣舷而歌之""倚歌而和之"等营造的是意境；苏子与客的答问表达的则是情感与思想。于是，读者也好像是在这样一个清风和明月交织、白露与水色辉映的夜晚，在水上荡舟时"如怨如慕，如泣如诉，余音袅袅，不绝如缕"的箫声中，聆听到了这样深刻的主客答问。

② 古典意味。这种意味，表现在作品的语言之中，表现在用"典"的手法之上。《赤壁赋》对于我们而言，是古典作品；作者创作此文之时，则明引、暗引了不少对他而言也是古典的内容。如"明月之诗""窈窕之章""徘徊""一苇""御风""羽化""月明星稀，乌鹊南飞""逝者如斯"，等等，借以诗化意境，抒发情感，表达感受，表现思想。不仅使语言精练、辞近旨远，而且表现出文学的意味、文化的意味，表现出作品内容的优美、含蓄与古雅。

③ 历史意味。这种意味主要表现在"客"的一席话语中。因为是"赤壁"，于是就有了联想。因为是夜游，就自然想到了"月明星稀，乌鹊南飞"。于是由诗而想到了曹孟德，想到了赤壁之战，进而想到了"舳舻千里，旌旗蔽空，酾酒临江，横槊赋诗"的英雄形象。这里是在用典，更是在联想史实。这样雄壮的史诗已经沉淀在历史的江流之中，这样的英雄豪杰已经随着岁月的过往而流逝，这就让"客"更见己身之渺小，更觉人生之短促，自然生出"哀吾生之须臾，羡长江之无穷"的无限感慨和悲叹。

④ 哲理意味。也许，作者笔下的主客答问，作者笔下"客"的悲叹，就是为了引出"苏子"对于人生的思考，这种人生思考因为有了与"悲"的对比与反差而更加显得哲理深刻。"盖将自其变者而观之，而天地曾不能一瞬；自其不变者而观之，则物于我皆无尽也。而又何羡乎！""苏子"以明月和江水作比，说明世界万物和人生，都既有变的一面，又有不变的一面；其实"我"与万物一样，也都是永恒的。既然如此，"长江之无穷"也就不值得羡慕了，也不用叹息"吾生之须臾"了。

⑤ 人生意味。"且夫天地之间，物各有主。苟非吾之所有，虽一毫而莫取。惟江上之清风，与山间之明月，耳得之而为声，目遇之而成色。取之无禁，用之不竭，是造物者之无尽藏也，而吾与子之所共适。"作者在这里表达的是对人生、对生活的主张。"江上之清风，与山间之明月"更多地表现出作者所追求的是精神上的解脱。联系作者"乌台诗案"之后的流放，联系作者所遭受的重大打击，可以由此感受到他的旷达乐观。

当然，从"作品含蓄的内容中所表达出来的言外之意"的角度来看，课文内容也是深有意味的。教师教学用书上说本文"含而不露，意在言外，深沉的感情融于景物描写之中，满腔的悲愤寄寓在旷达的风貌之下"，又说文章的"结尾意味深长,既照应了开头超然欲仙的快乐,又是向政敌的一种暗示:我虽然遭受迫害,贬谪黄州,但我的日子过得不错,既不寂寞也无苦恼。这实际上是一种抗议"等,都是简明而又深刻的分析。

【语言卡片】

写景美句:

清风徐来,水波不兴。

白露横江,水光接天。

月出于东山之上,徘徊于斗牛之间。

写声美句:

其声呜呜然,如怨如慕,如泣如诉,余音袅袅,不绝如缕。舞幽壑之潜蛟,泣孤舟之嫠妇。

写事美句:

诵明月之诗,歌窈窕之章。

纵一苇之所如,凌万顷之茫然。

写感美句:

浩浩乎如冯虚御风,而不知其所止;飘飘乎如遗世独立,羽化而登仙。

驾一叶之扁舟,举匏樽以相属。寄蜉蝣于天地,渺沧海之一粟。哀吾生之须臾,羡长江之无穷。挟飞仙以遨游,抱明月而长终。知不可乎骤得,托遗响于悲风。

抒怀美句:

桂棹兮兰桨,击空明兮溯流光。渺渺兮予怀,望美人兮天一方。

说理美句:

盖将自其变者而观之,而天地曾不能一瞬;自其不变者而观之,则物于我皆无尽也。

天地之间,物各有主。苟非吾之所有,虽一毫而莫取。

惟江上之清风,与山间之明月,耳得之而为声,目遇之而成色。取之无禁,用之不竭,是造物者之无尽藏也。

【教学设计】

创意:利用课文训练欣赏能力。

活动方式：逐层深入地展开活动。在每个层次的活动中，都请学生根据自己对课文的阅读体会，表达对课文内容的欣赏。

课时安排：两个课时。第一课时重在朗读，重在字词的落实；第二课时用于对课文进行欣赏。上述教学创意用于第二课时。

第一课时主要教学内容：初步理解文章内容。

1．听读课文。

2．自读课文，读准字音；自读课文，认识难字，理解字意；自读注释，初步理解句意段意。

3．朗读课文。

一读，从"段意概括"的角度理解课文的脉络；

二读，从"情感线索"的角度理解课文的脉络；

三读，从"各段表达作用"的角度理解课文的脉络；

四读，从"绘景与抒情议论相结合"的角度理解课文的脉络。

4．理解课文中的重点词语和重要的文言语法现象。

第二课时主要教学内容：《赤壁赋》文学欣赏。

教学抓手：三个层次的欣赏式话题。

第一层次的话题，从全文看，什么让课文如此美丽？

第二层次的话题，从手法看，如何让课文如此美丽？

第三层次的话题，从语言看，哪里让课文如此美丽？

活动方式：完成话题，根据话题来表达自己的感受与看法。

第一层次的话题，可安排小组活动以达到对课文进行欣赏的目的。

第二层次的话题，以学生个人表达感受的形式来对课文进行欣赏。

第三层次的话题，设计师生交流的活动，在交流之中深化对课文的欣赏。

活动方式的变化主要是组织形式的变化，目的是为了既清晰地表现教学思路，又避免教学过程中"一问一答"的单调。

第一层次的话题，师生交流的内容可能有：

文中的诗情画意与议论理趣的完美统一让课文如此美丽；主客答问的构思方式让课文如此美丽；文章思路的清晰和重点的突出让课文如此美丽；文章以理见

胜、关于生命哲理的对话让课文如此美丽；文中情感的起伏抑扬让课文如此美丽；似赋似论似诗又似散文的写作风格让课文如此美丽；文章的声韵之美让课文如此美丽；优美、形象、善于取譬的语言特色让课文如此美丽；首尾的开合让课文如此美丽；文中所展现的豁达乐观的精神让课文如此美丽，等等。

第二层次的话题，师生对话中涉及的内容可能有：

美在特定场景的设置，写夜游赤壁的情景，展现了一个充满诗情画意的世界；美在通过描述意象、意境来展示一种独特的艺术境界；美在渲染箫声的悲凉，主客触景生情，由欢乐转为悲哀，引起下文主客问答的议论；美在运用主客问答的方式来畅述对天地人生的感触，形成抑扬的波澜；美在以联想和用典的手法表现出了作品的历史意味、人生意味和文学意味；美在情感波澜的线索贯穿全文；美在文章开头的凝练简括和文章结尾的余韵袅袅，等等。

第三层次的话题，重在语言的欣赏，可谈及的内容会更多。诸如音韵之美、画面之美、意象之美、炼字之美、句式之美、构段之美、用典之美，以及语言的生动之美、形象之美、精练之美、流畅之美，等等，都可以交流。教师也可将教学的重点引向对千古名句的欣赏。

在以上三个层次的品析欣赏之中，每一个层次都应该有教师的示范和"课中小结"。

学生在这个课时中的收获，可谓高雅而实惠。

7. 教学创意讲究"趣"

"趣教趣学"应该是语文课堂教学中的常态，但教师的趣教、学生的趣学，在现在的语文教学的课堂上见得太少了。

有的课堂上，可以听到教师讲的通俗的笑话，可以见到教师着意的煽情，更有甚者，有的教师在整节课上都能让全班学生躁动起来，使课堂上掌声不断……但这似乎都不是"趣教"。那枯燥无味的导学案，粗糙烦琐的题海，不仅无趣，就连"教"的味道也没有了。

阅读教学中的趣教，关键在于教师对学生课堂训练活动的设计；课堂活动应该让学生觉得有兴趣、有味道、有吸引力、有参与的可能，应该让学生觉得有挑战、有收获、有紧张、有成功的愉悦。

阅读教学中的趣教，是高雅的有情味的语文教学，是用艺术的手法对学生进行更有效果的能力训练。

比如：背诵比赛，用词写话，修改课文语病，进行微型话题讨论，独立探究活动，课文集美活动，课文发现活动，想象性写作活动，阅读中的论析与辨析活动，对课文中的有关问题进行诠释与证明，能够表现学生个人能力的创意活动等，都是比较有雅趣的课堂活动。

笔者有一些教例中的活动设计就能够表现这种雅趣。这样的课不论在城市还是在乡镇，都很能吸引学生，都能让学生很有兴致地投入。

①《记承天寺夜游》中的微型话题讨论：这篇85个字的课文，除了"月色入户，欣然起行"这个地方要读出一点快乐的色彩以外，还有一个字也需要读出快乐的味道。这个字在哪里？请同学们品析、品读。

②《狼》的"板书设计"："板书设计"是同学们也可以做的事情，它能够表现同学们的概括能力和创意水平。请同学们用"板书设计"来表现自己对《狼》的独到理解。

③《夸父逐日》教学中的"成语印证"：请同学们读课文，用成语印证的方法来认字识词。方法是：请你根据课文中的某个字联想一个含有这个字的成语，且二者的字义是相同的。例如："夸父与日逐走"的"走"与"走马观花"的"走"的意思是一样的。

④《背影》教学中的"课文论析"活动：请同学们研读课文，感受文中之情，用举例论析的方式，说明《背影》的语言是抒情的语言。

⑤《诫子书》的"美感品析"活动：请同学们根据教师出示的"《诫子书10美》"的话题，尽可能"多"地进行美点品析，写出自己的见解。

⑥《叶圣陶先生二三事》的微文写作活动：请同学们根据课文写一则文字，介绍叶圣陶先生的写话主张。

⑦《中国石拱桥》的"课堂练说"活动。请同学们阅读课文的第五段，学用

"分要点按主次"进行说明的方式说一段话,表达对这段文字的分析与体会。

⑧《社戏》教学中的"笔法赏析"活动。请每位同学写百字左右的一段话,分析课文中"月下"二字的作用。

⑨作文专题训练课《有趣有味的"三步曲"》中的"课中漫谈"活动:文章写作中有一种形式,大致上通过三个步骤完成一篇文章的写作,请同学们回味、思索,介绍一篇你所读过的运用"三步成形"的方法写作的文章。

……

上述这些"趣读"的活动,其实都是用富有诗意的"主问题"来引导学生长时间的研读、思考与表达的活动,这是实实在在的饶有情味的精美雅致的课堂实践活动。

8. 统编教材15篇课文的教学新创意

(1)《秋天的怀念》教学创意

【创意说明】

《秋天的怀念》是统编语文教材七年级上册第二单元的课文。这是一个"亲情"单元,训练的重点是朗读。针对这篇精美课文的教学,可以考虑诗意手法的运用。诗意手法即在教学中表现出抒情、审美,运用激发学生情感、美化教学细节的教学手法。

【教学创意】

安排一个课时进行本课的教学。

课始,出示语录,学生朗读:

世界上有一种最美丽的声音,那便是母亲的呼唤。

(但丁)

介绍作家作品:史铁生(1951—2010),生于北京,著名作家。1969年去延安一带插队。因双腿瘫痪于1972年回到北京。代表作有小说《遥远的清平湾》《命若琴弦》《务虚笔记》，散文《我与地坛》《合欢树》等。

接着进行字词认读积累。

课堂活动一：默读全文，诗意说话

话题：请同学们根据课文内容说话——"有一种爱叫……"

教师举例：

有一种爱叫理解，在"我"暴怒的时候，母亲就悄悄地躲出去，在"我"看不见的地方，偷偷地听着"我"的动静。

学生思考，动笔，发言，对课文内容进行诗意的概说。

学生发言，师生对话。

教师出示小结内容，学生朗读：

有一种爱叫理解，

有一种爱叫宽容，

有一种爱叫心疼，

有一种爱叫呵护，

有一种爱叫坚强，母亲永远不表现心中的苦……

教师顺势过渡到下面的活动。

课堂活动二：美段朗读，品析欣赏

活动：学生朗读、精读课文第三段，圈画关键词句，品析细节描写中母亲对儿子的关爱深情。

出示：

那天我又独自坐在屋里，看着窗外的树叶"唰唰啦啦"地飘落。母亲进来了，挡在窗前："北海的菊花开了，我推着你去看看吧。"她憔悴的脸上现出央求般的神色。"什么时候？""你要是愿意，就明天？"她说。我的回答已经让她喜出望外了。"好吧，就明天。"我说。她高兴得一会坐下，一会站起："那就赶紧准备准备。""哎呀，烦不烦，几步路，有什么好准备的？"她也笑了，坐在我身边，絮絮叨叨地说着："看完菊花，咱们就去'仿膳'，你小时候最爱吃那儿的豌豆黄儿。还记得那回我带你去北海吗？你偏说那杨树花是毛毛虫，跑着，一脚踩扁一个……"她忽然不说了。对于"跑"和"踩"一类的字眼儿，她比我还敏感。她又悄悄地出去了。

指导学生反复朗读：读出叙事的语气，读出深沉的语气，读出人物对话的语气，读出"我"的语气变化。

进入精读品析训练，教师示例：

当一切恢复沉寂，她又悄悄地进来，眼边红红的，看着我。

这个句子，"又悄悄地"用得好，表现母亲生怕再让"我"生气；"眼边红红的"用得好，表现了母亲对"我"的心疼与担忧。

学生思考，批注，课中发言，师生对话。如：

母亲进来了，挡在窗前：写母亲怕"我"见叶落而伤感。

她憔悴的脸上现出央求般的神色：描写病重的母亲多么希望儿子有一点开心的时候。

喜出望外：表现了母亲无比的高兴；她心想，儿子终于能够去北海看看了。

她高兴得一会坐下，一会站起：表现的是母亲内心的欢喜、欣慰之情。

她也笑了，坐在我身边，絮絮叨叨地说着："絮絮叨叨"用得好，母亲的高兴之情溢于言表。

……

教师小结，顺势过渡到下面的活动。

课堂活动三：段落背诵，含义品析

出示活动要求：背诵课文最后一段，品味其表达作用。

又是秋天，妹妹推我去北海看了菊花。黄色的花淡雅、白色的花高洁、紫红色的花热烈而深沉，泼泼洒洒，秋风中正开得烂漫。我懂得母亲没有说完的话。妹妹也懂。我俩在一块儿，要好好儿活……

学生深情朗读、背诵，并品析此段在全文中的作用。

教师小结。

这段话：

表示着岁月中时间的流逝

象征着母爱的热烈与深沉

寄托着对母亲的深挚怀念

懂得了母亲没有说完的话

照应首段点示了全文主旨

……

教师点示：

在这篇文章中，作者用沉重的笔墨，写下了母亲身怀重疾却对儿子百般忍耐的宽容之爱，写下了作者在母亲亡故之后的悔恨与追思。

教师出示下面的内容，让学生朗读，收束教学：

世界上有一种美丽的声音，那是母亲的呼唤。

世界上有一种美丽的回音，那是孩子懂得了母亲的心。

（2）《纪念白求恩》教学创意

【创意说明】

《纪念白求恩》，经典的好课文之一，现在统编语文教材七年级上册第四单元中。这个单元的教学目标是感受、理解人生的意义和价值，感受理想光辉和人格力量；还要学习默读，通过划分层次、抓关键语句等方法理清作者思路。

教学这篇课文，要回避硬性地从"议论文"的角度进行教学的旧习惯，要针对七年级学生的特点，指导学生阅读课文，感受人物精神，训练学生的能力。所以这个课的创意是：教你学学阅读中的"精选"。

【教学创意】

课始之后，做三件事：第一件事，介绍白求恩及其事迹；第二件事，介绍本文的写作背景；第三件事，认字、理解词义和积累短语。

教你学阅读之一：速读，理解文思

进行第一次"精选"。请学生学用默读、圈画的方法，提取每个段中评价并要求向白求恩学习的一个关键句。

学生进行实践活动，圈画出来的内容有：

一个外国人，毫无利己的动机，把中国人民的解放事业当作他自己的事业，这是什么精神？这是国际主义的精神，这是共产主义的精神，每一个中国共产党员都要学习这种精神。

白求恩同志毫不利己专门利人的精神，表现在他对工作的极端的负责任，对同志对人民的极端的热忱。每个共产党员都要学习他。

白求恩同志是个医生，他以医疗为职业，对技术精益求精；在整个八路军医务系统中，他的医术是很高明的。

我们大家要学习他毫无自私自利之心的精神。

学生朗读。

教师点示：

这里既显现了全文的主要内容，又显示了全文明晰的逻辑层次和严密的文章思路。

引导学生感受，然后概述。

全文的核心内容是：号召我们学习白求恩国际主义、共产主义的精神，毫不利己专门利人的精神，对技术精益求精的精神。

教你学阅读之二：细读，深入片段

实践第二次精选。

请学生细读、深读、美读课文第二段：

白求恩同志毫不利己专门利人的精神，表现在他对工作的极端的负责任，对同志对人民的极端的热忱。每个共产党员都要学习他。不少的人对工作不负责任，拈轻怕重，把重担子推给人家，自己挑轻的。一事当前，先替自己打算，然后再替别人打算。出了一点力就觉得了不起，喜欢自吹，生怕人家不知道。对同志对人民不是满腔热忱，而是冷冷清清，漠不关心，麻木不仁。这种人其实不是共产党员，至少不能算一个纯粹的共产党员。从前线回来的人说到白求恩，没有一个不佩服，没有一个不为他的精神所感动。晋察冀边区的军民，凡亲身受过白求恩医生的治疗和亲眼看过白求恩医生的工作的，无不为之感动。每一个共产党员，一定要学习白求恩同志的这种真正共产主义者的精神。

指导学生朗读这一段，读出情感、语气、层次、大意。

出示任务：品味这段文字的语言表达的精美。

话题：我觉得_____这种写法非常好。

教师示例，学生动笔评点批注，课中发言，师生对话。

教师对本段写法之美的小结：

首尾照应之美

鲜明对比之美

层次明晰之美

叙议结合之美

侧面映衬之美

句式生动之美

短语运用之美

称呼变化之美

情感庄重之美

学生一一笔记或旁批。

教你学阅读之三：背诵，积累语言

体味第三次精选。

点示：课中积累，当堂背诵，有不少好处。

请学生背诵课文第四段：

我和白求恩同志只见过一面。后来他给我来过许多信。可是因为忙，仅回过他一封信，还不知他收到没有。对于他的死，我是很悲痛的。现在大家纪念他，可见他的精神感人之深。我们大家要学习他毫无自私自利之心的精神。从这点出发，就可以变为大有利于人民的人。一个人能力有大小，但只要有这点精神，就是一个高尚的人，一个纯粹的人，一个有道德的人，一个脱离了低级趣味的人，一个有益于人民的人。

顺势请学生品析这段文字中"一个人能力有大小"这个句子的表达效果：

抒情式议论，短句运用，排比手法。从人格、品质、修养、志趣、人生意义五个方面突显了向白求恩学习的意义。

教师深情收束教学。

（3）《赫耳墨斯和雕像者》教学创意

【创意说明】

本篇课文篇幅短小，内容浅显，在统编语文教材七年级上册最后一个单元。

单元课文有童话、诗歌、神话、寓言等。我们可从文学作品教学的角度,利用课文组织多角度的课中训练活动,回避零碎简单的提问以及让学生谈感受的浅陋教法。

【教学创意】

简洁入课,教学铺垫:

①作家作品简介。

②文中人物关系简介。

③字词教学:化作、神使、庇护、添头。

④特别强调:"雕像"不要写成"雕象"。象,指自然界、人或物的形态、样子。如:现象、形象、印象……

⑤知晓故事中第一句话"赫耳墨斯想知道他在人间受到多大的尊重,就化作凡人,来到一个雕像者的店里"的作用:故事的开端;点出了人物、故事的起因和故事的场景。

学习活动一:读懂

学生朗读课文,教师指导学生读出讲故事的味道。

活动:请每个同学写一两个成语或四字短语,评价故事中的赫耳墨斯。

学生动笔,课中发言。

教师小结——赫耳墨斯:

爱慕虚荣　自视甚高

自命不凡　骄傲自大

妄自尊大　自以为贵

学习活动二:读深

学生朗读课文,教师指导学生读好人物对话的语气。

话题:请同学们品一品课文中"三问三答"的表达作用。

学生默读、思考、发言,师生对话。

教师小结文中"三问三答"的作用,学生笔记:

①推进故事情节;

②显现故事细节;

③表现人物心理；

④形成文中波澜。

学习活动三：读美

学生朗读课文，教师指导学生读清课文的结构层次。

任务：请同学们试析这则寓言的表达技巧。

教师举例：故事人物出场的描写，有场景的安排，有实写与虚写，这些都是表达技巧、表现手法。

学生自读、思考，课中发言。

教师最后小结，学生笔记：

这则寓言的表达技巧有：以神喻人，对话展开，心理刻画，白描手法，留有空白，叙议结合，讽刺意味等。

最美妙的手法是：故事蓄势于前，急转于后；戛然而止，余味悠长。

（4）《台阶》教学创意

【创意说明】

统编语文教材七年级下册第三单元的课文都是小人物的故事。小说《台阶》塑造了一位辛勤劳作一辈子的父亲的形象，于平实之中见真情，表达手法丰富而细腻。这篇课文的教学最容易上成一般记叙文教学的阅读课。所以本次课的教学创意力求带有一点小说教学的味道，在一个课时中重点进行两次课中品析活动——人物形象评说，精彩部分赏析。

【教学创意】

课始，简洁深沉地导入。介绍作家作品等基本知识。认读有关字词。

热身活动，随便聊聊：《台阶》写的是_____的故事。

学生自由表达观点，教师点示：

《台阶》写的是勤劳的故事，写的是要赢得尊重而毕生奋斗的故事。小说《台阶》，以农民的儿子作为故事叙述者，以"台阶"为线索，叙述了父亲为盖新屋而拼命苦干的一生，写出了父亲奋斗的过程和他的变化。塑造了一位在为家庭而奋斗的过程中渐渐老去的父亲形象，表现了农民艰难困苦的生存状态和他们为改变现状而不懈努力的精神。

以上的活动内容，实际上是进行文章大意的理解。

学习活动一：人物形象评说

学习方法：用"一句话人物评说"的方式评说课文中"父亲"的形象，然后进行简略的阐释。

教师示例，学生思考，圈点勾画，进行人物评说：

父亲是一个有力量的人，他从年轻起就进行着艰辛的奋斗。"我们家的台阶有三级，用三块青石板铺成。那石板多年前由父亲从山上背下来，每块大约有三百来斤重。"

父亲是一个极具农民本色的永远在辛勤劳作的人。"他的脚板宽大，裂着许多干沟，沟里嵌着沙子和泥土。"他的那双脚是洗不干净的，要过年时才在家里用板刷刷洗一次。

父亲是一个没有地位但有着自己的生活理想的人。"没人说过他有地位，父亲也从没觉得自己有地位。但他日夜盼着，准备着要造一栋有高台阶的新屋。"

父亲是一个极其辛劳的人。"一年中他七个月种田，四个月去山里砍柴，半个月在大溪滩上捡屋基卵石，剩下半个月用来过年、编草鞋。"

父亲是一个连在冬天农闲时都不休息的人。"鸡叫三遍时父亲出发，黄昏贴近家门口时归来，把柴靠在墙根上，很疲倦地坐在台阶上，把已经磨穿了底的草鞋脱下来，垒在门墙边。一个冬天下来，破草鞋堆得超过了台阶。"

父亲是一个为了盖新屋而起早贪黑的人。"白天，他陪请来的匠人一起干，晚上他一个人搬砖头、担泥、筹划材料，干到半夜。睡下三四个钟头，他又起床安排第二天的活。"

……

这次活动，是进行人物形象的感受。

教师要进行简洁、生动、富有情感的活动小结：

父亲是一个文学形象，他老实厚道，低眉顺眼，不怕千辛万苦，能够拼命硬干，一直到他衰老。他是一个伟大的父亲形象，是一个能够赢得我们尊重的父亲形象。小说层层深入地表现了父亲，表现着父亲的自尊与勤劳，表现着父亲坚韧不拔的毅力和吃苦耐劳的精神，同时表达出一种怜悯父亲的辛酸之情。

学习活动二：精彩部分赏析

教师出示重点赏析的精彩部分：

父亲的准备是十分漫长的。他今天从地里捡回一块砖，明天可能又捡进一片瓦，再就是往一个黑瓦罐里塞角票。虽然这些都很微不足道，但他做得很认真。

于是，一年中他七个月种田，四个月去山里砍柴，半个月在大溪滩上捡屋基卵石，剩下半个月用来过年、编草鞋。

大热天父亲挑一担谷子回来，身上着一片大汗，顾不得揩一把，就往门口的台阶上一坐。他开始"磨刀"。"磨刀"就是过烟瘾。烟吃饱了，"刀"快，活做得去。

台阶旁栽着一棵桃树，桃树为台阶遮出一片绿阴。父亲坐在绿阴里，能看见别人家高高的台阶，那里栽着几棵柳树，柳树枝老是摇来摇去，却摇不散父亲那专注的目光。这时，一片片旱烟雾在父亲头上飘来飘去。

父亲磨好了"刀"。去烟灰时，把烟枪的铜盏对着青石板嘎嘎地敲一敲，就匆忙地下田去。

冬天，晚稻收仓了，春花也种下地，父亲穿着草鞋去山里砍柴。他砍柴一为家烧，二为卖钱，一元一担。父亲一天砍一担半，得一元五角。那时我不知道山有多远，只知道鸡叫三遍时父亲出发，黄昏贴近家门口时归来，把柴靠在墙根上，很疲倦地坐在台阶上，把已经磨穿了底的草鞋脱下来，垒在门墙边。一个冬天下来，破草鞋堆得超过了台阶。

父亲就是这样准备了大半辈子。塞角票的瓦罐满了几次，门口空地上鹅卵石堆得小山般高。他终于觉得可以造屋了，便选定一个日子，破土动工。

这一部分，用生动的笔墨抒写了父亲为盖新屋所进行的辛劳、漫长的准备过程。

教师出示5个欣赏话题，请学生自选话题对课文内容进行欣赏：

欣赏这一部分的结构之美；

欣赏这一部分的选材之美；

欣赏这一部分的手法之美；

欣赏这一部分的语言之美；

欣赏这一部分的情感之美。

学生自读课文内容，进行批注，然后课中发言。

教师进行活动小结——这一部分精彩的文字：

"准备"一词，一条叙事线索，

概写加上细写，各有表达妙处，

热天以及冬天，选材十分典型，

七个月种田等，运用数字写人，

草鞋垒在墙边，间接表现人物，

"捡"字、"坐"字、"塞"字，形成反复照应，

重在行动描写，尽显父亲勤劳，

描述简洁生动，可谓情在文中。

小说塑造了一位让人觉得凄楚辛酸又让人感到豪迈壮烈的父亲。

这次活动，是进行课文的精读品析。

教师嘱咐学生做好课中笔记，收束教学。

（5）《驿路梨花》教学创意

【创意说明】

统编语文教材七年级下册中的《驿路梨花》是极好的短篇小说，有极时尚的思想内容、极精致的章法与手法、极优美的各种描写，教学资源极其丰富。从教材的编辑意图看，要求突显小说作品的教学，特别强调了小说的知识术语。

为了从文学作品的角度教好这篇课文，教师需要对《驿路梨花》进行深刻优美的赏析：

这是一篇微型小说，它有充满诗意之美的标题；它同样有情致美好的点睛之笔；它用描写人物群像的方式，表现和赞美了雷锋精神、边疆民风和助人为乐的社会风尚；它有大量的美词美句让学生积累；它安排了"老余"这个人物，简化了叙事的过程；它用悬念层叠的手法让故事逶迤展开；它用描写误会的手法漾起故事中的波澜；它用前后照应的方式使文章的内部结构显得严密；它抒写了"我"的梦境，美化了抒情的角度；它在按时间顺序展开的过程中巧妙地安排了讲故事的

人物，显现出故事之中有故事的构思特色；它用虚笔描写的手法，让故事有着咀嚼不尽的韵味；它用"梨花"一词，形成线索并表现出丰富的象征意义……

下面的文字有着重要作用：

山，好大的山啊！起伏的青山一座挨一座，延伸到远方，消失在迷茫的暮色中。

这是哀牢山南段的最高处。这么陡峭的山，这么茂密的树林，走上一天，路上也难得遇见几个人。夕阳西下，我们有点着急了，今夜要是赶不到山那边的太阳寨，只有在这深山中露宿了。

同行老余是在边境地区生活过多年的人。正走着，他突然指着前面叫了起来："看，梨花！"

白色梨花开满枝头，多么美丽的一片梨树林啊！

老余说："这里有梨树，前边就会有人家。"

一弯新月升起了，我们借助淡淡的月光，在忽明忽暗的梨树林里走着。山间的夜风吹得人脸上凉凉的，梨花的白色花瓣轻轻飘落在我们身上。

这一部分文字非常重要。语言之美、描叙之美固然需要欣赏，更为重要的是：它们为文中故事的展开与推进起着"张本"的作用。

所谓"张本"，是一种构思与写作的手法；它往往指文章中的起笔部分能够统领全文，为全文故事的展开铺设合情合理的背景，做好有力的铺垫，有时甚至埋下了美妙的伏笔。

现在再欣赏一下上面的文字是如何为"驿路梨花"的故事"张本"的。

第一，"好大的山""起伏的青山一座挨一座，延伸到远方，消失在迷茫的暮色中""这是哀牢山南段的最高处""这么陡峭的山，这么茂密的树林""太阳寨""边境地区"——作者反复用笔，强调故事发生地点在崇山峻岭、深山老林，渲染了边疆风物，在这样的环境中，"梨花"们的故事才是合情合理的、真实可爱的、富有意义的。

第二，"白色梨花开满枝头""多么美丽的一片梨树林啊""一弯新月升起了""淡淡的月光""梨花的白色花瓣轻轻飘落在我们身上"——作者同样反复用笔，深情描写，巧妙地设置故事发生的时间，渲染边地的美好风情和宜人风景，铺设文章纯美的情感基调，同时点染"梨花"一词，为梨花姑娘们的出现巧妙地埋下了伏笔。

有了这样的前提，驿路梨花的故事就像涓涓细流，沁入人们的心中。

教师对课文的研读，要扣住"作用"进行品味：各种描写的作用、标题的作用、起笔部分的作用、结尾的作用、小茅屋的作用、老余的作用、老人的作用、小女孩们的作用、梦的作用、悬念和误会的作用、虚写的作用……

很有意思的是，课文这么美，课后练习题的设计也非常美，我们不妨进行一次本色教学尝试，即直接利用课后练习组织赏析训练活动。

【教学创意】

入课，知晓作家作品知识、写作背景知识。

课中的主要活动：略读，再读，精读。

活动一：略读，知文意

学生默读课文。

教师出示课后练习一：

下面的人物分别与小茅屋有过什么故事？谁是小茅屋的主人呢？

"我"与老余　瑶族老人　一群哈尼小姑娘　梨花

学生围绕这个话题表达自己的见解，得出共同的看法：他们都是小茅屋的主人，他们都淳朴、善良、热情、乐于助人，他们的精神如梨花般美丽动人。

教师特别指出：

文中塑造了一组助人为乐的边疆军民的群像，特别是小梨花及其小伙伴；人物的心灵美是这篇小说的灵魂。

活动二：再读，品波澜

学生朗读课文。

教师出示课后练习二：

本文构思巧妙，层层设置悬念和误会，使故事情节一波三折。请结合课文内容分析这种写法，说说其表达效果。

出示话题与任务：品析文中的悬念与误会。

教师穿插"悬念""误会"的知识讲析。

悬念：让人们在欣赏文学作品或影视戏剧时，对情节发展和人物命运非常关切或急于知道的一种创作手法。

误会：在故事中合理巧妙地安排"产生误解"的情节或细节，让作品情节形成美妙波澜的一种创作手法。

学生阅读课文，相互讨论，课中发言，赏析课文中的悬念与误会。

教师在对话与小结中要特别指出：

① 我们将"一个须眉花白的瑶族老人"误会为小茅屋的主人，其主要作用是让瑶族老人"讲故事"。

② 我们将"打头的那个小姑娘"误会为"梨花"，其主要作用也是让这位哈尼小姑娘"讲故事"。

③ 故事之中还有故事，手法精致，内容更加丰美。

活动三：精读，赏"梨花"

学生默读课文。

教师出示课后练习三：

"梨花"在文中多次出现，请解释各自的含义，并说说这几次出现对全篇结构的作用。

教师安排赏析任务：赏析课文中的"梨花"句，说说"梨花"的含义与作用。

出示文中的梨花描写：

白色梨花开满枝头，多么美丽的一片梨树林啊！

一弯新月升起了，我们借助淡淡的月光，在忽明忽暗的梨树林里走着。山间的夜风吹得人脸上凉凉的，梨花的白色花瓣轻轻飘落在我们身上。

一座草顶、竹篾泥墙的小屋出现在梨树林边。

我们这才明白，屋里的米、水、干柴，以及那充满了热情的"请进"二字，都是出自那哈尼小姑娘的手。多好的梨花啊！

这天夜里，我睡得十分香甜，梦中恍惚在那香气四溢的梨树林里漫步，还看见一个身穿着花衫的哈尼小姑娘在梨花丛中歌唱……

我望着这群充满朝气的哈尼小姑娘和那洁白的梨花，不由得想起了一句诗："驿路梨花处处开"。

教师指导学生朗读，品析。学生课中批注，课堂发言。

教师点示"梨花"的含义：

自然梨花,梨花姑娘,雷锋精神,边疆民风。

教师点示"梨花"描写的作用:

描绘美景,烘托人物;

虚实结合,一语双关;

象征意义,热情赞美;

由实而虚,反复点题。

教师指导学生朗读课文中的梨花描写内容,学生笔记,收束教学。

(6)《"飞天"凌空》教学创意

【创意说明】

《"飞天"凌空》所在单元,是全套统编初中语文教材中的第一个"活动·探究"单元,教学的内容是新闻阅读。所以,这篇课文需要处理为自读课文,教师要利用课文资源设计一个课时的学生自读训练活动——知识习得,语言积累,学法实践。

【教学创意】

上课后,学生朗读一遍课文,教师进行教学铺垫,请学生阅读、圈画课文后面有关新闻特写的知识卡片。

新闻特写:截取新闻事件中最有价值的片段,集中笔力,着重描写其精彩瞬间,鲜明再现典型人物、事件、场景的一种新闻体裁。

接着进行字词认读积累。

特别关注下列短语的识记:

沉静自若　风度优雅　翘首而望　屏息敛声　凌空翔舞　疾如流星

潇洒自如　从容不迫　眼花缭乱　悄然不惊　如梦初醒　震耳欲聋

自读活动一:微文写作

请学生根据课文内容写作微文。要求是缩写本文描写"跳水姑娘"的精彩内容并顺势背诵。

学生动笔,进行微写活动。大约6分钟之后,学生课中发言,朗读微文。

教师小结,出示下面的内容并请所有学生背诵:

跳 水 姑 娘

　　轻舒双臂，向上举起，只见吕伟轻轻一蹬，就向空中飞去。她那修长美妙的身体酷似敦煌壁画中凌空翔舞的"飞天"。

　　紧接着，是向前翻腾一周半，同时伴随着旋风般的空中转体三周，动作疾如流星，又潇洒自如。

　　还没等观众从眼花缭乱中反应过来，她已经展开身体，像轻盈的、笔直的箭，"哧"地插进碧波之中，几串白色的气泡拥抱了这位自天而降的仙女，四面水花则悄然不惊。

自读活动二：课文品析

　　教师指导：请同学们观察课文中的旁批，然后自己进行评点批注，赏析课文的语言、手法之美。

　　学生动笔，静读课文，进行批注。大约6分钟之后，学生课中发言，品析课文之美。

　　师生对话之后，教师出示小结并讲析，学生做好课中积累笔记。

　　《"飞天"凌空》是一则新闻特写，是精短新闻的代表作品之一，文中有丰富的美感。如：

　　① 文章标题之美。"'飞天'凌空"四个字，比喻精美，富有动感，高度概括，统领全文且赞美之意充沛。

　　② 首段表达之美。寥寥不足百字，点出了人物、场景，描述了环境氛围；运用多重衬托手法，以白云、飞鸟衬托人物的沉静，以观众的期待表现比赛氛围的扣人心弦。

　　③ 精致描绘之美。吕伟在10米高台上从起跳到入水，只有1.7秒的时间，作者运用"慢镜头"描述手法，将运动员起跳、腾空、入水的优雅动作逐一进行生动的描绘，美好的画面如在眼前。

　　④ 间接描写之美。写运动员入水时"哧"的声响，写"几串白色的气泡拥抱了这位自天而降的仙女，四面水花则悄然不惊"，表现的是运动员跳水技巧的高超。

　　⑤ 比喻手法之美。文中比喻形象生动，"酷似敦煌壁画中凌空翔舞的'飞天'""动作疾如流星""像轻盈的、笔直的箭"等，多角度表现运动员的健美姿态。

⑥语言精致之美。四字短语尤为生动丰富，沉静自若、风度优雅、翘首而望、屏息敛声、凌空翔舞、潇洒自如、悄然不惊，等等，表现出浓郁的情感色彩。

⑦氛围描写之美。文中的场景、场面、氛围的描写，有静态的，更有动态的；有事物的，更有人物的。特别是对游泳场沸腾情景的描写，对观众的震耳欲聋的掌声、欢呼声的描写，都对描写吕伟技巧的高超起着映衬烘托的作用。

⑧点题技法之美。作者两次写到外国朋友的由衷赞叹，最后一段以印度观众的"了不起，你们中国的人才太多了"一句赞语收束，既是侧面描写手法的运用，也是别具一格的点题手法。

……

(7)《白杨礼赞》教学创意

【创意说明】

《白杨礼赞》是经典课文中的经典，不论是从思想情感还是从表达艺术看，都是极有魅力的课文。《白杨礼赞》是从统编语文教材"请"回来的，现在八年级上册第四单元（散文）中。教读编目，除了课文本身的教学资源外，课后练习设计也充满了文学教育的意味。在教学中，可尝试"课型创新"的新颖创意：两个课时的教学，第一个课时的课型为基础训练课，第二个课时的课型为文学欣赏课。

【教学创意】

第一课时 基础训练课

教学铺垫：

①课始，点示单元教学知识——散文类型多样，或写人记事，或托物言志，或阐发哲理，或写景抒情。学生笔记。

②介绍作者茅盾及其文学成就，介绍课文写作背景，要特别指出本文写于1941年抗日战争的相持阶段。

活动一：课文朗读，文意感知

学生朗读课文，感受课文内容。

请同学们关注课后练习一：课文中几次出现意思大致相同的话，找出这些语句,说说作者是从哪些方面表达自己的赞美之情的。

引导学生圈画出:

白杨树实在是不平凡的,我赞美白杨树!

那就是白杨树,西北极普通的一种树,然而实在是不平凡的一种树!

这就是白杨树,西北极普通的一种树,然而决不是平凡的树!

我赞美白杨树,就因为它不但象征了北方的农民,尤其象征了今天我们民族解放斗争中所不可缺的朴质、坚强,以及力求上进的精神。

我要高声赞美白杨树!

教师点示:

这一组句子,是抒情句、线索句、点题句,它们表现出托物抒情散文的基本写法。

活动二:课文再读,概说白杨

学生朗读课文,然后用一句话概括白杨形象:作者深情赞美了＿＿＿＿＿＿＿＿＿＿＿＿的白杨树。

学生说话。教师小结:

作者赞美了力争上游的白杨树。

赞美了坚强不屈的白杨树。

赞美了平坦大地上傲然挺立的白杨树。

赞美了虽在北方风雪的压迫下却保持倔强挺立的白杨树。

赞美了象征着抗日军民的白杨树。

继续点示:

作品成功地塑造了白杨树这个艺术形象,读者从白杨树的形象可联想到当时中国的现实,联想到中国共产党领导下的广大军民保卫祖国的英雄气概和团结向上的精神。这样,就能领略作者的创作意图,体会白杨树的象征意义。

学生笔记。

活动三:字词学习,短语积累

①字音字形认读:

外壳　主宰　倦怠　恹恹　晕圈　倔强　婆娑　虬枝　楠木　秀颀

②圈画出形容词:

雄壮　伟大　笔直　倔强　努力　婆娑　伟岸　正直　朴质　严肃　温和　坚强　挺拔　平坦　傲然　直挺秀颀

③重点字词释意（略）

④识记文中短语：

黄绿错综　和风吹送　一轮一轮　真心佩服　妙手偶得　无边无垠
坦荡如砥　宛若并肩　诸如此类　潜滋暗长　恹恹欲睡　力争上游
绝无旁枝　一律向上　紧紧靠拢　片片向上　向上发展　旁逸斜出
倔强挺立　向上发展　参天耸立　不折不挠　屈曲盘旋　伟岸正直
朴质严肃　坚强不屈　积雪初融　傲然挺立　力求上进　宛然象征
纵横决荡　折磨不了　压迫不倒　高声赞美

活动四：美段背诵，段式习得

请同学们背诵"那是力争上游的一种树"这个美段。

教师指导学生读清层次，读出重音，读好语气，并点示：

这一段文字两个层次，先咏物再抒情，形神具备，明写树实写人，虚实结合，紧凑凝练，有明显的象征意义。

学生读背，笔记。

第二课时　文学欣赏课

欣赏话题之一：

文章开篇入题，紧接着又宕开一笔，用一大段文字描写高原景象，这样安排有什么好处？

欣赏话题之二：

本文写法有扬有抑，富于变化，试找出相关段落，体会这种写法的表达效果。

欣赏话题之三：

课文第7段的表达艺术欣赏。

下面重点讲一下第7段的赏析：

它没有婆娑的姿态，没有屈曲盘旋的虬枝。也许你要说它不美。如果美是专指"婆娑"或"旁逸斜出"之类而言，那么，白杨树算不得树中的好女子。但是它伟岸，正直，朴质，严肃，也不缺乏温和，更不用提它的坚强不屈与挺拔，它是树中的伟丈夫。当你在积雪初融的高原上走过,看见平坦的大地上傲然挺立这么一株或一排白杨树,难道你就只觉得它只是树?难道你就不想到它的朴质,严肃,坚强不屈,至少也象征了北方的农民?难道你竟一点也不联想到,在敌后的广大土地上,到处有坚强不屈,就像这白杨树一样傲然挺立的守卫他们家乡的哨兵?难道你又不更远一点想到,这样枝枝叶叶靠紧团结,力求上进的白杨树,宛然象征了今天在华北平原纵横决荡,用血写出新中国历史的那种精神和意志?

任务:请同学们细读课文第7段,结合全文内容,欣赏它的表达之美。

教师示例,学生静读、思考、批注、讨论,课中发言。

教师点示这段文字的表达之美:

层次之美——两个层次,由实到虚,由形体到联想,由形体到象征。第一层次由抑到扬。第二层次逐层深入——由近到远,由实到虚,由简单到复杂。

抑扬之美——先抑后扬,赞美了白杨树的美、伟丈夫的美,高扬了时代的浩然正气。

象征之美——借白杨树不平凡的形象,赞美了在中国共产党领导下的坚持抗战的人们,赞美了用血写出新中国历史的那种精神和意志。

句式之美——"当你……难道……难道……难道"是一组排比反问句,带动着议论的步步深化,让人们感受到作者的赞美中洋溢着的激情。

情感之美——作者将白杨树美好的形象镌刻在我们的心中,赞美白杨树,实际上是在深情赞美伟大的抗日军民。

构思之美——咏物抒情,借物抒怀,托物寄意。由白杨写到人,表现出深刻隽永的意蕴。

……

学生笔记。

收束教学。

(8)《我为什么而活着》教学创意

【创意说明】

这篇课文是一篇思想随笔,也是一篇哲理散文。它文采斐然,意蕴深刻,有理性力量,有巨大激情。课文类型为自读课文,可以用于对学生的自读训练——"篇"的概括、"段"的品析、"句"的积累;整个课的教学表现出美读训练、积累训练的特点。

【教学创意】

入课,教师利用课后的阅读提示,诗意地导入:

有一类散文以哲理见长,仿佛与读者面对面推心置腹地交谈,披露思想历程,讲述人生感悟,字里行间传达着真诚与睿智,让人获得思想的启迪。《我为什么而活着》就是这类散文的典范。

顺势介绍作者,认读字词。

自读活动一:课文朗读,完成"篇"的概括训练

教师指导学生朗读三遍课文:第一遍,关注首段的作用;第二遍,关注第二、三、四段的中心句;第三遍,感受最后一段与全文的关系。

学生朗读之后,教师出示话题,请学生动笔,对课文整体内容进行概括:

这篇文章开篇点题,概括了作者一生的三大追求,然后从＿＿＿＿＿＿分别展开;最后＿＿＿＿＿＿。

学生动笔概括,课中发言,师生对话。

教师小结:

这篇文章开篇点题,概括了作者一生的三大追求,然后从"我寻求爱情""我以同样的热情寻求知识""爱情和知识,尽其可能地把我引上云霄,但是同情心总把我带回尘世"三个方面分别展开;最后照应前文,议论抒情,表达作者的意愿并收束全文。

自读活动二:课文朗读,完成"段"的品读训练

指导学生朗读课文,读得舒缓,读得深沉,特别要读好第四段。

教师随即出示任务:发现文中第二、三、四段内容方面的美妙。

学生静读,分析,批注,发言。

教师小结大家的发现:

第二段写了寻求爱情的三个原因;第三段阐释了寻求知识的三个目标——人类、星辰、思想威力(人类、自然、社会);第四段表达了自己对三类人物——儿童、受害者、老人的关心与同情。

教师点示：

全文有严密的结构，运用了"三"的写作思维，二、三、四段的结构层次明晰，整篇文章表现了作者宽广的胸怀和高尚的境界。

自读活动三：课文朗读，完成"句"的组合背诵

学生各自朗读课文。

教师顺势出示要求：圈画文中关键句，浓缩课文内容，形成精美微文，当堂背诵。

学生课中活动，朗读自己圈画的微文。

教师出示课文微文。

我为什么而活着
罗素

对爱情的渴望，对知识的追求，对人类苦难不可遏制的同情心，这三种纯洁但无比强烈的激情支配着我的一生。

爱情和知识，尽可能地把我引上天堂，但同情心总把我带回尘世。痛苦的呼号的回声在我心中回荡，饥饿的儿童，被压迫者折磨的受害者，被儿女视为可厌负担的无助的老人，以及充满孤寂、贫穷和痛苦的整个世界，都是对人类应有生活的嘲讽。我渴望减轻这些不幸。

这就是我的一生，我觉得我活着值得。如果有机会的话，我还乐意再活一次。

学生集体当堂背诵。

（9）《梦回繁华》教学创意

【创意说明】

统编语文教材八年级上册第五单元的课文介绍了中国建筑、园林、绘画艺术等方面的内容，每篇文章都有特色。《梦回繁华》介绍的是《清明上河图》这一国宝级的画作，文章条理分明，细腻具体，语言典雅，教学资源丰足。读后的阅读提示告诉我们，可以先浏览课文，再细读文中的重点段落。这其实就是很好的教学创意。

【教学创意】

用一个课时完成对学生的读文训练。

课始导入之后，简介作品和说明对象，辨识文体，顺势认字识词，还要了解文中的美术术语。

引导学生朗读感知如下短语：

自成一家	内忧外患	回首故土	梦回繁华	千古名作	繁忙景象
疏林薄雾	农舍田畴	春寒料峭	长途跋涉	宛如飞虹	握篙盘索
呼应相接	挥臂助阵	无暇一顾	街道纵横	房屋林立	一应俱全
摩肩接踵	络绎不绝	繁而不乱	长而不冗	段落清晰	结构严谨
形态各异	线条遒劲	笔法灵动	细致入微	北国早春	繁华情景
舳舻相接	车水马龙	高大雄伟	罗帛布匹	沉檀香料	应有尽有
衣冠服饰	无所不备				

这个环节大约6分钟。

活动一：段落批注

请同学们欣赏本文的结构美，分析全文段与段之间的关系，要求在每个段落之后批注其段意。

学生发言之后，教师指出各段的表达作用：

第一段，《清明上河图》产生的时代背景。

第二段，《清明上河图》作者简介及作品内涵。

第三段，《清明上河图》简介。

第四段，《清明上河图》全景式描述说明。

第五段，《清明上河图》艺术特点、作品价值。

学生对全文的逻辑层次之美有了明晰的感受。

这个教学环节大约8分钟。

活动二：美文创写

请同学们根据课文内容、撷取课中词句写作优美短文。

短文标题：《清明上河图》简介；字数：150字左右。

学生提取信息，学用语言，锻炼自己思维。

写作时间——6分钟；教师组织学生汇报交流的时间——6分钟。

交流之后，教师出示小结，学生朗读：

张择端的《清明上河图》是北宋风俗画中最具代表性的作品，写实性很强，绢本，设色，纵24.8厘米，横528.7厘米。采用了中国传统绘画特有的手卷形式，以移动的视点摄取对象，描绘了京城汴梁从城郊、汴河到城内街市的繁华景象，表现了市井平民的生活，给人们留下了无尽的回味。

这个环节约12分钟。

活动三：段落品读

将教学视点引向课文的主体段落第四段：

画面开卷处描绘的是汴京近郊的风光。疏林薄雾，农舍田畴，春寒料峭，赶集的乡人驱赶着往城内送炭的毛驴驮队。在进入大道的岔道上，是众多仆从簇拥的轿乘队伍，从插满柳枝的轿顶可知是踏青扫墓归来的权贵，近处小路上骑驴而行的则是长途跋涉的行旅。树木新发的枝芽，调节了画面的色彩和疏密，表现出北国早春的气息。画面中段是汴河两岸的繁华情景。汴河是当时南北交通的孔道，也是北宋王朝国家漕运的枢纽。巨大的漕船，舳舻相接，忙碌的船工从停泊在河边的粮船上卸下沉重的粮包，纤夫们拖着船逆水行驶，一片繁忙景象。汴河上有一座规模宏敞的拱桥，其桥无柱，以巨木虚架而成，结构精美，宛如飞虹。桥的两端紧连着街市，车水马龙，热闹非凡。一艘准备驶过拱桥的巨大漕船的细节描绘，一直为人们所称道：船正在放倒桅杆准备过桥，船夫们呼唤叫喊，握篙盘索，桥上呼应相接，岸边挥臂助阵，过往行人聚集在桥头围观，而那些赶脚、推车、挑担的人们却无暇一顾，这紧张的一幕成为全画的一个高潮。后段描写汴梁市区的街道。在高大雄伟的城楼两侧，街道纵横，房屋林立，茶坊、酒肆、脚店、肉铺、寺观、公厕等一应俱全。各类店铺经营着罗锦布匹、沉檀香料、香烛纸马，另有医药门诊、大车修理、看相算命、修面整容，应有尽有。街上，行人摩肩接踵，络绎不绝，士农工商、男女老少、各行各业，无所不备。

学生朗读此段。

出示话题：请同学们阐释"这一段写得好"的三条理由。

学生动笔评点。课中发言，交流。

教师在对话中指出，要欣赏、评价这一段写得好，理由不少，如：

层次明晰之美：前段、中段、后段，关键词显示着段的层次、顺序。

关键句子之美：前段、中段、后段，各由一个关键句领起描述的内容。

详略安排之美：前段与后段略写，中段详写；同时表现出动静疏密之美。

风情描述之美：大量运用四字短语，典雅而富有韵味。

特别景观之美：巨大漕船的细节描绘，突显全画的高潮。

景象罗列之美：医药门诊、大车修理、看相算命、修面整容，应有尽有。

还有精致评说之美、文中情感之美等。

嘱咐学生做好课中笔记。

这个环节约20分钟。

（10）《周亚夫军细柳》教学创意

【创意说明】

《周亚夫军细柳》在统编语文教材八年级上册第六单元中，是文言文自读课文。文中有丰富的教学资源：作家作品知识，字词积累，文句翻译，课文朗读，段的作用分析，人物形象评析，表现人物的手法赏析等。本课的教学创意为课文细读。突显一个"细"字。

【教学创意】

课始，介绍《史记》，介绍司马迁，介绍课文出处，介绍周亚夫。介绍本课的学习要点：了解《史记》、司马迁；细读字词，熟读故事；品析文中所运用的对比、衬托等写法。

第一个学习环节：细学字词

教师朗读课文，学生尝试朗读课文。

进行字词教学，从四个方面进行"全覆盖"：

①细读课文注释；

②读准有关字音；

③突破难点字词；

④进行对比辨析。

其中的难点字词有：

胡：胡人，古代泛称北方和西北方的民族。

将以下骑：将军以下的将吏都骑着马。

锐兵刃：这里指刀出鞘。

乃使使持节诏将军：于是就派使者拿了天子的符节去告诉将军。

壁：营垒。

按辔：控制住车马。辔：驾驭牲口的嚼子和缰绳。

持兵揖：手执兵器行礼。揖：拱手行礼。

式车：扶着车前的横木，俯下身子，表示敬意。式：同"轼"，车前横木；这里指扶着轼。

称谢：向人致意，表示问候。

可得而犯邪：岂是（难道）能够侵犯他的吗？

第二个学习环节：细读课文

指导学生细细地朗读课文。三读到位：一读，读得准确顺畅；二读，读清句子结构；三读，读好人物语气。

教师范读，学生朗读，教师指导，学生反复朗读。

朗读完毕，学生各自口译课文，教师出示全文译文，学生朗读。

教师顺势点示课文大意：

汉文帝亲自劳军，到了霸上和棘门军营，可以长驱直入，将军及官兵骑马迎送。而到了细柳军营，军容威严，号令如山，即使是皇上驾到，也不准入营。作者在文中生动地刻画了一个治军严谨、刚正不阿的将军形象。"细柳"也成了后人诗文中形容军中常备不懈、军纪森严的常用典故。

第三个学习环节：细品课文

请学生关注课后练习二：

《史记》写人时常"用两种突出的性格或两种不同的情势，抑或两种不同的结果，作为对照"（李长之语）。细读课文，说说文中哪些地方使用了对比、衬托的写法，对刻画人物起到了什么样的作用。

教师点示：利用课文感受《史记》的写人艺术。

教师指导学法：欣赏细节，阐释写法，举例说明作者运用的对比、衬托的写人手法。

教师示例：

既出军门，群臣皆惊。文帝曰："嗟乎，此真将军矣！曩者霸上、棘门军，若儿戏耳，其将固可袭而虏也。至于亚夫，可得而犯邪？"称善者久之。

这一段文字，句句都运用了衬托手法，文帝的话语中，有非常鲜明的对比。

学生研读全文，阐释文中的写人手法。

教师小结：《周亚夫军细柳》写法欣赏——

在严峻的战争形势背景之下写人，

在特定的军营场景之中和短暂的瞬间写人，

用"对比"的手法写人，

用反复衬托的手法写人，

用渲染情境氛围的手法写人，

全文故事情节波澜起伏，

细节描写真切，处处都有表现力，

"此真将军矣"，是全文的点睛之笔。

学生朗读、笔记，收束教学。

（11）《大雁归来》教学创意

【创意说明】

利奥波德的《大雁归来》在统编语文教材八年级下册第二单元中，是一篇自读课文，平时教学中教师们觉得教不出什么东西来。其实，这是一篇有文学色彩的科学观察笔记，文中有生动的语言，有抒情笔法，有浪漫情怀，有作者传达出来的喜爱之情。可以尝试一次全新的有趣味的"语言学用课"的教学。

【教学创意】

入课之后，介绍作者、文体等背景知识。

语言学用训练之一：字词训练

趣味话题：一组字词又一组字词。

请同学们从任意角度对字词的组合进行探索，寻找规律，如下面就是一组：

燕子　大雁　主教雀　花鼠　乌鸦　棉尾兔　田鼠　环颈雉　沙锥鸟

猫头鹰　半蹼鹬　红翅黑鹂　黑脸田鸡

学生自读课文，探索字词的组合规律并介绍给同学。

教师从难读的字、表示大雁"说话"的词语、文中短语等不同的角度，给学生展现一组又一组字词，进行字词积累教学。

语言学用训练之二：概说训练

趣味话题：一个句子又一个句子。

请同学们试用一个短语说说作者笔下的大雁：_____的大雁。

学生观察课文内容，进行说明：

三月的大雁

从南方归来的大雁

春天的大雁

宣告新的季节来临的大雁

直线飞行200公里的大雁

以家庭为主要组成单位的大雁

每年一度进行迁徙的大雁

每年三月，都要吹起联合的号角的大雁

教师小结，出示：

课文中，作者描写了冬季的大雁，描写了南飞的大雁，描写了归来的大雁，描写了觅食的大雁，描写了集会的大雁，描写了孤雁，描写了每年三月都要集体迁徙的大雁。作者在大雁身上找到了善性、友情、亲情，找到了联合的观念，找到了大自然的诗意。

学生朗读，批注。

语言学用训练之三：解说训练

趣味话题：一则介绍又一则介绍。

请同学们提取有关春雁的知识性内容，写一则片段，介绍"大雁的归来"。

学生写作，交流。如下面内容的说明：

在三月里大雁回来。它们的飞行距离是200公里。雁群是一些家庭，或者说是一些家庭的聚合体。所有的孤雁都有一种共性：它们的飞行和鸣叫很频繁，而且声调忧郁。在五月来到之时，大雁集会也就逐渐少下来。每年三月，大雁都要吹起联合的号角，进行每年一度的迁徙，这是一种国际性的大雁迁徙活动。

语言学用训练之四：描述训练

趣味话题：一次描述又一次描述。

请同学们根据话题，结合课文内容，自选角度，以"春雁生活剪影"为题做一次描述。

学生进入课文，研读课文，寻找材料，准备自己的描述活动。如：

①三月的大雁回来了。它们顺着弯曲的河流拐来拐去，穿过现在已经没有猎枪的狩猎点和小洲，向每个沙滩低语着，如同向久别的朋友低语一样。它们低低地在沼泽和草地上空曲折地穿行着，向每个刚刚融化的水洼和池塘问好。

②我们的大雁又回来了。在沼泽地上空做了几次试探性的盘旋之后，它们白色的尾部朝远方的山丘，慢慢扇动着黑色的翅膀，静静地向池塘滑翔下来。一触到水，我们刚到的客人就会叫起来，似乎它们溅起的水花能抖掉那脆弱的香蒲身上的冬天。

③当大雁冲破了三月暖流的雾霭时，春天就来到了。第一群大雁一旦来到这里，它们便向每一群迁徙的雁群喧嚷着发出邀请。不消几天，沼泽地里到处都可以看到它们的倩影。

④我们的春雁每天都要去玉米地作一次旅行。每次出发之前，都有一场高声而有趣的辩论，而每次返回之前的争论则更为响亮。返回的雁群，像凋零的枫叶一样，摇晃着从空中落下来，并向下面欢呼的鸟儿们伸出双脚。那接着而来的低语，是它们在论述食物的价值。

⑤四月的夜间，刺耳的雁叫声出现了，并且带着一阵急促的混乱的回声。有翅膀在水上的拍打声，有蹼的划动而发出来的声音，还有观战者们激烈的辩论所发出的呼叫声。随后，一个深沉的声音算是最后发言，喧闹声也渐渐低沉下去，只能听到一些模糊的稀疏的谈论。

……

学生写作,描述春雁的剪影,课中发言,教师评说。

教师小结:

作者多用拟人手法描写大雁,表达了对大雁的喜爱之情。在作者笔下,大雁的形象跃然纸上,像人类一样具有灵性,让人如见其形,如闻其声。

(12)《小石潭记》教学创意

【创意说明】

统编语文教材八年级下册的《小石潭记》精致短小,却有非常丰富的教学资源:字词认读辨析、课文文意把握、情感朗读训练、段落诗意概括、各段视点感受、细节描写品味、精美段落欣赏、内容描述训练、文意陡转分析、全文美点赏析、课文全文背诵……可以多角度利用课文的教学资源,形成教学内容与活动形式都很丰满的整体阅读的教学过程。

【教学创意】

四步骤多角度整体阅读训练。两个课时。

导入课文学习,简介作者,简介写作背景。或穿插柳宗元的《江雪》,从侧面点示课文写作背景。

整体阅读活动一:字词学习

教师范读课文,学生学读课文,教师落实字词教学四个方面的内容。

一是字形:篁竹 珮环 清洌 坻 屿 嵁 翠蔓 参差 怡然 俶尔 寂寥 悄怆幽邃

二是字音:篁竹 清洌 坻 嵁 怡然 俶尔 参差 翕忽 差互 寂寥 悄怆幽邃

三是词义:(充分利用课文注释的内容)

四是短语:如鸣珮环 伐竹取道 青树翠蔓 蒙络摇缀 参差披拂 日光下澈 影布石上 往来翕忽 斗折蛇行 明灭可见 犬牙差互 竹树环合 寂寥无人 凄神寒骨 悄怆幽邃

学生反复朗读、记忆上述内容。

整体阅读活动二：文意把握

请学生朗读课文，教师听音。再请学生听读课文，跟读课文，注意读准字音，读得流畅。继续训练学生朗读课文，读好文中的重音与停顿。然后学生自由练习朗读。

接着引导学生概括段意，教师小结如下：

第一段：小小的石潭，奇丽的景色

第二段：清澈的潭水，快乐的游鱼

第三段：蜿蜒的小溪，参差的石岸

第四段：凄清的景物，孤寂的感受

第五段：同游的朋友，跟随的小生

顺势由学生口译课文内容，教师出示全文译文，学生朗读。

整体阅读活动三：课文背读

教师指导学生朗读课文，读好文中语气。

全班所有学生当堂背诵课文。

整体阅读活动四：课文赏析

教师讲析：课题"小石潭记"四个字，字字在课文中都有"文章"。我们可以分别从"小"的角度、"石"的角度、"潭"的角度、"记"的角度来赏析课文。

教师示例：从"记"的角度赏析课文，我们所说的每个句子中都要有一个"记"字：

这是一篇游记。

这是一篇秀美的记游文章，文中之景很秀美，文章的结构布局也很秀美。

文中有记事，有描写，有抒情，文笔精到，用语清雅，充满了诗情画意。

作者记事写景文笔精美，一处一景，一笔一景，有时甚至是一词一景，景物优美清新。

文中最后一段交代了同游的人，以示纪念，并使全篇游记完整。

文章结尾的记叙中写到仅有亲友数人跟随消遣于山水之间，这是何等清冷，何等寂寞！世态炎凉之感，自在言外。

作者在文中记叙、描写：写水声，写小潭，写岩石，写树木，写潭水，写游鱼，展现出一幅幅绘形绘色的微型风景画;同时借景抒情,表达了被贬谪永州之后寂寞凄凉的心情。

请学生从"潭"的角度赏析《小石潭记》,写句,所写的每个句子中都要有一个"潭"字。

学生动笔,利用"潭"字写课文内容赏析的句子。

课中发言,交流,对话。

教师小结,讲析:

课文分层描写了潭石、潭水、潭岸青树、潭中游鱼和潭外小溪,并以水、石、鱼为重点描写对象表现了小石潭及其周围清幽秀丽的风景。

流水声"如鸣珮环",潭边有"青树翠蔓",这是有声有色。

潭石是静静的,青树翠蔓是蒙络摇缀的,是参差披拂的,这是有动有静。

作者借鱼写水,写了清澈的潭水而不正面描绘清澈的水,这是有实有虚。"潭中鱼可百许头,日光下澈,影布石上",一幅空灵的镜头,这是有光有影。写了潭水后又"潭西南而望",写小溪的"不可知其源",这是有近有远。

潭上"竹树环合,寂寥无人,凄神寒骨,悄怆幽邃"从外界写到内心,表达了作者遭贬谪后的孤寂凄清的失意心情,可谓触景生情,有景有情。

……

教师最后进行点示:

冰心说过,古今中外写景状物的散文,都是作者从自己的主观眼光和心情中,赋予了他所接触的景物以特殊的性格和生命。这一句话,可以用作我们阅读赏析写景抒情散文的指南。

教师小结之时,嘱学生做好课中笔记。

(13)《卖炭翁》教学创意

【创意说明】

《卖炭翁》是传统的名家名篇,远离初中语文教材许多年了,现在又回到了统编语文教材八年级下册第六单元之中。教学这首诗,需要指导学生反复诵读,积累语言,欣赏精彩的语句,体味作者的情怀。本诗的教学创意为:在一个课时中,以朗读训练为线索,进行读写听说式的综合阅读训练。

【教学创意】

课始的教学铺垫:简洁深沉地导入。介绍白居易、《卖炭翁》的乐府诗的体裁特点,介绍"乐府"知识。

随即组织四次集体活动、实践活动。

活动一:朗读——叙事语气;译说——说译文

①指导学生用叙述的语气、中等语速朗读课文。

②进行细致准确的字词认读活动和词义理解活动。

③教师以句子为单位读课文,每读一句,学生就跟着翻译文句。

④所有学生自读自译课文内容,教师出示全诗译文。

学生集体朗读。

教师点示:

这首诗描写一位卖炭的老人谋生的困苦,揭露了唐代"宫市"的罪恶。

本诗的第一节着力写卖炭翁的劳苦,第二节重点写卖炭翁遭受的掠夺之苦。

本次活动,为"理解性语言表达训练"。

活动二:朗读——语气深沉;批注——析文句

①学生再读课文,指导学生读好深沉的语气。

②出示话题:请同学们品析诗中环境描写的表现力,做好批注。

③教师示例,学生课中发言,师生合作进行品析。

④教师在与学生的对话中、活动小结中点示:

诗歌中写了山之深、路之远、天之寒、行之难、雪之大,描绘了场景、情境、环境,有力地表现了卖炭翁的极度辛劳与痛苦。

学生听记,做好批注。

教师点示:

本次活动,为"分析性语言表达训练"。

活动三:朗读——读好重音;品析——品字词

①学生再读课文,要求读出情境。

②请学生评点、品析字词的表现力。如:

方法：请用"……用得好，它写出了……"说一句话。

如："卖""伐""烧"三个字写出了老人繁重的体力劳动；一个"翁"字，更显出其生活的不易。

学生品析，师生之间对话的基本内容：

"尘灰"用得好，它写出了卖炭翁的劳动环境之脏。

"烟火"用得好，它写出了卖炭翁的长期烧炭之劳。

"苍苍"用得好，它绘其饱经风霜之衰。

"两鬓""十指"、尘灰满面、衣服褴褛，几个特写，令人触目惊心。

"心忧炭贱愿天寒"用得好，它诉其生活无着之苦。

为了卖个好价钱，竟然产生了"愿天寒"的奇特心理，入木三分地揭示了老人无可奈何的处境。

"碾冰辙"使人想象"衣正单"的老翁在冰天雪地里艰难行路的情景。

"惜不得"，写出了老翁的无限悲痛和失望的心情，也写出了老人的极端痛苦及敢怒不敢言的心情。

"手把""口称""回车""叱牛"几个连续的动作，表明抢炭的过程简单粗暴，不由分说，直接写宦官专横跋扈、任意掠夺的暴行。

"充"字用得好，一个"充"字，写出了"宫市"巧取豪夺的实质。

……

教师与学生的对话、小结要扣住对卖炭老人进行肖像、心理、动作描写的作用。

教师点示：

本次活动，为"赏析性语言表达训练"。

活动四：朗读——情感诵读；微写——作想象

①学生再读课文，要求读出情感，课文背诵。

②指导学生动笔写作，描述想象的内容：

角度之一，请想象并描叙一个特写镜头。如卖炭翁眼角深深的皱纹，如汗水、黑指……

角度之二，请想象并描叙一个动景。如大雪之下的卖炭翁在拼命拉车赶车。

角度之三，请想象并描叙老人的一种心情。如早起去卖炭的心情，如卖炭被抢之后的心情。

教师可提供一些词语，建议学生选用。如"无可奈何""光天化日""忍气吞声""顶风冒雪""冰天雪地""仰天长叹""不由分说""无耻之尤""无恶不作""凶神恶煞""老泪纵横""无依无靠"之类。

学生写作，朗读，教师评说。

教师点示：

本次活动，为"描叙性语言表达训练"。

教师小结，收束教学。

（14）《精神的三间小屋》教学创意

【创意说明】

《精神的三间小屋》是议论性散文、美文、长文；文中美段多、美句多、美词多、美好的道理多；论说艺术高妙，论说手法生动。像这样的好课文，要让学生多认读、多圈画、多品析、多记背。我们试以这四"多"为创意进行课文阅读教学。

【教学创意】

课始，介绍作家作品。教师指出这篇美文的四个特点：表达方式优美，综合运用了议论、描写、抒情等表达方式；处处都是比喻，以比喻来说话，以比喻进行议论；美字雅词丰富、生动、优雅、得体；精段警句众多，全文诗意盎然，美不胜收。

安排学习活动一：多认读

着力于本文大量字词的认读积累。

如"读读写写"的内容：

广袤　积攒　宽宥　困厄　濡养　麾下　嘟囔　灰烬　自惭形秽　间不容发　金戈铁马　形销骨立　抽丝剥茧　鸠占鹊巢　李代桃僵　相得益彰　可望而不可即

如"丰富短语"的内容：

不知所措　月冷风清　竹木萧萧　林林总总　悲欢离合　喜怒哀乐
无师自通　凄风苦雨　愁云惨雾　悲戚压抑　净手焚香　洒扫庭院
困厄欺诈　始于惊骇　终于沉思　花容磨损　日月无光　针芒在身

俯拾即是　水落石出　鸡飞狗跳　悄无声息

安排学习活动二：多圈画

着力于本文基本内容的把握。

要求：请同学们整体浏览全文，勾勒、圈画全文的关键句、重点句，梳理全文脉络，浓缩全文内容。

师生合作，提取全文的关键句：

有一颗大心，才盛得下喜怒，输得出力量，为自己的精神修建三间小屋。

第一间，盛着我们的爱和恨。

在布置我们的精神空间时，给爱留下足够的容量。

第二间小屋，盛放我们的事业。

规划自己的事业生涯，使事业和人生，呈现缤纷和谐相得益彰的局面，是第二间精神小屋坚固优雅的要诀。

第三间，安放我们自身。

我们把世界万物保管得好好，偏偏弄丢了开启自己的钥匙。

三间小屋，说大不大，说小不小。非常世界，建立精神的栖息地，是智慧生灵的义务，每人都有如此的权利。

有了这样的提取，就知晓了全文的主要内容。

安排学习活动三：多品析

着力于本文表达之美的品析。

任务：以句、段为单位，自选内容进行品析，品析课文的表达之美。

教师示例，学生自由品析，进行课文批注，品读欣赏。

师生对话的内容可以涉及众多的表达之美。如用词之美、句式之美、段式之美、比喻之美、对比之美、排比之美、警句之美、哲理之美、情感之美，等等。

教师要特别强调本文的比喻式描述之美，比喻式抒情之美，比喻式说理之美；给学生点示本文"以喻为论"的重要手法。

安排学习活动四：多记背

着力于本文警句、美段的背诵积累。

出示学习要求：请同学们尽可能多地背诵、积累文中的精美警句。

安排足够的课堂时间，学生各自选取自己喜欢的内容，当堂背诵。如：

有一颗大心，才盛得下喜怒，输得出力量。

假若爱比恨多，小屋就光明温暖，像一座金色池塘，有红色的鲤鱼游弋，那是你的大福气。

无论一生遭受多少困厄欺诈，请依然相信人类的光明大于暗影。哪怕是只多一个百分点呢，也是希望永恒在前。所以，在布置我们的精神空间时，给爱留下足够的容量。

适合你的事业，不靠天赐，主要靠自我寻找。这不但因为相宜的事业，并非像雨后的菌子一样，俯拾即是，而且因为我们对自身的认识，也是抽丝剥茧，需要水落石出的流程。

我们的事业，是我们的田野。我们背负着它，播种着，耕耘着，收获着，欣喜地走向生命的远方。规划自己的事业生涯，使事业和人生，呈现缤纷和谐相得益彰的局面，是第二间精神小屋坚固优雅的要诀。

建立精神的栖息地，是智慧生灵的义务，每人都有如此的权利。我们可以不美丽，但我们健康。我们可以不伟大，但我们庄严。我们可以不完满，但我们努力。我们可以不永恒，但我们真诚。

当我们把自己的精神小屋建筑得美观结实、储物丰富之后，不妨扩大疆域，增修新舍，矗立我们的精神大厦，开拓我们的精神旷野。因为，精神的宇宙，是如此地辽阔啊。

……

(15)《谈读书》教学创意

【创意说明】

培根的《谈读书》在统编语文教材九年级下册第四单元中。这个单元的训练目标很高雅：培养审美情趣，提高艺术修养；在阅读中了解作者观点，学习思辨方法，还要学习课文中介绍的文艺欣赏方法，运用到自己的阅读实践中。这篇课文的文面奇特，整篇文章就是一个段落，其语言也别有风味，带有文言文的色彩。教学创意可以尝试：趣教趣学。

【教学创意】

课始,介绍作者,介绍作品出处、文体知识,听教师的课文范读,认读文中字词,知晓词义,朗读短语:

怡情:使心情愉快。

傅彩:(给言辞)增添光彩。

文采藻饰:修饰文词,使之富有文采。

矫:做作,不真实。

学究:迂腐的读书人。

诘难:诘问,为难。

寻章摘句:搜寻、摘取文章的片段词句。指读书局限于文字的推求。

味同嚼蜡:形容写文章或说话枯燥无味。

吹毛求疵:这里指细致到烦琐、挑剔的地步。

独处幽居　高谈阔论　处世判事　练达之士　纵观统筹　全局策划
好学深思　文采藻饰　一技之长　存心诘难　寻章摘句　大体涉猎
全神贯注　孜孜不倦　味同嚼蜡　天生聪颖　欺世有术　全神贯注
吹毛求疵

趣读活动一:看看你的眼力

请学生朗读课文。

要求:如果需要你从课文中为《谈读书》挑选一句"题记",你挑选的句子是什么?

学生读文,思考,表述。

师生研讨,几个可以当作"题记"的比较好的句子是:

读书足以怡情,足以傅彩,足以长才。

读书使人充实,讨论使人机智,作文使人准确。

天生才干犹如自然花草,读书然后知如何修剪移接。

凡有所学,皆成性格。

趣读活动二:练练你的思维

请学生默读课文。

要求：完成一个快速阅读的学习任务——请说明：我发现课文中这两个句子之间的关系是非常紧密的。

学生反复快速默读课文，品味，发现。

师生研讨，发现课文中这两个句子之间的关系非常紧密：

读书足以怡情，足以傅彩，足以长才。其怡情也，最见于独处幽居之时；其傅彩也，最见于高谈阔论之中；其长才也，最见于处世判事之际。（先概说，再阐释）

书有可浅尝者，有可吞食者，少数则须咀嚼消化。换言之，有只需读其部分者，有只须大体涉猎者，少数则须全读，读时须全神贯注，孜孜不倦。（先说一遍，再说一遍）

读书使人充实，讨论使人机智，作文使人准确。因此不常作文者须记忆力特强，不常讨论者须天生聪颖，不常读书者须欺世有术，始能无知而显有知。（先正面说，再反面说）

趣读活动三：考考你的速度

要求：请同学们从课文中撷取你认为最好的三个句子，并且用最快的速度背下来。

学生各自活动，寻觅，背诵。

教师出示"最好的组合"之一，全班学生再背：

读书足以怡情，足以傅彩，足以长才。其怡情也，最见于独处幽居之时；其傅彩也，最见于高谈阔论之中；其长才也，最见于处世判事之际。

有一技之长者鄙读书，无知者羡读书，唯明智之士用读书，然书并不以用处告人，用书之智不在书中，而在书外，全凭观察得之。

读史使人明智，读诗使人灵秀，数学使人周密，科学使人深刻，伦理学使人庄重，逻辑修辞之学使人善辩，凡有所学，皆成性格。

顺势收束教学。

这个课，还可以安排教师的趣讲活动，讲一讲本文的写作手法之妙。

第三章

教材处理的生动手法

教材处理，就是我们平时所说的"教什么""选什么教""教什么最好"。

教材处理的基本理念是，简化头绪，突出重点，加强整合，优化教学内容。

教材处理研究的着眼点，是科学地对教学内容进行精选、整合，充分有效地运用课文文本。

教材处理研究的着力点，是"尽可能'实'地运用教材，尽可能'活'地运用教材，尽可能'巧'地运用教材"。

教材处理研究的制高点，是如何利用教材增加学生知识、训练学生能力。

教材处理的艺术就是科学地、艺术地、机智地组织教学内容的艺术，就是提炼与组合教学内容的艺术。

教师的课文研读，是"教材处理"的关键前提；没有教师对课文的精细优美的研读，就没有优美得当的教材处理。

教材处理的能力是语文教师普遍亟待提高的能力。

本章翔实地介绍了教材处理的多种手法、多个角度。

1. 整体反复，多次品读

"整体反复，多次品读"是最基础最简单的一种课文处理方式，也是最适合一线语文教师运用的教学设计思路和教学设计手法。

所谓"整体"，是说课文在每一次的阅读品析中都以"全文"的面貌出现；所谓"反复"，就是从不同的层面、不同的角度由浅入深地多次地组织阅读品析活动。所以这种教学设计手法的关键词是"反复""多角度"；教学中的"反复理解"与"多次品读"紧紧相连；"多次品读"就是"多角度品读"。

这种教材处理方式适用于一般的课文，最适合精致的古今短篇以及文言诗词，同样适用于课文的精彩片段。学生在教师的引导下，于反复的阅读品析之中体会课文的丰富内蕴。

这种教材处理手法的着眼点是：关注文本，突出文本的教学价值，用精心设计的教学话题，在有步骤的教学活动中引领学生从不同的角度反复进入课文，反复理解课文，反复品析课文。

（1）可以从整体的角度引导学生多角度地理解长篇课文内容

对于统编语文教材七年级下册中的课文《带上她的眼睛》，我们可以取如下角度引导学生整体地理解课文内容。

角度之一：让我们一起来认识课文

这个角度的教学活动，是引导学生进入课文，说一说，议一议，谈谈对课文的文体认识与内容感受，教师再在学生发表看法的基础上进行精辟的小结。这是对课文初步的大致的整体理解。

角度之二：让我们一起来追寻线索

这个角度的教学活动，是让学生再次进入课文，浏览课文，感知悬念，品味伏笔，品析情节线索，并进行充分的课堂交流活动。这既是对课文内容的进一步的整体理解，也是在实践从"情节"的角度分析理解文章内容。

角度之三：让我们一起来探讨课文中四个部分各自的作用

这个角度的教学活动，是引导学生又一次进入课文。这篇课文以自然留空的方式，将全文切分为四个部分，每个部分的基本内容是什么，表达目的和表达作用是什么，是很有训练作用的好话题，可从整体上引导学生的分析与品味。

角度之四：让我们一起来评点有关细节

以"这里的描写表现了地航员小姑娘_____"为话题，自由选择课文中的描写片段进行旁批式评点，在师生对话中对课文进行又一次的整体理解。

角度之五：让我们一起来评说作品

这个角度的教学活动，是激发学生的评说热情。论题是：有人说，《带上她的眼睛》这篇科幻小说有幻想，但科学性不强。你认为这样的批评是有道理的吗？

这样的教学活动，无疑是从更高层面上对课文的整体理解。

如果我们取以上两三个角度组织学生开展课堂活动，就教学设计而言，就是"整体反复，多次品读"。

(2) 可以从整体的角度引导学生多角度地品析短篇课文内容

以《蚊子和狮子》为例，如下丰富角度的品析、品味都是可以实施的。

蚊子和狮子

蚊子飞到狮子面前，对他说："我不怕你，你并不比我强。要说不是这样，你到底有什么力量呢？是用爪子抓，牙齿咬吗？女人同男人打架，也会这么干。我比你强得多。你要是愿意，我们来较量较量吧！"蚊子吹着喇叭冲过去，专咬狮子鼻子周围没有毛的地方。狮子气得用爪子把自己的脸都抓破了。蚊子战胜了狮子，又吹着喇叭，唱着凯歌飞走，却被蜘蛛网粘住了。蚊子将要被吃掉时，叹息说，自己同最强大的动物都较量过，不料被这小小的蜘蛛消灭了。

这个故事适用那些打败过大人物却被小人物打败的人。

现在来看看这则寓言有多少"次"可以被我们利用：

①朗读训练，读好人物的语气，读出句子的重音，读清故事的层次。

②重新拟一个标题，以训练学生概括文意和运用语言的能力。

③分析故事的情节，并运用一定的语言形式概括情节。

④复述故事,讲故事,或者有创造性地讲故事。
⑤品析故事的语言。品析的话题:故事语言的传神之美。
⑥赏析课文在构思立意、手法运用方面的"美点"。
⑦结合故事情境,品味"叹息"一词的表达作用。
⑧品析"不料"一词的深刻含义与表达作用。
⑨对"蚊子"这个"人物形象"进行评价。
⑩再写一个用于"点题"的新的"第二段"。
⑪写课文的微型"读后感"。
⑫编写这则寓言的课本剧。
⑬扩写此文为600字左右的故事。
⑭尝试发现这则寓言中蕴含的哲理。
……

以上每一个角度,都有牵动全文的力量。

以上每一次都是整体意义上的课文利用。几乎任何语文教师都能够有机地、艺术地整合上述资源中三四个方面的内容,来创造学生活动充分的、有训练力度的好课。

就教学设计而言,这里同样运用了"整体反复,多次品读"的手法。

由此可以想到,教材中相当多的篇幅不长的课文,包括古诗文的学习,都可以从"整体利用"的理念出发,让学生进行多次、多角度的品读赏析训练。其高妙之处是让学生在每一次品读中都得到了切实的训练与积累。

2. 文意把握,选点突破

这种教材处理的方式是:对一篇课文的阅读教学,第一步是把握文意,这是"面";然后选取课文中一两个、两三个着重用力的部位,进行精段品读,这是"点"。此称为"文意把握,选点突破"。也就是在整体理解课文的前提下,选取课文的关键处、精美处、深刻处等"有嚼头"的地方进行细腻深入的品读教学,以达到利用精段品析训练学生能力或者深透理解课文某一方面特点的目的。

"文意把握,选点突破"着眼于优化课文内容,着眼于精练课文内容,着眼于整合课文内容,也是适用于一线教师进行教材处理的基本手法。

运用"选点突破"的手法进行教学,有如下一些"讲究":

①讲究教师对课文有精细的阅读,有深刻的理解,有独到的见解。

②讲究在整体理解课文之上的选点切入,即教学中的"选点"是以整体理解为背景的。就一篇课文的教学而言,教学的过程大致上是"整体理解,选点切入,深化突破,照应全篇"。

③讲究教学内容的选取,教学的视点往往集中在"精美的片段"之上,于反复的阅读品析之中表现出浓郁的"语文教学"的气息。

④讲究从不同的角度、调动各种手段,对所选之"点"进行充分品味,使之作为语言学习的范例,在学生的心中打下深深的烙印。

如果要用案例来阐释这种手法,最典型的课文教学创意莫过于《背影》的教学设计。

在叙事写人的作品中,朱自清先生的《背影》是表现"凤头、猪肚、豹尾"写作技法的精彩范本。

先来看它的开头部分:

我与父亲不相见已二年余了,我最不能忘记的是他的背影。

那年冬天,祖母死了,父亲的差使也交卸了,正是祸不单行的日子。我从北京到徐州打算跟着父亲奔丧回家。到徐州见着父亲,看见满院狼藉的东西,又想起祖母,不禁簌簌地流下眼泪。父亲说:"事已如此,不必难过,好在天无绝人之路!"

回家变卖典质,父亲还了亏空,又借钱办了丧事。这些日子,家中光景很是惨淡,一半为了丧事,一半为了父亲赋闲。丧事完毕,父亲要到南京谋事,我也要回北京念书,我们便同行。

第一自然段开门见山,直接抒情。既表达了对父亲的思念,又为全文定下感情的基调,同时点出全文核心内容,突出了"背影"。"我最不能忘记的是他的背影",内含悬念,吸引着读者。

第二、三段宕开一笔,写家境。这一笔极为重要,它把"背影"的故事置于不幸的家庭背景中,笼罩在哀伤的氛围之中,对"背影"的故事起着有力的烘托作用——在祸不单行、阴云笼罩、哀愁焦虑的日子里,父亲对"我"的爱是多么感人。

这样的"凤头",简明朴素,起笔含情,内涵丰富,故事就在这哀伤的氛围中开始了。

再看文中着力写"背影"的一段:

我说道:"爸爸,你走吧。"他往车外看了看说:"我买几个橘子去。你就在此地,不要走动。"我看那边月台的栅栏外有几个卖东西的等着顾客。走到那边月台,须穿过铁道,须跳下去又爬上去。父亲是一个胖子,走过去自然要费事些。我本来要去的,他不肯,只好让他去。我看见他戴着黑布小帽,穿着黑布大马褂,深青布棉袍,蹒跚地走到铁道边,慢慢探身下去,尚不大难。可是他穿过铁道,要爬上那边月台,就不容易了。他用两手攀着上面,两脚再向上缩;他肥胖的身子向左微倾,显出努力的样子,这时我看见他的背影,我的泪很快地流下来了。我赶紧拭干了泪。怕他看见,也怕别人看见。我再向外看时,他已抱了朱红的橘子往回走了。过铁道时,他先将橘子散放在地上,自己慢慢爬下,再抱起橘子走。到这边时,我赶紧去搀他。他和我走到车上,将橘子一股脑儿放在我的皮大衣上。于是扑扑衣上的泥土,心里很轻松似的。过一会说:"我走了,到那边来信!"我望着他走出去。他走了几步,回头看见我,说:"进去吧,里边没人。"等他的背影混入来来往往的人里,再找不着了,我便进来坐下,我的眼泪又来了。

这一段中的事件是全文的中心事件——父亲买橘子。"他用两手攀着上面,两脚再向上缩;他肥胖的身子向左微倾,显出努力的样子,这时我看见他的背影,我的泪很快地流下来了"是全文关键的一句,全文的焦点就是这个"背影"。作者层次分明、语言朴素、情感深沉地描写了父亲的背影。那布帽、布马褂、布棉袍表现了父亲家境败落、生活贫困的境况;那蹒跚的步态,那探身、攀手、缩脚、倾身等一系列动作,形象地描绘了父亲的费劲吃力;那"心里很轻松似的"的动作,表现了父亲不让儿子觉得自己劳累的细心;那叮嘱的话语,表现了父亲的关怀备至;那流泪、又流泪的叙述,则表现着作者内心复杂的情感。总之,这一段处处都表现了父亲深挚的爱,处处都表现了作者的感动之情。

这一段，是充实饱满、内容"浩荡"的"猪肚"。

最后看看文章的结尾段：

近几年来，父亲和我都是东奔西走，家中光景是一日不如一日。他少年出外谋生，独立支持，做了许多大事。哪知老境却如此颓唐！他触目伤怀，自然情不能自已。情郁于中，自然要发之于外；家庭琐屑便往往触他之怒。他待我渐渐不同往日。但最近两年的不见，他终于忘却我的不好，只是惦记着我，惦记着我的儿子。我北来后，他写了一信给我，信中说道："我身体平安，唯膀子疼痛厉害，举箸提笔，诸多不便，大约大去之期不远矣。"我读到此处，在晶莹的泪光中，又看见那肥胖的、青布棉袍黑布马褂的背影。唉！我不知何时再能与他相见！

这一段在全文中有着重要的意义，起着重要的表达作用。文中一方面继续表现着"家境"的不好，一方面因父亲的"忘却我的不好"而透露出"我"深深的愧疚与忏悔，一方面又因父亲说自己"大约大去之期不远矣"而发出深长的叹息。文章虽然结束了，但作者的羞愧、感伤、感恩、思念的复杂情感，依然回荡在字里行间，父亲的"背影"依然清晰地定格在人们脑海里，余音绕梁，回味无穷。有专家评论说，这一段，是《背影》这篇文章的"收穴之处"，"隐藏着《背影》之所以'好'的最大秘密"，是文中"不露真容"的"豹尾"。

在这样分析的基础上，我们来看《背影》的教学。

环节一：作者介绍，背景介绍

（略）

环节二：朗读感受，文意把握

活动创意：通过朗读，让学生既进入课文，又感受文章的内容与情感氛围。本课的朗读一定要进行指导，指导重在对情感基调的体味。教师可以先进行总的指导，然后让学生自由读；也可以选择重点段落，一段一段地朗读体味。朗读活动宜以整体活动为主，让每个学生都参与。

教师指导：

本文的感情基调是思念，应深沉而舒缓地朗读。

第一段：读得平而深沉，注意两句之间的停顿，读好"最"的重音，"举重若轻"地读好"背影"二字。

第二段：注意语调层次的变化，第一个层次读得低沉而略显哀伤，第二个层次是"父亲"说的话，读得低沉、坚定。

第三段：用叙述的语气朗读。

第四段：用叙述的语气朗读，平中有变，突出副词和动词，突出"不要紧，他们去不好"这句话的味道。

第五段：平中有扬，要读出当时作者年轻无法理解父亲时那种不以为然的语气，最后一句应用朗读表达出愧悔与自责的感情。

第六段：读出层次，读出重点句子所表达的感情。特别是写两次流泪的句子，要读得深沉而略带激动和感叹之情。

第七段：读出感慨、感动、伤感的情感。

环节三：选点切入，美段精读

活动创意：此时的活动顺势转入对课文重点片段的阅读，即对课文第六段的阅读理解。这在《背影》的教学中几乎是不能淡化的，所以应该运用一定的教学手法，引导学生读透此段。

教学内容：

可从如下角度引导学生对此段进行品析、欣赏。

①诗意地概括此段内容，分析此段层次。

②从记叙要素的角度再理解此段的脉络层次。

③品味动词运用、动作描写对"父亲"形象的表达作用。

④感受外貌描写对"父亲"形象的表达作用。

⑤品味作者的情感抒发对"父亲"形象的表达作用。

⑥再朗读。

教师进行课中小结。有条件的话，可在小结中穿插一点学术资料中对此段进行品析的内容。

环节四：略读课文，回扣首尾

活动创意：这一次阅读的任务是进行"回扣"与"顺联"。"回扣"，即回头扣住课文的首段，体会祸不单行、家境惨淡的特定环境；"顺联"，即顺势阅读课文的最后一段，体会父子相爱相怜的真挚感情。从而使全文的教学形成选点突破、辐射全篇的格局。

教学内容：

教师出示主问题——如果比较单纯地描写父亲去买橘子，故事会有这样感人吗？

引出对课文首尾部分的品读、朗读。

通过与学生对话使学生理解课文首尾部分的内容。

教师进行课中小结。

从以上四个环节看，此课的教学设计鲜明地表现了"文意把握，选点突破"的教材处理手法。

3. 朗读为线，分层品析

朗读，是阅读教学的一种基本课型，是阅读教学过程中的一条常用教学线索，也是一个灵动多姿的教学细节。朗读教学的理想境界是层次细腻、过程生动、形式活泼。

朗读，也是教材处理的一种精妙角度。将朗读指导或训练设计成若干步骤，穿插在课文阅读分析的几个步骤之中，此时的朗读就成为一条教学线索。或者说，在每一步的阅读品析之中，都有朗读的身影出现。

这样的教材处理方式使课堂阅读教学表现出一种穿插之美、节奏之美。

朗读与品析交织，用诗意的手法形成了诗意的课堂活动。

笔者在教学毛泽东的《沁园春·雪》时，就运用了以读为线，层层深入的创意。

《沁园春·雪》教学创意

第一个教学板块：整体感受

朗读活动之一：读出字词句的力度

1. 请同学们自己高声朗诵，在诵读之中体会上阕写景抒情、下阕议论抒情的表达特点，感受词中雄伟瑰丽的景物描写、诗人深厚的爱国主义思想感情和议论百代评说帝王的气魄。

2. 请同学们用一个四字词来表达自己读了这首词之后的感受。如：

咏雪抒怀　气势磅礴　感情奔放　胸怀豪迈　雄健豪放　画面壮阔　意境雄浑

咏雪抒怀　指点江山　描写抒情　意境雄浑　评古论今　伟大理想　溢于言表

3. 教师小结：这首词画面雄伟壮阔，意境壮美雄浑，气势磅礴，感情奔放，胸怀豪迈，颇能代表毛泽东诗词的雄健、豪放的风格特点，是中国词坛杰出的咏雪抒怀之作。毛泽东诗词中评价最高、影响最大的，非它莫属。

第二个教学板块：分层概括

朗读活动之二：读出两个字的长度

1. 让我们再来朗读课文，朗读时一定要读好上下阕中两个"领字"的长度：望——长城内外……惜——秦皇汉武……

2. 诗词中的对偶，叫作对仗。对仗指两句相对，上句叫出句，下句叫对句。一般规则是名词对名词，动词对动词，形容词对形容词，等等。"沁园春"一般都用较多的对仗。

请同学们用对仗的方式来概括这首词的内容与风格。老师出出句，同学们写对句。如上阕是对北国风光的礼赞，下阕是对古今历史的评说。

（学生写作、交流。）

第三个教学板块：字句欣赏

朗读活动之三：读出几个句的高度

1. 再读课文，注意适当读出下阕收束时几个句子的语音高度：俱往矣，数风流人物，还看今朝。

2. 诗人最讲究炼句、炼词、炼字。简单说就是写作时反复斟酌、锤炼、推敲语句，使之精确简洁，生动传神，为诗文增色。

请同学们自由品析，说说这首词中的什么字用得好，什么词用得好，什么句写得好。如："惟"字用得好，强调了雪原的纯然一色；"顿"字用得好，有力地表现了严寒的力量……

学生思考、讨论、交流。

教师小结：

"封"字用得好，写出了宁静肃穆。

"飘"字用得好，写出了舒展柔美。

"舞"字用得好，写出了逶迤曲折。

"驰"字用得好，写出了奔腾壮烈。

"欲"字用得好，写出了勃勃雄心。

"竞"字用得好，写出了英雄风采。

"惜"字用得好，写出了超凡气概。

"看"字用得好，写出了豪情满怀。

第四个教学板块：课文演读

朗读活动之四：读出全诗的情感美度

沁园春·雪
毛泽东
（1936年2月）

（师）　北国风光，
　　　　千里冰封，
　　　　万里雪飘。

（男生）望长城内外，
　　　　惟余莽莽；

（女生）大河上下
　　　　顿失滔滔。

（众合）山舞银蛇，
　　　　原驰蜡象，
　　　　欲与天公试比高。

（师）　须晴日，
　　　　看红装素裹，
　　　　分外妖娆。

（众合）江山如此多娇，

　　　　　　　　引无数英雄竞折腰。
（男生）　惜秦皇汉武，
　　　　　　略输文采；
（女生）　唐宗宋祖，
　　　　　　稍逊风骚。
（众合）　一代天骄，
　　　　　　成吉思汗，
　　　　　　只识弯弓射大雕。
（师）　　俱往矣，
　　　　　　数风流人物，
（众合）　还看今朝。

此课四个教学板块，穿插四次朗读训练，连点成线，朗读就成为教学的线索，同时又表现出穿插手法。

4. 一文为主，多文联读

"多文联读"的教材处理方式也称为"课文联读""一次多篇"式教学。

多文联读，是从教学的广度与深度出发，从某一篇课文生发开，找到具有相同主题、相同题材、相同写法或有其他相同之处的若干文章进行阅读。

多文联读可以是教材内的篇目联读，也可以是课内诗文与课外诗文的联读。

这样既可以为"某一篇"课文找到充足的配读资料，又能体会到各篇联读文章在取材角度、语言表达、情感流露、辞格运用等方面的独到之处。

"多文联读"也是一种研究的方法，一种搜集资料的方法，一种综合比较的方法。将这种方法用于课堂阅读教学，有一种特别的美趣。

"多文联读"教学的设计过程与其说是完成一个教学方案的过程，不如说是一个研究与思考、辛劳与享受的过程；在这个过程中充满着意趣。

"联读"的目的在于扩展，在于拓宽学生的学习视野，在于给课文的阅读教学增加容量。"联读"的方式有时候适于长篇课文的教学，但更多的时候是用于精短诗文的教学设计，用"增容"的方式使这些课文在烘托、映衬之中显得愈加精美。

"联读"是教学需要，因此要有明确的目的。一般来讲，可以从如下方面来确定联读内容的组合：A.弥补课中短篇教学容量的不足；B.从更深的意境上品味作品的主旨意味；C.集中地感受某名家名作的写作风格或更多同类作品的不同风格；D.重点了解某种科学或文化知识；E.形成一种综合性学习的专题研讨；F.感受事物或思想的联系与发展；G.从情、趣方面烘托课堂教学的气氛；H.从艺术的角度展示教学设计的美感。

下面请看：

《假如生活欺骗了你》"诗歌联读"教学设计

一、教学内容

1. 学习《假如生活欺骗了你》等诗歌。
2. 从诗歌的学习中感受、领悟一定的生活哲理。

二、课型与课时

1. 诗歌联读课。
2. 一节课。

三、教学创意

1. 运用情境式手法——序曲，第一乐章，第二乐章，第三乐章。
2. 运用联读式手法——假如生活欺骗了你，假如你欺骗了生活，假如生活重新开头……
3. 运用写读式手法——让学生在课堂上写几句小诗。

四、教学主要过程

序　曲

介绍作家作品进行教学铺垫：

他是俄国诗人（1799—1837），他的创作对俄国文学和语言的发展影响很大。

他一生创作了近800首优秀的抒情诗篇。

他的诗歌像太阳一样照耀着19世纪的文坛，他被誉为"诗歌的太阳"。

他的说理诗《假如生活欺骗了你》问世后,成为许多人激励自己的座右铭。

他就是诗人——普希金。

第一乐章:《假如生活欺骗了你》

假如生活欺骗了你

普希金

假如生活欺骗了你,

不要悲伤,不要心急!

忧郁的日子里需要镇静:

相信吧,快乐的日子将会来临。

心儿永远向往着未来;

现在却常是忧郁。

一切都是瞬息,

一切都将会过去;

而那过去了的,

就会成为亲切的怀恋。

活动:自由朗诵,自由背读。

抒发感受。话题:我从这首诗的字里行间感受到的……

教师讲析:读这首诗,要很好地理解"欺骗"的含义。"欺骗"可以广义地理解为"生活给人们的打击",如被人欺骗、被人欺侮、命运不公、生活艰难、病痛严重;如失学、失恋、下岗、离婚、失事、破产;如饱受挫折、理想破灭、灾难突降、命运陡转、遭人陷害,等等。生活欺骗了你,就是生活打击了你。

教师:这首诗,给我们的启迪是——要乐观坚强。

第二乐章:《假如你欺骗了生活》

假如你欺骗了生活

宫玺

(普希金有诗《假如生活欺骗了你》,反其题。)

假如你欺骗了生活

　　　　以为神鬼不知,心安理得
　　　　且慢,生活并没有到此为止
　　　　有一天,它会教你向它认错
　　　　大地的心是诚实的
　　　　孩子的眼睛是诚实的
　　　　人生只有一步一个脚印
　　　　才会有无憾的付出无愧的收获

活动:朗读。

讨论:读这首诗要重点理解哪两个词的含义?学生自由讨论,发言。教师将话题引向对"欺骗""诚实"两个词含义的理解。

教师讲析:读这首诗,重点要理解诗中"欺骗""诚实"两个词的含义。我们欺骗生活,小而言之,是对生活不诚实,对青春不诚实,自暴自弃,说谎逃学,抽烟喝酒,小偷小摸,无节制地上网……从这个角度来说,我们应该学会脸红,应该"吾日三省吾身",应该用诚实来收获自己的幸福……

教师:这首诗,给我们的启迪是——要诚实执着。

第三乐章:《假如生活重新开头》

教师过渡:假如生活欺骗了你,或者假如你欺骗了生活,在这风雨之后一定会开始新的生活。那么,假如生活重新开头,我们该怎样开始新的生活?请大家以"假如生活重新开头"为第一句,写上几句说理诗。

活动:学生课堂写作并朗诵自己的诗作,教师的评点穿插其中。

然后欣赏诗人邵燕祥的诗歌节选:

假如生活重新开头(节选)
邵燕祥

　　　　假如生活重新开头,
　　　　我的旅伴,我的朋友——
　　　　还是迎着朝阳出发,
　　　　把长长的身影留在背后。
　　　　愉快地回头一挥手!

> 假如生活重新开头,
> 我的旅伴,我的朋友——
> 依然是一条风雨的长途,
> 依然不知疲倦地奔走。
> 让我们紧紧地拉住手!
> ……
> 时间呀,时间不会倒流,
> 生活却能够重新开头。
> 莫说失去的很多很多,
> 我的旅伴,我的朋友——
> 明天比昨天更长久!

教师:这首诗,给我们的启迪是——要自信自强!

尾声:教师诗意地进行小结

"假如"是一个好词,它让我们有了再一次选择的机会。但是,生活是不存在"假如"的,生活永远是真实的。

但是,为什么还要说"假如"呢?这是前人对后人说的话,这是我们对生活的波澜有了深切感受之后的话,这些话提醒我们要珍视青春,珍视生命,珍视生活。

这个教学设计的魅力在于得体丰富的教学手法。

有联读手法。联读手法是主导手法,《假如生活欺骗了你》联读了《假如你欺骗了生活》和《假如生活重新开头》,可谓创意精致,情趣盎然。

有情境手法。"序曲""第一乐章""第二乐章""第三乐章""尾声"的巧妙设计,富有诗意,富有情趣。

有朗读手法。自由朗诵,自由背读,朗读作家的诗,朗读自己的诗。朗读几乎作为一条教学线索贯穿于整节课的教学之中。

还有写作手法。教师要求学生以"假如生活重新开头"这一句话领起,每人都写几句说理诗。

讲析手法同样表现出了它的重要作用。

这些手法和谐而综合地运用都服务于一个共同的目的:让学生更好地在实践

活动中感受作品的情感力量,学习运用祖国的语言。

5. 巧妙穿插,增加厚度

从教材处理的角度看,"穿插"就是给教材另加内容,增加教学的厚度;就是配合课文教学内容,或暂时中断教学主线,或靠近教学主线有机地"切"进一些与课文学习相关的内容。

从手法上看,它叫作"穿插引进",是一种优化课文教学内容及课堂教学结构的手法。在阅读教学的课堂上,有穿插就有起伏,有穿插就有波澜,有穿插就有扩展,有穿插就有教学资源的整合与利用,有穿插就有新的吸引力。

从细节上看,"巧妙穿插,增加厚度"的做法不少。

间隔式地插进简洁的背景资料,以辅助课文不同阶段的品读教学;分阶段插入简短的音像材料,以艺术地切分课堂教学的板块;贴切地插入配读短文,增加课文教学的容量;结合学习内容相机插入相关的文化科学自然常识,激发学生的学习兴趣;穿插关于阅读方法的指导文章,用资料助读的方式指导学生自学;插入相关资料,烘托课文中的人物或事件;甚至可以穿插教师的稍大段落的精彩演讲,以优化课堂情感氛围,渗透思想情感教育。

"穿插"式的教材处理手法可以让阅读课堂教学或表现得丰满厚实,或表现得活泼灵动,或表现得节奏分明,或表现得情趣盎然,或表现得思想深刻……

"穿插引进"是一种大众化的人人可用的教学设计手法,有着强劲的生命力,在新课程标准、新教材的背景下将被演绎得更加富有光彩。我们在设计、运用这种思路时,可注意两个方面的问题:一是要做到"和谐地穿插",所穿插的内容一定要有明确的"表达目的",要恰如其分;二是要"适度地穿插",适度地利用资源,以免喧宾夺主,华而不实。

下面是笔者尝试"巧妙穿插,增加厚度"的一个教例。

《行路难》创新教学设计

行 路 难
李白

金樽清酒斗十千，玉盘珍馐直万钱。
停杯投箸不能食，拔剑四顾心茫然。
欲渡黄河冰塞川，将登太行雪满山。
闲来垂钓碧溪上，忽复乘舟梦日边。
行路难，行路难，多歧路，今安在？
长风破浪会有时，直挂云帆济沧海。

教学创意：课中穿插式教学。

教学铺垫：作者背景介绍，"行路难"诗歌知识介绍。

第一次学习活动：朗读，感受诗中美句

1. 朗读课文：读准，读顺。
2. 学生朗读之后教师解说词义，再朗读。
3. 主问题：请同学们说说自己感受到的诗中的美句。

教师将教学视点引导到诗歌的最后两句：长风破浪会有时，直挂云帆济沧海。

教师就与学生的对话做好如下内容的准备：

作者坚信尽管前路阻碍重重，但终有一天会像宗悫所说的那样，乘长风破万里浪，挂上云帆，横渡沧海，到达理想的彼岸。

这两句诗意境开阔，气势磅礴，让人强烈地感受到诗人的倔强、自信、执着地追求理想的强大精神力量。

诗的结尾，在沉郁中奋起，坚定了"长风破浪"的信心，重新鼓起沧海扬帆的勇气。

最后两句表达作者冲破一切艰难险阻，实现远大抱负的信心。全诗感情跌宕起伏，感人至深。

最后两句，写自己的理想总有一天能够实现。"长风破浪会有时"忽开异境，"直挂云帆济沧海"激流勇进。诗人壮思飞扬，豪情逸兴，充满对前途和理想实现的展望和乐观信念。

穿插课中微型讲座:锤炼警句,诗文生辉。

警句,是语言精练、寓意深刻的语句。

作品中的警句,往往用精练的语言表达出深刻的思想,常常能超越时代、地区的局限而给人以极大的启发和教益。

《行路难》是一首用警句来抒情的诗。诗的最后两句是闪闪发光的警句,使作品增色生辉,给人以无穷的回味和启示。

警句,以美妙的诗意唤起我们的憧憬。

警句,以精深的哲理启迪我们的智慧。

下面请回忆、朗读龚自珍的《己亥杂诗》,品味诗中的警句:

己 亥 杂 诗
龚自珍

浩荡离愁白日斜,
吟鞭东指即天涯。
落红不是无情物,
化作春泥更护花。

第二次学习活动:朗读,解说诗中难句

1. 读注释,根据课下注释自读自讲句子的意思。

2. 读诗句,讲句子。

3. 主问题:说说你对课文中句意的理解。

交流的内容有:

前四句写面对美酒佳肴,"停杯投箸不能食"的苦闷心情。

五、六两句揭示自己虽然竭尽全力寻找出路,但阻碍重重,好像到处被冰雪隔绝。

七、八两句引用典故,表示自己仍期望能像吕尚、伊尹那样受到君王的重用。

接下来的四个短句,抒发了自己在人生道路上的迷惘而急切的心情。

最后两句表达作者决心冲破一切艰难险阻,实现远大抱负的信心。

朗读全诗的译文:

金樽斟满清酒，一杯要十千钱，玉盘里摆满珍美的菜肴，价值万钱。面对佳肴我放下杯子，停下筷子，不能下咽。我拔出剑来，四处看看，心中一片茫然。想渡过黄河，却被坚冰阻塞；想登上太行，却被满山的白雪阻拦。我想闲暇时坐在溪边垂钓，忽然又梦见乘船从白日边经过。行路艰难，行路艰难，岔路这么多，我如今身在何处？总会有乘风破浪的那一天，我要挂起高高的船帆渡过茫茫大海。

穿插课中微型讲座：引用典故，达意传情。

典故：典章和故实。有人这样说，凡见诸古籍而为后人袭用的，统称为典故。

用典：使用典故，用特指的古事或古语以表达较多的今义，就是引古说今。

其实，我们每人每天都在用典。因为成语之中就满是典章故实。如：一鸣惊人、一诺千金、三顾茅庐、杞人忧天、卧薪尝胆、狐假虎威、闻鸡起舞、望洋兴叹、朝三暮四、呆若木鸡、夜郎自大、黔驴技穷、自得其乐、望梅止渴、熟能生巧……

用典的好处：

用典可以精练语言，提高诗文的表现力；可以避直就曲，扩充诗文的容量，产生暗示效果；它使诗文典雅风趣，表现了我们的文化传统。

本诗中的用典：

这首诗中有三个典故。垂钓用吕尚故事，相传吕尚80岁时在渭水的溪边垂钓遇到周文王，受到重用。梦日用的伊尹故事，据说他在受商汤王任用前，梦里乘舟经过日月之旁。最后用的是南朝名将宗悫的典故。李白想像吕尚一样垂钓，像伊尹一样梦日，期望有朝一日，青冥有路，理想可图，终能实现"乘长风破万里浪"的愿望。

《行路难》是一首用典故来抒情的诗。

在学习过的课文中，《酬乐天扬州初逢席上见赠》就运用了"用典"的手法。

请学生回忆、朗读刘禹锡的《酬乐天扬州初逢席上见赠》，感受诗中的典故。

酬乐天扬州初逢席上见赠

刘禹锡

巴山楚水凄凉地，二十三年弃置身。

怀旧空吟闻笛赋，到乡翻似烂柯人。

沉舟侧畔千帆过，病树前头万木春。

　　　　　　今日听君歌一曲，暂凭杯酒长精神。

教师的课堂学习小结：

用知识丰富我们的头脑，用憧憬激励我们的意志。

6. 课文作文，以写带读

将课文与作文联系起来，在教材处理上有两种方法：一种是"读课文，学作文"，另一种是"课文作文"。前者在于形式模仿，后者在于材料利用。

课文作文，是以"课文"为素材的作文活动，教师利用课文这个语言载体，从课文本身的内容出发，设计与课文有血肉联系的"写"的内容，从而达到以写促读、以写带读、读写双赢的教学目的，其关键是以写带读。

将课文处理为作文的素材，主要活动就是"写"而不是"读"了。

课文作文是阅读教学中"读写结合"的重要方法之一，即通过"写"的方式来"读"懂课文；也可以说它是一种既能培养思维能力又能训练写作能力的训练活动。

课文作文对学生训练的最有力的地方在于它需要"动手"，其强度比读一读、说一说、议一议要大得多。所以，它是一种比较实用的教学手法。

课文作文，可以是课文阅读教学中的一个重要的活动环节。请看以下几个例子。

课文《邓稼先》的教学活动：每个学生都要利用、组合课文中的抒情句、议论句，以"'两弹'元勋邓稼先"为题，用10分钟左右的时间，写百字左右的短文；短文的结尾最好是："'鞠躬尽瘁，死而后已'正好准确地描述了他的一生。"

课文《天上的街市》的动笔活动：用10分钟的时间，描绘"天上的街市"的图画美。建议同学们选用下面的短语：

　　月明风清　树影婆娑　万家灯火　琼楼玉宇　珠光宝气　赏心悦目　气象万千　灯火辉煌　流光溢彩　华灯初上　欢声笑语　火树银花　张灯结彩　车水马龙　小桥流水　星光灿烂　争奇斗妍　美不胜收　目不暇接　香雾飘忽　仙乐阵阵　交相辉映　姹紫嫣红　亭台楼阁……

课文《中国人失掉自信力了吗》的美文摘抄活动：请同学们以"中国的脊梁"为标题，从课文中创造性地"摘取"一篇微型立论的"短文"。

中国的脊梁

我们有并不失掉自信力的中国人在。

我们从古以来，就有埋头苦干的人，有拼命硬干的人，有为民请命的人，有舍身求法的人……虽是等于为帝王将相作家谱的所谓"正史"，也往往掩不住他们的光耀，这就是中国的脊梁。

这一类的人们，就是现在也何尝少呢？他们有确信，不自欺；他们在前仆后继的战斗，不过一面总在被摧残，被抹杀，消灭于黑暗中，不能为大家所知道罢了。

说中国人失掉了自信力，用以指一部分人则可，倘若加于全体，那简直是诬蔑。

教师顺势点示：

这篇"微型立论"文，好在论点鲜明，论据确凿；好在有总有分，层次清晰；好在概说论据，内容丰满；好在词句生动，语言犀利；好在手法丰富，简练深刻；好在既是立论，更是驳论。

课文作文，也可以设计为课文阅读教学中时间比较长的以写带读的活动。如：

《罗布泊，消逝的仙湖》课文作文训练教学设计

教学创意：课文小作文。

教师指导之一：

所谓"课文小作文"，主要是指在课堂上读大文写小文、读长文写短文、读此文写彼文、读一文写多文，这是一种自读课文的好方法。

教师指导之二：

作文的要求是，每位同学根据课文内容自定一个作文题——如"美丽的罗布泊""可怕的罗布泊""胡杨的诉说"，等等。题目越新颖、内容越实在越好。每位同学都要充分利用课文的内容与语言写两三百字左右的课文小作文。

教师指导之三：

可以从概括内容的角度写，从说明事物的角度写，从描述事物的角度写，也可以从抒发情感的角度写，从表达感受的角度写，从欣赏课文语言的角度写。可以用自己的话来写，如进行课文概括、表达读文感受等。可以重点利用课文中的某个片段进行改写，如抒发情感等。还可以自由地组合课文的文句，形成一段短而完整的文字，如描写景物、讲述故事等。

学生课堂写作并交流，如以下几例作文。

醒醒吧，人类的慈悲心

过去，这里是牛马成群绿树环绕河流清澈的生命绿洲，现在这里却成了寸草不生连鸟也不愿飞过的死亡之地，罗布泊昔日的美丽已荡然无存，这出悲剧的始作俑者是人，三十年，仅仅三十年，人间仙境转瞬变成了戈壁沙漠，正是人类盲目地增加耕地用水，盲目地修建水库截水，盲目掘堤引水，盲目建泵站抽水导致的，这一切的一切难道不能说明什么？醒醒吧，人类的慈悲心！不要让悲剧再在现实中重演，不要再给自己带来遗憾！

倾听胡杨的诉说

我是一棵胡杨，生长在罗布泊旁边的胡杨，我曾经是多么的茂盛啊！可如今，由于人类的破坏，养育我的母亲罗布泊得不到塔里木河的水，逐渐干涸。我们虽然号称千年不死，但也经不起这般折磨，终于我们坚持不住了……我们虽然已经死了，但我们的灵魂依旧存在，为的是让人们了解到他们的暴行，为的是帮助他们改过自新，为的是不让他们受到大自然的惩罚，为的是我们可怜的、共同的地球。

神秘的罗布泊在哭泣

罗布泊曾经是一个牛马成群绿树环绕河流清澈的生命绿洲，它像花季少女一样绽放着青春的魅力，而如今它不再有美丽的眼睛，它被干涸吞噬，它被叫作沙漠的老巫婆吞噬，它失去了美丽。仙湖，罗布泊为它曾经拥有的美丽而哭泣，罗布泊在呼吁，呼吁人们不要把它最后的眼泪也掠夺。醒醒吧，人类的良知，睁开眼睛看看，看看罗布泊渐渐干涸的眼泪。

……

教师留心学生的作文，力求做到能够组合成一篇课文缩写（这就是此次课文作文的妙处，还是落脚到"阅读"上了），如下文。如果不能做到，就由教师进行。

从前的罗布泊不是沙漠。

在遥远的过去，罗布泊是牛马成群、绿林环绕、河流清澈的生命绿洲。

20世纪初瑞典探险家斯文·赫定曾赞誉道：罗布泊像座仙湖，水面像镜子一样；在和煦的阳光下，我乘舟而行，如神仙一般。在船的不远处几只野鸭在湖面上玩耍，鱼鸥及其他小鸟欢娱地歌唱着……

现在的罗布泊，是一望无际的戈壁滩；没有一棵草、一条溪、一只鸟，夏季气温高达70℃。

这片水域于20世纪70年代完全消失，从此成了令人恐惧的地方。

如果站在罗布泊边缘，你会突然感到荒漠是大地裸露的胸膛，你能看清那一道道肋骨的排列走向，看到沧海桑田的痕迹，你会感到这胸膛里面深藏的痛苦与无奈。

罗布泊的消亡与塔里木河有着直接关系。

问题出在近三十多年，人们盲目增加耕地用水、盲目修建水库截水、盲目掘堤引水、盲目建泵站抽水，断了水的罗布泊成了一个死湖、干湖。罗布泊很快与广阔无垠的塔克拉玛干大沙漠浑然一体。

悲剧并没有就此止住。同样的悲剧仍在其他一些地方上演。

世界著名的内陆湖青海湖，五十年间陆地已向湖中延伸了十多公里；数千年风沙未能掩埋的甘肃敦煌月牙泉，近年来水深只剩尺余，大有干涸之势……

救救青海湖，救救月牙泉，救救所有因人的介入而即将成为荒漠的地方！

7. 化长为短，变难为易

"化长为短，变难为易"说的是课文的两种处理手法：一是"长文短教"，二是"难文浅教"。其实话还没有说完，还有"短文细教""浅文趣教""美文美教"三种。我们把这五种教材处理手法放在一起来说说。

长文短教：长文就是篇幅长、文字多的课文，将长文处理为选点式的阅读教学，就是短教。一般来讲，在中学阶段的语文教材中，现代文课文在两千字以上、文言文课文在四五百字以上的，就可以视作长文。由于长文短教需要教师研究如何巧读课文，如何精选课文内容，如何组合教学内容，如何做到精练、高效、有用，所以它具有教材处理研究的普遍意义，对它的成功探索将影响所有文章的教学处理。

难文浅教：难文有时是篇幅长、文字多的现代文，有时是用语生僻、意思深奥的文言文，有时是内容艰深的短课文；有时是看似优美而连教师都似雾里看花的散文，有时是平白如话而寓意难以琢磨的小说。总之，难以在规定的课时上完的或者难以让一定年龄层次的学生理解的课文，就是阅读教学中的"难文"。有时，难文需要"硬教"，因为课文中的某处"难点"不容回避；但大多数情况下，必须想出一些较好的方法来进行有一定教学效果、一定教学情趣和教学氛围的浅教。

短文细教：在中学语文教材中，凡千字左右的课文都可以看作短文。对短课文的教材处理，应该在"细"字上下功夫——怎样教得细一点、深一点，怎样教得多一点、实一点，教学层次怎样精细一点，教学的角度怎样丰美一点。对短课文的处理进行研究同样具有非同寻常的意义。短课文在教材中大量存在，如果对短课文处理的研究比较到位，那么教学效益就能够得到基本的保证。

浅文趣教：对内容浅显的课文进行比较有趣味的教学。浅文趣教是一种教材处理方式，也是一种教学方法的设计。研究浅文趣教，是为了充分开发利用课文的价值，也是为了在有趣的课堂氛围中进行教学。在所有的课文处理艺术的研究中，对"浅文趣教"的研究是最为稀少的，因为不失庄重而带有雅趣的方法实在太少，这也说明了浅文趣教研究的难度和重要性。

美文美教：用美好的、高雅的教材处理方式与教学手法教学美文，使教学的过程充满语文味、文化味、文学味。研究美文美教的教材处理方式与教学设计艺术，也是为了更好地在阅读教学中得到更大的教学效益。但当我们把审视的眼光投向教学实际时，会发现"美文"在很多时候、在很多地方并不能够得到"美教"，首当其冲的教学弱点是文体不明。因此，美文美教首先是一种教学的理念。有了正确的理念，我们才能够静心地研究其教学艺术和教材处理技巧。

下面介绍《祝福》"长文短教"的教学创意，从文学作品的角度看，此创意又表现出了"美文美教"和"难文浅教"的特点。

《祝福》教学创意

教学创意：长文短教，选点突破，课中微型讲座。

创意说明：根据高中一年级学生的理解水平，安排比较简约的教学内容。

第一节课教学内容

第一套方案

1. 教师进行课文简介和课文创作背景简介。

2. 学生自读课文,初步理解课文内容。

自读要求之一,围绕如下"主问题"阅读这篇课文:

(1) 课文情节梳理。说说小说通过哪些情节展示了祥林嫂的不幸命运。

(2) 课文人物认识。根据小说内容,多角度说明祥林嫂是一个什么样的人。

(3) 课文选点欣赏。重点读课文的第四部分:"但有一年的秋季"至"那我可不知道"。每位同学自选一个比较小的角度,或从表现手法,或从表达技巧,或从语言品味的角度简述自己的品读体会。

自读要求之二:边读边思考边写,一个话题一个话题地进行。

3. 进行简短的课中交流:

(1) 小说通过一系列的情节展示了祥林嫂不幸的命运:夫死——逃到鲁镇做工——被卖到山里——第二个丈夫死——儿子被狼吃掉——第二次来到鲁镇——处处受歧视——捐赎罪的门槛——精神崩溃——乞讨为生——在人们年终的祝福声中死去。

(2) 祥林嫂是山里人,是一个丈夫死后逃到鲁镇做工的人,是二十六七岁时到鲁四老爷家做事的女工,是一个做事不论力气的人,是一个被婆婆劫回去卖给深山的人做老婆的人,是一个强烈反抗不肯再嫁的人,是一个又死去丈夫的人,是一个儿子被狼吃掉的人,是一个三十刚出头又到鲁家做工的人,是一个和大家讲她日夜不忘的儿子的故事的人,是一个被认为"败坏风俗""不干不净"的人,是一个在捐了门槛之后仍然不得解脱的人,是一个沦为乞丐的人,是一个在临死之前希望"死掉的一家的人,都能见面"的人,是一个死在新年祝福中的人……

第二套方案

1. 教师进行课文简介和课文创作背景简介。

2. 学生自读课文,初步理解课文内容。

3. 主问题讨论:作者笔下的祥林嫂,是一个没有春天的女人。请同学们研读课文,证明这种看法。

讨论，教师小结：

小说表现了祥林嫂悲惨命运的发展过程。

(1) 丽春之日，丈夫死亡——她是春天没有了丈夫的；

(2) 孟春之日，被迫再嫁——她是在新年才过时被婆婆抓走的；

(3) 暮春之日，痛失爱子——"春天快到了，村上倒反来了狼"；

(4) 迎春之日，一命归天——祥林嫂消逝在祝福的鞭炮声中。

这都表明，冷酷的社会没有给祥林嫂以温暖的春天。作者用隐喻式的巧妙笔法突出了祥林嫂生命与生活之中没有"春天"的悲剧，在其中蕴含了一定的象征意义，引起人们深深的回味与思索。

第二节课教学内容

1. 课文选点欣赏（约35分钟）

教师导入：上节课我们从整体上大致理解了课文。现在我们来品评欣赏课文的第四部分，从"但有一年的秋季"到"那我可不知道"这一部分。

我们讨论这样几个话题：

(1) 从"肖像"描写看祥林嫂的命运。

(2) 四次"我真傻"中的无比辛酸。

(3) 三次"你放着罢"欣赏。

(4) "阿毛的故事"的表达作用。

(5) 小说中的"穿插手法"欣赏。

(6) 说说故事情节的重大转折。

(7) 说说本节文字中的"看"客、"听"客和"问"客。

(8) 课文语言的表现力欣赏。

学生自选内容进行讨论，教师的点拨与评说穿插其中。

2. 课中微型讲座（约10分钟）

教师对学生进行课中微型讲座。

主要讲两个问题：

(1) 课文的写作手法欣赏。

(2) 为什么作者笔下的祥林嫂一定要死去。

第一个问题着眼于课文，意在点拨一些"发现与欣赏"的角度。

第二个问题着眼于深化，意在点拨一点鲁迅作品阅读的常识。讲析这个问题需要一定的资料的支撑，如下面一段话就很有深意：

鲁迅的小说集中地、真实地反映了传统文化的氛围中中国近代农村的社会现实。在小说的宁静、平淡中，透露出遮掩不住的沉闷、封闭、令人窒息的气息。无论是小说的故事情节还是小说的每一个用语，无不浸透这种良苦用心……祥林嫂们或被当作传宗接代的工具，或作为廉价的劳动力，在主人的手里转来转去。作为工具、作为劳动力多少还有使用的价值，到后来竟然连这使用的价值也消失了，这时她想求做奴隶也不可得，已失去了存在的价值和理由，她面临的唯一的路就是消失。她必须接受被婆婆出售的事实，同时必须"守节"而死。然而她没有死，于是就脱离了传统文化的常轨，于是鲁镇人对她便失去了往日的热情，以本能排斥着这个"越轨者"，摧残着自己同类中一个被迫"越轨"的人，把她一步一步地逼向绝境。祥林嫂就是应该消失而没有消失的既无存在价值又"伤风败俗"的物事，这就难怪鲁镇人唾弃她，容她不得。

【摘自：金非铁. 对教学设计中几个问题的处理 [J]. 语文教学通讯，2000（Z4）.】

8. 指导自读，实践学法

（1）自读教材的要求

统编教材的编写，简言之，表现出如下突出的教学要求：

①三位一体，即教读、自读、课外自读在教学中都要表现出训练的力量；

②实践活动，强调学生的自主学习与实践；

③文学教育，增加文学作品的教学分量，强化文学作品的教学色彩；

④综合利用，即教学设计中要关注单元目标、预习提示、课后练习以及自读课文的阅读提示。

统编教材编辑思想的一个重大变化，就是变"精读"为"教读"、变"略读"为"自读"。从教学的角度看，自读课文的教学同样需要教师有教学设计，学生一定要在教师的指导下进行自读实践。

(2) 自读课文的特点

重视对学生的自读训练，首先要知道"自读课文"在教材中是怎样安排的，有什么样的特点。

笔者对统编教材中的自读课文的特点简单地梳理如下：

①每个单元都安排了自读课文，大多数单元有一篇，少数单元有两篇。初中"活动·探究"单元的课文基本上都是自读课文。

②一般单元中的自读课文，课文前面没有预习要求，课文后面没有"思考探究"和"积累拓展"的训练题，但课文后面有写得很精致的"阅读提示"。

③一般单元中的自读课文，排版的形式不同，基本上每篇课文的旁边都有编者对重要内容的评点批注，以点示、启迪学生的阅读，或给学生的自读做出示例。如七年级上册6个单元中共有6篇自读课文，其编排形式完全一样。

④一般单元中的自读课文，也有编者不进行课文评点批注的篇目，如八年级上册的教材中，《美丽的颜色》《昆明的雨》《梦回繁华》等课文。这样的编排，或者是让学生略略读过即可，或者是意在让教师有一点教材处理的创意。

⑤八年级以上的特别单元即"活动·探究"单元中的课文，因为单元任务多样，阅读只是其中的一项，更多的是学生实践，所以课文都以自读课文的形式出现，而且要求比较简单，连课后的阅读提示也没有。如八年级上册的"新闻单元"、八年级下册的"演讲单元"都是如此。

⑥八年级以上的文言诗文单元中的自读课文则有较高的阅读训练要求。课文前面是"阅读提示"，课文后面有"思考探究"题，这种形式介乎现代文教读课文与自读课文之间，既显现出教材编写的灵活性，又表现出对文言自读课文教学的强调。

自读课文的教学一定要表现出"自读训练"的特点。

(3) 自读课的教学知识

我们大略需要知道如下的教学知识：

①自读课是一种阅读教学的课型。

②自读课，重在学生的自读实践——实践阅读方法，关注语言学用，增加动笔机会。

③自读课，重在教师指导下的学生自读，大量的教学时间由学生使用，重点让学生有如下学习方式与能力训练的自读实践：学会朗读，学会摘抄，学会批注，学会查询，学会比较，学会发现，学会提取，学会横联，学会质疑，学会微写。这里所谓的"横联"，就是横向联系思考问题，横向联系进行发现。

④自读课文的教学，需要扣住本单元的单元读写技能训练的目标进行。

⑤自读课的设计，一般用一个课时进行教学。主要根据单元训练目标和课后阅读提示设计学生的几项自读活动，如语言学用、朗读背诵、评点批注、微文写作、拓展阅读课等。最重要的，就是让每个学生都有更多的课堂实践活动，在实践中习得各种学习方法。

下面是《刘姥姥进大观园》的自读指导：

学习《刘姥姥进大观园》的妙法是：内容理解，细节品析。

内容理解：可运用"我的读书笔记"的方法进行自读。每位同学的自读笔记中至少要覆盖如下两个方面的知识点：①视角，②悬念，③铺垫，④顺叙，⑤照应，⑥喜剧效果，⑦笑的描写，⑧语言、动作的描写极富个性，⑨刘姥姥的人物形象，⑩本文的故事梗概。

自读的过程是：先就某个知识点进行简明的概说，再举例进行阐释，然后简说其表达的作用或效果。

如：悬念——

鸳鸯、凤姐在晓翠堂吃饭之前，商议着"咱们今儿就拿他取个笑儿"，这里就设置了悬念：她们会如何拿刘姥姥取笑呢？接着，鸳鸯又"拉刘姥姥出去，悄悄的嘱咐了刘姥姥一席话"。这里又设置了悬念：到底嘱咐了刘姥姥什么话呢？小说中设置悬念的好处是，引发读者的阅读期待，增强作品的吸引力，表现出叙事的艺术的美感。

细节品析：即细读、品析课文中的一个部分或一个段落，品析其语言、手法、表达目的或表达效果。可运用"我的批注品评"的方法进行自读。自读的内容是课文的第六至八段。赏析批注的话题是：我品味出了这里的描写之妙。然后进行8分钟左右的自读批注。要求：在批注时写一小段话，并注意学用课后阅读提示中的语言。

下面这些短语，可以有选择性地运用到自己的批注中：

绘声绘色 喜剧效果 妙趣横生 各具情态 刻画细腻 语言动作 极富个性 细节描写 动词运用 句式变化 点面结合 场面描写

如：我品出了这里的描写之妙——

那刘姥姥入了坐，拿起箸来，沉甸甸的不伏手。原是凤姐和鸳鸯商议定了，单拿一双老年四楞象牙镶金的筷子与刘姥姥。

【批注】这筷子不好用，大而沉，这就为后面情节的发展埋下了伏笔：凤姐拣了一碗鸽子蛋放在刘姥姥桌上，刘姥姥难以用这样的筷子夹起鸽子蛋，于是鸽子蛋便滚落到地上，引发人们的笑，从而在细节上增加故事的喜剧效果。

……

下面是自读课文《永久的生命》的教学创意：自读课文读写综合能力训练。

导入之后，介绍作者、文体，朗读课文，认字识词。

第一次自读活动：请同学们结合课文内容阐释标题"永久的生命"的含义。

第二次自读活动：默读课文之后，请同学们这样进行思路概括——本文先感慨个人生命的短暂，进而歌颂"生命自身"的神奇和不朽，接着＿＿＿＿＿＿＿＿，最后＿＿＿＿＿＿＿＿。

第三次自读活动：课文朗读，并背诵课文第二段，旁批其表达之妙：

人们却不应该为此感到悲观。我们没有时间悲观。我们应该看到生命自身的神奇，生命流动着，永远不朽。地面上的小草，它们是那样卑微，那样柔弱，每一个严寒的冬天过去后，它们依然一棵棵从土壤里钻出来，欢乐地迎着春天的风，好像那刚刚过去的寒冷从未存在。一万年前是这样，一万年以后也是这样！在春天，我们以同样感动的眼光看着山坡上那些小牛犊，它们蹦蹦跳跳，炫耀它们遍身金黄的茸毛。永远的小牛犊,永远的金黄色茸毛!

第四次自读活动:微文创写,从赞美生命的角度,自由命题,从课文中撷取三个美句,成为一篇微文。

……

指导自读,实践学法,要求教师一定少讲,要求教师设计好每篇课文的学生自读实践活动。

第四章

板块式思路和主问题设计

教学思路清晰是所有语文教师教学设计水平的第一反映；如果没有教学思路的设计，课堂教学就是一片混沌。

提问精粹实在是所有语文教师课堂教学水平的第一反映；如果缺少对课堂提问的研究，教学内容常常在肤浅的层面徘徊。

这一章所介绍的，是笔者研究了多年、与中学语文课堂阅读教学技能密切相关的两项内容。

①"板块式"思路。确切的说法是"板块式"教学思路。它不是一种教学方法，而是一种策划、安排课堂教学顺序与层次的理念与要求。"板块式"思路的研究与运用，其意义在于让课堂教学过程清晰而又简明，让教学重点突出而又内容丰富，让学生的活动充分而又深入。

②"主问题"设计。是引导学生对课文进行深入研读的重要问题、中心问题或关键问题。"主问题"研究与运用的重要意义在于大量减少日常教学中教师的"碎问"和学生的"碎答"，从而形成对学生非常有训练力度的课堂阅读活动。

1. 什么是教学思路

思路，即思考问题的线索、脉络。

它的涉及面很广。就阅读教学来说，常用"思路"一词来概括对教学进行思考、安排的过程，也用它来分析已经完成的教学过程所表现出来的思维走向。

于是我们就常常说到"教学思路"。

教学思路，是指对课堂教学所安排、设计的教学流程，即一节课如何开始、怎样步骤清晰地一步一步往前走、怎样收束的过程。

教学思路设计的要素是：教学线条简洁，教学步骤明朗，教学板块清晰。

教学思路的安排对于课堂教学具有重要的作用，人们常说的"教学既是科学又是艺术"就往往体现在教学思路上。由于教学思路讲究教学过程的流畅之美，讲究教学内容的组合之美，讲究教学时空的造型之美，讲究教学双方的活动之美，所以不管从"科学"还是从"艺术"的角度，人们都可以从"思路"上看到设计者的水平、风格和特色。

就语文教师的教学能力而言，思路设计的重要性可以用一句话来表述：如果课堂没有关注到教学思路的设计，那么这个课也许毫无头绪，也许颠三倒四、信马由缰。

策划教学思路，有两个基本要求：

①清晰。清晰的教学思路能够表现出一节课或者一篇课文教学的步骤之美，能够表现出教师教学思维的顺畅，能够表现出教师在教材处理上思考的周全。但清晰的教学思路并不仅仅指在教学中安排出了第一步、第二步、第三步，等等，关键是看步与步、层与层之间的关系是否合理，是不是符合课堂语文学习的规律。

②简明。简单明晰的教学思路既便于操作，又显现出教学的层次之美。但越是比较简明的思路越是难以设计，因为我们在众多的教学内容面前往往无所适从。其实教学恰恰忌讳教学步骤过于细碎。如果一个课时安排七八个教学步骤，可以基本肯定，在绝大多数情况下，这节课中的多个教学环节都只能是蜻蜓点水、浅尝辄止。

教学思路的策划也有较高层次的要求:

①教学思路要表现出内容灵动、线条简洁、板块清晰、步骤明朗、学生活动充分的教学安排。从这一点上说,课文阅读教学没有固定的模式可以遵循。

②教学思路要因课而异。课文有文体的不同,有语体的不同,有长短的不同,有深浅的不同,有教学中的利用角度的不同,应针对这些不同精心运筹,巧妙组合,使各课的教学思路有各自的特色与个性。

③即使就一篇课文来讲,也可尝试设计几种不同的教学思路,也可酝酿几种不同的教学方案。如果将其融会贯通,课文的阅读教学过程会更加灵活多姿。

教学思路是在深入研读课文的基础上结合丰富的教学经验产生的,其设计追求美、新、巧的艺术境界,运用优秀的语文教学思路,能够收到事半功倍的教学效果。

每一位语文教师都应该"兵马未动,粮草先行",关注教学思路的设计,让课堂教学的步骤明朗起来,生动起来,艺术起来。

下面的课例,用"步骤一""步骤二"……的形式,展现了清晰的教学思路。

《曹刿论战》教学创意

教学创意:无提问式教学设计。

教学思路:

(教学铺垫:作家作品知识介绍)

步骤一:朗读,正音

学生朗读课文,再朗读课文。

教师正音。如"间、帛、孚、勺、辙、靡"等可能在正音之列。

学生阅读课文注释。

教师点出应该重点理解的10个词:

鄙　安　加　信　孚　狱　绩　轼　焉　靡

步骤二:识词,印证

教师解说:整理,归类,是对所学课文的内容进行清理、梳理、整理,从而形成知识板块的一种学法。其好处是有利于积累、提炼,有利于高效率学习。学习《曹刿论战》,重点是理读课文中的文言字词。

理读文言字词，其方法是集聚文言字词的板块，在辨析中理解词义。其方法有：找出课文中的一词多义，找出课文中（或加上课文外的）同义词组，找出课文中古今意义差别较大的词语等，这些都要以一组一组的形式。另外还有一种有用而且有益的方法：根据所学词的词义找出能够进行印证的成语，这是一种双重意义上的积累。我们今天着重来学一学这种方法。

教师示例："齐师伐我"的"师"的意思是"军队"，能够印证此意的成语有"师出无名""师出有名"。

同学们活动，理解词义，找出相应的成语，如：

齐人三鼓——一鼓作气

望其旗靡——所向披靡

彼竭我盈——恶贯满盈

小信未孚——不孚众望

惧有伏焉——危机四伏

未能远谋——足智多谋　深谋远虑

十年春——春华秋实　枯木逢春

故克之——克敌制胜　攻无不克

三而竭——殚精竭虑　精疲力竭

观其辙——南辕北辙　重蹈覆辙

故逐之——逐鹿中原　追亡逐北

难测也——莫测高深　心怀叵测

步骤三：理解，译读

学生边读课文边温习对课文注释的理解。

学生自读课文，自译课文，读读译译，译译读读。

男生读课文，女生译课文，读一句译一句。

女生读课文，男生译课文，读一句译一句。

教师进行译读活动小结。

步骤四：品析，品读

教师深入介绍本文的背景。

讨论话题：请同学们自选角度，运用课文材料，从课文中的两个主要人物中选定一个，谈谈对他的理解。

学生准备，学生发言，教师点拨、引导、对话。

全课教学小结。

2. 板块式教学思路的基本特点

下面是笔者关于课文《散步》的几个教学创意。

《散步》教学创意

创意之一：寻味

活动一：朗读全文，用诗一样的语言概括地表述自己从课文中感受到的"情味"。

活动二：朗读美句，体味传神的词语、优美的句式中所表达出来的"韵味"。

活动三：朗读精段，感受课文的情感倾向，体悟评析文中透露出来的"意味"。

创意之二：微型话题欣赏

教学板块一：《散步》课文朗读。

教学板块二：《散步》微型话题讨论。

(1) 课文标题欣赏。

(2) 课文的开头之美。

(3) 记叙文中的风景画。

(4) 说说课文中的"波澜"。

(5) 课文美句赏析。

(6) 课文结尾段的意味。

教学板块三：教师课中讲座——课文美句欣赏。

创意之三：概说课文，细品美点

能力训练之一：课文朗读。读出情感的波澜，读出深长的意味。

能力训练之二：概说课文。每位同学用一句富有诗意的句子概说课文。

能力训练之三：细品美点。话题是《散步》十美。

创意之四：语言训练

1. 朗读课文，给课文再拟一个标题，以表明你读出了课文的味道。
2. 表达感受，说说这篇文章中的情美与意美。
3. 语言学用，分析、学用课文中的句式。
4. 美段评析，给课文的结尾段写百字左右的赏析文。

创意之五：学法指导，技能实践

实践活动一，建议你这样把握文意

实践活动二，建议你这样朗读课文

实践活动三，建议你这样品味语言

实践活动四，建议你这样探究美点

创意之六：课文朗读，能力训练——说事，品情，赏景，析意

朗读：请同学们用富有诗意的语言描述文中的故事。

朗读：请同学们从语言品析的角度欣赏人物的情感。

朗读：请同学们用探究的眼光来认识文中景物描写的表达作用。

朗读：请同学们根据自己的感悟来分析文中最后一段的意味。

上述同一篇课文的六个不同的教学创意，每个教学创意的主要教学思路都是"板块"状的。它们在教学设计中所运用的，都是"板块式"思路。

这样的教学思路与一般的阅读教学思路的区别在于：一般的阅读教学思路是"线性"的，基本上是开讲，然后一个段一个段地分析，或者一个部分一个部分地分析，最后小结课文特点或者进行课堂学习小结。而"板块式"思路是在一节课或一篇课文的教学中，从不同的角度有序地安排几次呈"块"状分布的教学内容或教学活动，即教学的内容、过程都是呈板块状分布排列。

"板块式"思路的特点是教学内容呈"块状"。这种"块状"设计主要着眼于学生的活动，着眼于能力的训练，以"教学板块"来整合学习内容，形成教学流程，结构课堂教学。从以上教学思路设计中可以感受到"板块式"思路比较明显的特点：

①简洁，实用，好用。教学过程清晰有序，能够有效地改善大面积课堂教学中

步骤杂乱、思绪不清的问题。

②课堂教学明晰地表现出"一块一块地来落实"的教学态势。"块"与"块"之间相互联系,互为依托,呈现出一种层进式的教学结构。

③由于每一个板块都着眼于解决教学内容的某一角度、某一侧面的问题,于是每个板块就是半独立的"小课"或者"微型课",它要求教师精心地研读教材,优化、整合课文内容,提炼出可用于教学的内容板块。

④教师要考虑板块的切分与连缀,考虑板块之间的过渡与照应,考虑板块组合的科学性与艺术性,这能改变常规的备课思路,有利于提高教师教学创意的水平。

⑤由于"板块"的有机划分,其中必然有让学生充分地占有时间、进行活动的板块,也就是说,有些"板块"是明确地归属于学生的活动的,这就在让学生成为学习主体的方面迈开了扎实的一步。

⑥教学过程中因为"板块"的清晰存在而容易协调教学节奏,能较顺利地展现课堂教学中教与学、疏与密、快与慢、动与静、轻与重的相互关系,使课堂教学灵活生动、抑扬合理、动静分明,教学的清晰性和生动性都能得到鲜明的表现。

⑦实际教学中,"板块"组合的形态、形式非常丰富,可以充分地表现教师设计教学时的技艺、创新意识与审美意识。由于"板块"内涵的本质内容是整合教学资料与安排课堂活动,所以它可以用于各种文体或各种课型的教学。

⑧以鲜明的逻辑步骤形成清晰的教学层次,即由浅入深、由易到难、由知识到能力地向前推进。此类教学设计,不管是三步、四层,还是五块、六点,都呈现出鲜明的"分层推进"的特点,都显得序列合理,思路清晰。

⑨教学中的板块所呈现出来的不仅仅是教学的过程,重要的是每个板块中都整合了一定的教学内容,更有意味的是,对每个板块的教学,教师都得运用适合这个板块的教学方法。即,一个课的各个板块的教学角度是不同的,教师在各个板块所运用的教学方法和安排的学习活动也是不同的。这就更显现出教师课堂教学的技艺与水平。

⑩"板块式"思路与"主问题"设计相辅相成、相得益彰。在教学中运用"主问题"能够形成学生比较长时间的朗读活动、思考活动、交流活动、写作活动,用

几个"主问题"、组织起几次教学活动,一般来说就是几个教学板块。这是一种自然而美好的课堂教学状态。

可以说,"板块式"思路所表现出来的外部特征是教学结构清晰,内部特征是教学内容优化。对于传统的教学思路而言,"板块式"思路是一种富有活力的创新,是一种很有魅力的突破,是一种具有实力的挑战。

总之,"板块式"教学结构呈"板块"状而又灵活多姿、组合丰富,可以充分地表现教师教学设计的技艺、创新意识与审美意识。除了一个"课"之外,它可以"小"用到一个教学步骤中,使这个教学步骤显得丰满细腻;它也可以"大"用到一个单元中,使这个单元的教学层次清楚而内涵丰富。在阅读教学中运用"板块式"思路,可以使教学结构更加清晰,使教学内容更加优化,使教学过程更加生动;它就像一个小小的魔方,各种组合都充满新意,会为驾驭它的语文教师的课堂教学增加光彩。

3. 板块式教学思路的设计角度

"板块式"教学思路对于语文教师、对于语文教学的意义,可用下面的几个句子概括:

比较理性地推进,教学过程清晰

精心地研读教材,优化整合内容

思考板块的连缀,提高创意水平

遏制过多的讲析,学生活动充分

协调教学的节奏,教学局面生动

组合的形式丰富,表现教师技艺

由于这些优点,"板块式"思路可以成为语文教师特别是青年语文教师阅读教学设计时构思的首选。

让我们一起来进行教学思路的创新设计,让我们的课堂教学步骤明朗起来,生动起来,艺术起来。

可从如下角度来勾勒教学的"板块式"思路，以训练自己的策划能力。

(1) 从"教程清晰"的角度进行设计

教程清晰是教学思路设计的第一要求，是最基本的要求。教学设计中要明晰地表现出教学步骤是有序的，是层进的，是"一块一块地来落实的"，是经过精心的斟酌取舍的。

如，毛泽东《七律·长征》的教学创意：

活动一：铿锵地读

活动二：诗意地说

这个创意的第一块是"朗读"，朗读（背诵）作为一个重要的活动板块出现，既合乎诗歌教学的特点，又担负着一定的能力训练的任务。第二块是"说话"，可以说阐释的话、说描述的话、说想象的话、说品析的话、说评价的话、说欣赏的话等，全在于教师的精心安排。全课的教学由两个以学生活动为主的板块构成，教程清晰，过程明朗。

(2) 从"线条简洁"的角度进行设计

教学设计，仅仅思路明晰还不行，还必须做到教学的线条简洁、头绪简单，一点儿也不堆砌，一点儿也不冗杂。线条简洁的主要特点是，一个课或者是一篇课文的教学中，活动的角度清晰且教学步骤单纯。

如，《敬业与乐业》的教学过程由如下两个重要的教学"板块"组成：

课文品读之一：文意把握

课文品读之二：片段欣赏

这个创意立足于在整体理解课文的基础上将学生带入课文。"文意把握"是"面"，"片段欣赏"是"点"。全文的教学点面结合，既整体地了解课文内容，又集中力量欣赏最美的片段，从而达到"简化教学头绪，优化教学内容"的目的。

(3) 从"重点突出"的角度进行设计

教学思路的设计也应该确保在"清晰"前提下的"重点突出"。或者是某一个教学步骤占有非常重要的地位，给予其更多的时间；或者是大多数的教学步骤都关涉某个教学内容，以突显明确的教学目标。

如，蒲松龄《狼》（第一课时）的教学创意：

一读，从"屠户"的角度理解课文的脉络

二读，从"狼"的角度理解课文的脉络

三读，从"故事情节"的角度理解课文的脉络

四读，从"叙议结合"的角度理解课文的脉络

这个教例的思路是清晰的，同时又表现出了重点突出的特点，教师将教学视点集中在"课文脉络"上，运用"多角度反复"的方式引导学生从不同的角度理解课文内容，不仅使课堂教学不断出现新的兴奋点，更为重要的是对学生进行了学法熏陶和阅读技能训练。

（4）从"活动充分"的角度进行设计

根据"学生活动充分"的要求来进行教学思路的设计，可以真正体现课堂教学中学生的主体价值。

如，《时间的脚印》"自读课"的教学创意：

课堂活动之一：整体感受课文，积累课中语汇

课堂活动之二：实践阅读方法，认识说明对象

课堂活动之三：结合阅读提示，阐释表达艺术

这个课例鲜明地表现了"学生活动"的特点。在教师的指导下，学生充分地占有了课堂学习的时间，并进行着学习语言、习得技巧、发展能力、训练思维的学习实践活动，实实在在地表现出它的"美"和"实"。

（5）从"能力训练"的角度进行设计

阅读教学应该崇尚"能力训练第一"的理念。如果把学生阅读能力的训练放在"头版头条"来考虑，则可能从根本上改善课堂教学效率不高的状况。"板块式思路"用于阅读能力的训练可以说是非常适当的。

如，《女娲造人》的教学创意：

能力训练一：默读课文，进行概括能力训练（概说女娲形象）

能力训练二：朗读课文，进行描述能力训练（描述女娲造人的生动经历）

能力训练三：批注课文，进行品析能力训练（评点课文第4—13段中的美点）

这个创意大胆地亮出了能力训练的意图，可谓创意鲜明，目标显眼。像这样的创意，好就好在不仅能够"把课上完，把学生教懂"，还同时组织了时间充分的学生活动，进行了意图鲜明的阅读能力训练。

(6) 从"教材处理"的角度进行设计

就是从长文短教、短文细教、浅文趣教、选点深入、课中比读、一次多篇、微型单元等角度来设计教学，处理课文。

如，《台阶》的教学创意：

感受文意

认识人物

片段选读

这是十分简洁而又视点准确的教学创意。从小说作品的阅读教学来讲，这又是极好的课文处理创意。"认识人物"是一个主问题，牵动对课文整篇的研读品味，牵动学生对课文的细细咀嚼和对人物的多角度的理解。"片段选读"能够让学生深读、美读、品评、欣赏。

(7) 从"课型创新"的角度进行设计

所谓课型，就是教学过程的基本形态，一般指根据教学任务划分出来的课堂教学的类型。可以说，课型是由"课"的教学内容、教学目标、教学方式、师生双方在教学中的地位决定的一种课堂教学结构；也可以说，一节课中主要的教学活动方式是什么，这节课就可以称为什么课型，如我们平时所说的"阅读课""作文课""复习课""综合性学习课"等。

课型的划分没有严格的标准，可根据教学任务的不同、教学内容的不同、活动方式的不同、师生双方作用的不同等来进行"命名"。如，可以说某一节课是阅读课型，但也可以说它是教读课型或自读课型、学法指导课型，等等，关键在于看这节课的视点。这就说明,课型是可以不断创新的。

下面是一节"实践活动课"的教学创意。

《苏州园林》的学生实践活动设计:

实践活动之一:提取全文信息,缩写全文内容。

实践活动之二:根据全文结构,阐释课文顺序。

实践活动之三:选取重要片段,尝试选点精读。

实践活动之四:学用段式结构,进行短文写作。

这个课的设计,立足于这样的理念:让学生在大量、厚实的语文实践活动中逐步掌握、运用语文规律。因此,在课堂教学方面,从教案的整体设计到细节的精心安排,从课堂上师生之间的关系到课堂教学结构,都必须而且应该发生根本性的变化——一线语文教师要组织与开展属于学生的大量语文实践活动。只有语文教学普遍达到了"学生活动充分"的教学层次,课改在课堂教学上才表现出一定的成熟。

(8)从"情境生动"的角度进行设计

即给课文的教学有意、贴切地创设一种教学情境,同样,这个课的教学又是步骤清晰、线条简洁、重点突出的。

如,沈从文《云南的歌会》的教学创意:

分析:《云南的歌会》——文章结构是多么地清晰啊

品味:《云南的歌会》——片段描写是多么地精美啊

描述:《云南的歌会》——人物形象是多么地可爱啊

欣赏:《云南的歌会》——语言表达是多么地富有特色啊

这个课例思路清晰,创意优美,使学生沉浸在美好的教学情境之中。可以看出,第一板块的教学活动主要是分析,第二板块主要是品读,第三板块主要是描绘,第四板块主要是欣赏。教师设置了一定的教学情境,渲染了一定的教学氛围,让学生在优雅的教学情境及浓郁的情境氛围中进行灵动的、多种感官并用的语文学习活动,使教学过程清新明朗,诗意浓郁,别具一格。

(9) 从课时需要的角度进行设计

一个课，在不同的教学场景中，需要不同的时间来处理。在教学演示、教学竞赛、教学观摩活动中，几乎所有的课都要求用1个课时上完，而在日常教学中却不尽然。

如《植树的牧羊人》的教学创意，就可从课时需要的角度进行不同的处理。

小说《植树的牧羊人》文质兼美，生动感人，其表现手法别出心裁，人物形象鲜明。其结构特点是：运用第一人称视角，按时间顺序，重点叙述"我"和牧羊人三次见面的情形及高原的变化。

下面是《植树的牧羊人》（一个课时）的"板块式教学思路"的设计。

教学板块一：理清顺序

活动：速读课文，完成课后练习一的图表。

教学板块二：简说人物

活动：读课文，简说人物。

话题：根据课文内容和课后练习二的要求，说说文中的"牧羊人"。

教学板块三：细节品析

活动：读课文，品析美点。

话题：这个片段的"表达作用"品析。

在这个教学思路设计中，板块一重在整体把握文意，板块二重在人物形象理解，板块三重在故事细节品析。教学过程简明，教学层次清楚，三次主要的教学活动非常突出。

下面是《植树的牧羊人》（两个课时）的"板块式教学思路"的设计。

第一个课时

实践活动一：速读课文，完成图表；理清课文顺序。

实践活动二：默读课文，进行概说；评说主要人物。

实践活动三：朗读课文，动笔概写；归纳全文大意。

实践活动四：跳读课文，抄写摘录；积累美词美句。

第二个课时

技能训练一：课文比读；品析第2段和第20段表达之妙及其表达作用。

技能训练二：手法赏析；动笔写作，例说自己欣赏到的一种艺术手法。

技能训练三：课中笔记；教师讲析这篇小说的美点，学生笔记。

这个教学思路设计充分表现出教师对课文的反复利用。第一课时重在基本内容的理解，第二课时重在品析能力的训练。它们都表现出教学思路明晰、学生活动为主的特点，也表现出学生实践活动形式的美妙变化。

（10）从"综合复习"的角度进行创新设计

面对单元复习、期中复习、期末复习，面对繁杂的知识内容，我们可以运用板块式教学思路来整合教学内容、形成训练步骤。

如人教版修订初中语文教材第一册第三单元的单元小结课教学设计由五大板块构成：

记住一点常识

这个单元选的是描写四季的散文，_____先生的《春》写的是春光，_____先生的《　　》写的是冬景，_____的《　　》写的是夏夜，_____的《　　》写到了秋实，向读者展示了各不相同的四季特征。

识记一批雅词

本单元的课文精心描摹自然景物，细致表达作者的情感，语言形象生动而又耐人寻味，值得认真阅读和欣赏。其中有些美词、雅词是我们今后常用或一定会用到的，需要认真识记。如下面的36个词：

酝酿　贮蓄　吞噬　萌生　殷实　归宿　谄媚　青睐　亲昵　聆听　各抒己见……

品味一组奇字

本单元学习内容之一是在大体把握文章大意的基础上理解词语在上下文中的含义和作用，看看它们是怎样表情达意的；揣摩精彩的词语、句子和段落。下面就在"揣摩精彩的词语"上下功夫，看句中的动词为什么用得好，它们分别写出了什么。

1. 小草偷偷地从土里钻出来，嫩嫩的，绿绿的。
2. 花下成千成百的蜜蜂嗡嗡地闹着。
3. 人家屋顶上全笼着一层薄烟。
4. 树叶儿却绿得发亮，小草儿也青得逼你的眼。
5. 山尖全白了，给蓝天镶上一道银边。
6. 山坡上卧着些小村庄，小村庄的房顶上卧着点雪。
7. 月亮从那平静的大海里涌了出来。
8. 高粱说：秋是红色的，我就是叫秋气染红的。

同学们还能自己发现一些这样富有表现力的词吗？

摘录一些美句

课本中的单元提示要求，学习这个单元要做适当的摘录。结合本单元的教学内容，应该重点摘录描写自然景物的美句。

摘录时应当动脑筋，要注意巧变角度，改变自然而随意的摘录习惯，而代之以科学的分类摘录。下面，老师点示8种分类摘录的角度，每位同学任选一种，进行课文美句摘录。

1. 春夏秋冬
2. 风花雪月
3. 山水草木
4. 声光色味
5. 红黄绿蓝
6. 日月星霞
7. 动静刚柔
8. 晨午暮夜

重温一个精段

单元提示指出，对精读课文，要从文章的整体到局部，再从局部到整体，反复研读。课文《济南的冬天》中有本单元唯一要求背诵的"最妙的是下点小雪呀"这个精段，本课的练习要求对它进行"精读"，因此有必要重温。对这一段的精读有六个方面的内容需要品析，请同学们自由选择，答题。

最妙的是下点小雪呀。看吧，山上的矮松越发的青黑，树尖上顶着一髻儿白花，好像日本看护妇。山尖全白了，给蓝天镶上一道银边。山坡上，有的地方雪厚点，有的地方草色还露着；这样，一道儿白，一道儿暗黄，给山们穿上一件带水纹的花衣；看着看着，这件花衣好像被风儿吹动，叫你希望看见一点更美的山的肌肤。等到快日落的时候，微黄的阳光斜射在山腰上，那点薄雪好像忽然害了羞，微微露出点粉色。就是下小雪吧，济南是受不住大雪的，那些小山太秀气！

1. 对这段文字进行诗意命名。
2. 找出文段中起线索作用的一个字。
3. 品析段中的动词运用之妙。
4. 分析段中色彩词的表达作用与效果。
5. 品析段中"带水纹的花衣"的比喻之妙。
6. 全段写"小雪"之美妙，还通过其他景物来进行烘托，试进行分析。

从这个教例看，"板块式"思路的艺术性表现在：它重视对教材的整体把握，注重从教材中选择最能表现课文中心、特色或最有训练价值的语言板块组织教学，表现出比较高超的优化信息的水平。

4. 板块式教学思路详案示例

《在马克思墓前的讲话》教学创意

本篇课文是中学语文阅读教学中最典范的篇目之一，多次教材改编的保留篇目。

教学创意：以课文为例子，从四个方面训练学生的阅读能力——文意把握、文章诵读、文句品析、难点探究。

创意诠释：

文意把握，是《在马克思墓前的讲话》几乎所有教学设计必须关注的内容。

文章诵读，是因为文体教学的需要——这是一篇悼词。

文句品析，是因为文章内容表达的经典。

难点探究，是因为本文比起其他课文，确实更为有力地为教学"设置"了难点。

主要教学内容如下，

教学铺垫：

1. 马克思简介

2. 恩格斯简介

3.《在马克思墓前的讲话》的诞生

4. 认字识词：

不可估量　繁芜丛杂　豁然开朗　浅尝辄止　衷心喜悦　非同寻常　满腔热情
坚韧不拔　卓有成效　最遭忌恨　最受诬蔑　竞相诽谤　诅咒　毫不在意

课中实践活动之一：文意把握（以"勾画组合"为主要活动方式）

1. 请同学们默读课文。

2. 请选用不同的方式理解课文内容。

方式之一：用文意概括的方法简说全文的意思。

方式之二：主要运用提取、组合各段中心句、关键句的方法提取全文信息。

方式之三：概括全文段意，写出全文的段落提纲。

方式之四：写出全文段落提纲，根据段落提纲划分全文的层次。

教师可就学习方法进行提示。如方式之二：

理解本文文意，可采用提要与概括的方法。本文共9个自然段，每个段都有中心句或关键句。如第一段、第二段的首句都是段的中心句。因此，只要找到了中心句、关键句，就掌握了段落的要点；掌握了段落的要点，就把握了全文的文意。

3. 进行课中交流。教师最后展示不同类型的全文提纲，以利于学生多角度地理解课文内容。

4. 教师小结：本文段落之间联系紧密，过渡自然。全文层次清晰，结构严谨，显示了强大的逻辑力量。

课中实践活动之二：文章诵读（以"朗读感受"为主要活动方式）

1. 教师引入：这是一篇以议论为主，兼有记叙和抒情的演说词。对马克思逝世情况和生前的革命实践活动采用记叙的方式，字里行间洋溢着爱戴和崇敬之情；对马克思的伟大发现及其深远影响则采用议论的方式。论述时饱含赞颂和敬仰，抒情贯穿全文的始终。朗读时要注意体味三者水乳交融的特点。

2. 教师调控：我们的朗读体味，重在文中的第一、二段和第八、九段。

3. 学生体味、朗读。

4. 讨论：朗读这几段时各要注意什么？为什么？

教师指导：

第一段，注意读出轻重。

第二段，注意读出层次。

第八段，注意读出起伏。

第九段，注意语气的表达。

5. 学生再进行朗读实践。

课中实践活动之三：文句品析（以"说读品析"为主要活动方式）

1. 教师：阅读《在马克思墓前的讲话》，除了感受全文结构的逻辑力量之外，还要着力感受全文语言的情感力量。请同学们看下面的话题，自选话题对课文进行文句品析。

主要着眼于"炼字炼词"，品味文中的情感之美。

主要着眼于"句式运用"，品味文中的情感之美。

主要着眼于"美段品读"，品味文中的情感之美。

2. 教师组织课堂交流活动并进行课中小结。

课中实践活动之四：难点探究（以"短论写作"为主要活动方式）

1. 教师：这篇课文在几乎所有年代的教学中都有难点。现在让我们尽自己的力量来对文中或者教学中的一两个难点进行探究。请自选下面的一个话题，写二三百字的短文进行论述。

（1）有人说，《在马克思墓前的讲话》全面而扼要地论述了马克思对人类所做的伟大贡献。其中最伟大的贡献是创立了国际工人协会。你认为这样的理解正确吗？

（2）对这句话——"这在他身上远不是主要的"，应该怎样理解？

2. 教师另择时间评讲学生的小论文并表达自己的观点。

5. 主问题的教学魅力

先看教例。

例一，《荷塘月色》的结构分析教学，设计这样的提问：

这篇优美的散文可以从作者行踪、作者感情变化、作者对景物的描写这三种角度分层划段吗？还有没有另外的分层划段的角度？

很明显，要探究或者回答上述问题，就得进入课文全文。这样一个提问，带动了学生对全篇文章反复阅读。

例二，《沁园春·雪》的文意理解教学，教师设计了这样的训练内容：

请同学们自由地用对联的形式概括上下阕的意思，如"上阕绘景抒情，情景交融；下阕议论抒情，评古论今"。

面对这样的要求，学生需要对课文内容进行认真的研读并进行反复的概括和修改。活动的设计既暗合了"沁园春"词牌的特点，又让学生进行了阅读理解中的语言表达实践活动。

例三，原人教版高中语文第二册《神奇的极光》的提取信息能力训练的教学设问：

你能从课文中找出10个左右的句子并将它们组合起来，全面地解释什么是神奇的极光吗？

这个提问让学生深入这篇长达4000多字的课文中，对课文内容有了细致的理解，并进行了关键信息的提取。

例四，《愚公移山》"文意理解"阶段的提问设计：

请同学们浏览课文，感受课文，找出课文中能够概括这篇课文主要内容的一个词。

这个提问设计有多方面的作用：既让学生带着任务阅读了课文，又训练了学生的概括能力。

例五，杜甫诗《旅夜抒怀》教学设想——艺术性改写：

从诗人内心独白的角度来写

从电影镜头转换的角度来写

从舞台布景的设计角度来写

从与诗人对话的角度来写

这里的四"写",就是四次语言表达的课堂实践活动,换个角度来看,就是四个主问题,每一次"写"都能够让学生从某个角度进入课文,都能够让学生经历长时间的训练活动。

例六,《邹忌讽齐王纳谏》的教学创意,用三个主问题来领起全文的品读教学:

1. 请同学们根据课文内容口头创编"门庭若市"的成语故事。

2. 请自选内容,用"比较"的方法编写课文"词义辨析"卡片。

3. 这篇课文中,有哪几个关键字词既推动着故事情节的发展,又表现了人物的特点?

三个话题,三次深入的研读活动,三次课中交流。以简驭繁,以易克难,层次明晰,覆盖全面,能力训练充分,学生活动充分。

特别是第三个问题,学生需要对课文内容进行从头到尾的品析,然后表述自己的见解。在师生的对话中,几乎将课文中有重要表达作用的字词都进行了品读欣赏。

例七,《童趣》课文"说读"训练:

《童趣》的首段即第一句话是:"余忆童稚时,能张目对日,明察秋毫,见藐小之物必细察其纹理,故时有物外之趣。"

请学生抓住"忆"字来概说课文内容:"作者回忆了……"

请学生根据"小"字来分说课文内容:"这篇文章写了……"

请学生突出"趣"字来详说课文内容:"……有趣。"

这是《童趣》中的概说活动,其目的是反复地、多角度地理解课文内容。

这是富于智慧的话题设计,抓住文章首句中的三个字让学生反复"说读"课文,每一次概说都是对课文内容的整体理解。活动的条理清晰,学生的思维灵动,课堂的气氛热烈。

例八,《关雎》教学创意。

课始,对课文教学进行有足够力度和厚度的铺垫:《诗经》介绍,《关雎》基本内容介绍,《关雎》章法结构知识介绍。

  课中活动一：读背

  课中活动二：美译

  课中活动三：赏析

  课中活动四：描述

  语言赏析的话题：字词的表现力。

  深情描述的话题：《关雎》中，有_____。

  "字词的表现力""《关雎中，有_____》"——从这两个话题的设置，我们就能够感受到它的教学魅力：用精、少、实、活、美的有情致的话题来激活课堂、创新教学，让学生成为课堂有序学习活动的主体。

  例九,《木兰诗》的"探究式"教学的创意。

  请同学们讨论：

  如何从"韵脚"的角度来朗读这首诗？

  这篇课文中可以作为教学重点的有哪几个语言片段？

  这篇课文中有多少需要我们知晓的文学常识？

  这三个话题别具一格，每一个话题所涉及的教学内容都广泛而且细腻。学生每前进一步都需要花相当的时间与精力，这样的教学问题把学生实实在在地引到了阅读、训练与积累中。

  例十，请每位同学写出课文《蚊子和狮子》的两种寓意。

  这里设计的"写"的活动美妙而有力度。它的作用在于：能让学生对课文反复阅读，不断概括，多角度理解，从多个方面训练学生的提炼能力与感悟能力，让学生在反复的品味中深透地了解课文的内涵。至于学生是课堂活动的主体，那是不言而喻的。

  以上的"提问""问题"或"话题""活动"，在课文阅读教学上表现出共同的特点——都能牵一发而动全身；在课堂活动上也表现出共同的特点——都能吸引学生进入有一定思维深度的课文研习过程中。

  这种能够对教学内容"牵一发而动全身"的"提问""问题"或"话题""活动"，就是阅读教学中的主问题。或者说，主问题是引导学生对课文进行深入研读的重要问题、中心问题或关键问题。还可以说，主问题是阅读教学中能从教学内容整体的角度或者学生整体参与的角度引发思考、讨论、理解、品味、探究、创编、欣赏过程的重要的提问或问题。

主问题角度美好又切实可用，它在教学中表现出"妙在这一问"的新颖创意，每一个主问题都能覆盖众多的细碎问题，它让学生无法立即说"是"或"否"。

所以，主问题的设计是对阅读教学中提问设计的一种创新。

主问题的研究，实际上是课堂提问研究。这种研究的着眼点与着力点是：在阅读教学中，用尽可能少的关键性的提问或问题来引发学生对课文内容更集中更深入的阅读思考和讨论探究。

对于课堂教学中成串的"连问"、简单应答的"碎问"以及对学生随意的"追问"而言，主问题设计的更为重要的意义在于如课程标准所言的学生课堂实践活动的形成上，它既能"让学生更多地直接接触语文材料，在大量的语文实践中掌握运用语文的规律"，又能让学生在学习的过程中养成"独立阅读的能力，注重情感体验，有较丰富的积累，形成良好的语感"。

下面从不同的角度再来阐释一下主问题的特点。

（1）学生活动的角度

从学生活动的角度看，主问题在教学中表现出这样一些明显特点：

①在课文理解方面，具有吸引学生深入品读的牵引力；

②在过程方面，具有形成一个持续较长时间教学板块的支撑力；

③在课堂活动方面，具有让师生共同参与、广泛交流的凝聚力；

④在教学节奏方面，具有让学生安静下来思考问题、形成动静有致课堂教学氛围的调节力。

（2）教师教学的角度

从教师教学的角度而言，可以这样概括主问题的特点、功能与作用：

①主问题是经过概括、提炼的，主问题对教师把握教材的水平和课堂对话的能力提出了很高的要求，主问题的广泛运用将普遍提高语文教师深入细致地钻研

教材、研读课文的水平。

②主问题有利于课堂上"大量的语文实践活动"的开展，有利于"简化教学头绪，强调内容综合"。主问题的提出，是"预设"；由主问题而形成的课堂活动，是"生成"。

③由几个主问题组织起来的课堂阅读活动呈"板块式"结构，每一个主问题在教学过程中都能产生有相当时间长度的课堂学习与交流活动，几个主问题层层深入，从不同的角度深化着对课文内容的学习。

④由于主问题往往呈现"话题"的形式，所以课堂教学中师生的品读活动一般不是表现为细碎的"答问"，而是表现为师生之间的"对话"，这将普遍改变语文教师的课堂提问习惯，形成流畅扎实的、效率较高的课堂教学过程。换个角度说，主问题教学设计的探索能够综合地、立体地、多侧面地提高语文教师的教学业务素质。

（3）课堂教学艺术的角度

从课堂教学设计艺术的角度看，主问题设计给我们如下启示：

①课堂教学提问设计的技术，是语文教师组织阅读教学的核心技术。这种技术的高超或平庸，能够体现课堂阅读教学的精致与粗浅。所以，从教学的课堂技术的角度而言，主问题的研究关系到语文教师对教学技艺的研究。对主问题的研究，实质上是对课堂教学最关键的技术问题的研究。

②主问题设计，其实都是学生活动的设计，都是学生阅读能力的训练设计，都是教师与学生的课堂对话活动设计。阅读教学中一般常用的、惯用的提问手段在这里悄然淡化了，而代之以课中小专题的探究，代之以课堂交流与师生对话，从而产生一种全新的训练形式——无提问式教学设计。这就是我们常说的：对提问设计的研究，最神秘、最有趣的是研究不提问。

③主问题的设计着眼于"一线串珠"、整体地带动对课文或者课文片段的理解品读，在教学中往往表现出一种"线索之美"。在以主问题为线索的阅读教学中，由于课堂学习活动以学生的读、写、说、思为主要成分，课堂教学节奏协调，动静相宜。

这里要特别说一个"教学线索"的问题。用一个教学主问题牵动课堂阅读教学、牵动学生研讨活动的教学设计手法，也可以称为"设置教学线索"。教学线索之美表现在一节课或一篇课文的教学之中，大部分教学内容、教学活动或重要教学板块都由主问题这根教学线索串联着，表现出课文整体阅读的教学思路。

"设置教学线索"实质上是一种"精练"的教学艺术，一种"严整"的教学艺术。它要求对课文进行整体处理并从中提炼出优美的教学线条，从而能有效地简化教学头绪，表现出高屋建瓴的设计风格，有着鲜明的整体阅读教学的特色，使教学内容于单纯中表现出丰满，于明晰中透露出细腻，有效地突显了课文内含的最佳信息。

④主问题设计带来了课堂活动形式的巨大变化，用"主问题"来结构学生的课中活动，用主问题来制约课堂上无序的、零碎的、频繁的问答，能有效地克服语文阅读教学中肢解课文、一讲到底、零敲碎打等弊端，遏制教师的过多讲析，让学生成为课堂有序学习活动的主体，让那些令人耳目为之一新的课型与课堂教学结构脱颖而出。

总之，主问题是阅读教学中有质量的、立意高远的课堂教学问题，其魅力表现于课堂阅读教学中的一线串珠、整体阅读、多角度理解、选点突破、优化活动、精细思考、充分交流、丰富积累等多个层面，是深层次课堂活动的引爆点和黏合剂，在教学中显现出"以一抵十"的力量，具有"一问能抵许多问"的艺术效果。

6. 主问题的设计技巧

这里穿插一个教研故事。

上海特级教师徐振维老师的《〈白毛女〉选场课堂教学实录》发表在《中学语文》杂志1986年第11期上。从1986年到1992年，笔者反复品读、提炼，深感它美妙精致，能给人太多的思考，于是写出了评析文章——《中学语文教例品评100篇》中的第一篇文章，发表在《中学语文》杂志1993年第3期上。

只提了四个主问题——《〈白毛女〉选场》教例品评

这是上海市特级教师徐振维老师的一个教例。在预习的基础上，教师在讲析中只提了四个主问题。

一、现在让我们攀登第一个坡，你能不能找出例子，说明人物的动作是符合他的身份和性格的？

（学生列举"杨白劳畏缩地看看四周""穆仁智轻薄地用灯照喜儿""杨白劳一层层剥开包有红头绳的小纸包""杨白劳大惊，昏迷地，战抖着"等例，分析人物的身份和性格。）

二、现在我们来爬第二个坡，说明语言也是符合人物性格和身份的，不同的人物对同一事物有不同的语言。

（师生就"杨白劳眼里的'灯'与黄世仁眼里的'灯'""杨白劳与穆仁智关于'找地方说理'的对话"等分析讨论。）

三、现在我们再来爬一个坡，从同一人物对同一事物前后不同的语言理解人物的性格在变化。

（教师引导学生重点分析杨白劳的逃避→忍耐→侥幸→哀求→反抗→愤怒的性格发展曲线。）

四、上面分析人物语言与身份性格的关系，都是通过一段一段的话或者一句一句的话来进行的，能不能从另一个角度，即从人物的只言片语来分析人物的身份和性格呢？

（师生分析，黄世仁为把喜儿骗到手，七次喊"老杨"，后来本性大暴露，口口声声喊了十几声"杨白劳"。由此可见，一个简单的称呼，也能反映人物的性格。）

【评析】

此教例出自"大家手笔"，颇有大家风度。

从课堂教学的总体设计看，此为"抓纲拉网式"教学。这堂课的"纲"，就是分析语言、动作与人物的身份、性格之关系；这堂课的"网"，就是教者设计四个主问题所涉及的有关知识内容，教者提纲挈领，纲举目张，利用四个问题把课文从整体上各有重点地挖掘了四遍，不仅文体教学的特征分明，而且教学容量之大令人惊叹。

从教者所设计的四个主问题看,这节课呈现"板块式"的课堂教学结构。每一个问题,都引发一次研究、一次讨论、一次点拨。四个主问题形成四个教学的"板块",结构清晰且逻辑层次分明;每个教学板块集中解决一个方面的教学内容,既丰富、全面,又显得比较深刻。

再从四个主问题本身看,问题的设计极富特点。这四个问题,可称为"串问"或"顶针问",四个问题一个接一个,涉及的内容一个比一个细致、深入,一气呵成,组成了完满的教学结构。它们在教学中的作用主要为:第一,既是提问,也是在告诉学生如何去分析剧本中的人物性格、身份,"问"中有丰富的知识暗示;第二,既是提问,也鲜明地表现了教学思路和教学层次;第三,既是提问,也是对学生的智力、能力进行开发的手段。课堂上学生紧张的阅读、探寻、答问、讨论,教师的引导、点拨,形成多方向、多层次的交流,教学气氛活跃,能够最大限度地激发学生探求的热情。

如果在四"问"的讲析过程中略略变化一下手段或方式,教学的形式或许会更为活跃。

我深爱这个教例和这篇评析,不仅是因为它引发了后续的教例品评的撰写,更是因为它对我学术研究的发展有着非常重要的意义——我在此文中和此后提出的主问题设计理念,"抓纲拉网式""一线串珠式"教学设计手法,特别是"板块式"课堂教学结构的创立,都与这个精彩的教例及对它的评析有关。可以说,没有这样的深刻感受,没有对很多美好的名师课例长时期的精心提炼,就没有我学术方面的深入发展。

主问题设计研究需要教师有扎实的技能基础,除了科学求实的教学理念之外,其重要前提与基础就是深入扎实的教材研读了。所以,在主问题的设计研究中,最关键的是看教师能不能根据教材的特点与教学的需要提炼出美妙的主问题。

一位教师,如果没有极具耐心的、认真细致的、方法多样的、别出心裁的课文研读,可能就没有深入高效的课堂阅读教学,没有优美独到的提问设计。

下面分几个层次说说主问题的设计技巧。

(1) 第一层次：主问题的设计，应表现出重要的作用

①有利于课文的整体阅读教学。

如《茅屋为秋风所破歌》教学的主问题设计：

A. 体味、品析、设计这首诗的朗读角度，即每一段应该如何朗读。

B. 用对称的句式概括这首诗每一段的意思。

C. 这首诗有描写、有叙事、有抒情，在诗中各找出一个例子加以分析，并说说在这首诗中表现了杜甫怎样的情怀。

D. 用五个句子评说课文中的"作者"。

②有利于培养学生独立阅读的能力。

如下面的提问设计：

A.《阿长与〈山海经〉》：这篇课文围绕阿长写了哪些事情，重点写的是什么？

B.《香菱学诗》：香菱学诗如痴如醉，请从课文中找出有关的描写语句，体会这些描写的传神之处。

C.《出师表》：课文中诸葛亮就国内政治问题向后主刘禅提出了哪几条建议？其中哪一条是主要的？为什么？

③有利于在教学中"简化教学头绪，强调内容综合"。

如《孔乙己》阅读教学的活动设计：

A. 试从"手"的描写入手，欣赏对孔乙己命运和性格的描写。

B. 试从"对比"的角度体味课文的表现手法。

C. 试以"实写与虚写"为话题分析《孔乙己》的表达艺术。

D. 试从语言表达的角度体味作者的情感。

④有利于课堂教学上"大量语文实践"活动的开展。如：

A.《孤独之旅》：复述故事，说一说故事情节的开端、发展、高潮和结局。

B.《枣儿》：选择感兴趣的片段，与同学合作表演。

C.《孙权劝学》：展开想象，增补一些情节，把这篇短文改写为一个故事。

D.《海燕》：学习课文之后，试以"海燕的宣言"为题写一段话。

⑤有利于课文的深读、美读。如：

A.《荷叶·母亲》结尾段"十美"欣赏。

B.《大自然的语言》开头段美点赏析。

C.《爱莲说》"予独爱……"句妙点揣摩。

D.《湖心亭看雪》"雾凇……"句美点寻踪。

⑥有利于精选内容，突现教学重点。

如《狼》的教学，能由下面三个主问题组织起一节好课：

A.《狼》表现了屠户和狼的斗争，故事情节层层相扣、紧张曲折。请举例进行分析。

B.《狼》篇幅短小，结构紧凑，语言简洁生动。"语言简洁生动"表现在哪些地方？

C.请以"狡猾"与"机智"为话题，谈谈你对《狼》这个故事的理解。

⑦有利于精致地展现课文文本的特点、要点、重点。如：

A.《走一步，再走一步》：课文对"我"的心理活动的描写细致入微，请勾画出文中表现"我"的心理变化的语句。

B.《中国人失掉自信力了吗？》：请同学们按课文中揭示对方错误、直接反驳、间接反驳（正面立论）、做出结论的推进过程，把课文分成四部分，并试用表格将它们表现出来。

C.《曹刿论战》：议一议，文中哪些地方表现了曹刿的远谋？

⑧有利于激发、引领学生进行研讨性学习。如：

A.《变色龙》：想一想，说一说：小说的最后为什么要写到"将军家的厨师"？

B.《安塞腰鼓》：本文大量用排比，包括句子内部、句与句之间、段与段之间的排比，试举例加以说明，并说说排比对表现文章思想感情的作用。

C.《回延安》：说说诗人是按照怎样的线索来抒发情感的。

（2）第二层次：主问题的设计，应关注其在教学流程中的运用

主问题精练教学内容与教学过程，突出学生的主体学习地位，往往能够成功地拎起一连串的教学内容，串起全体学生参与的课堂创造活动的彩珠，在明快单纯的教学线条中激荡出丰富多彩的教学内容。

在实际的运用中,可注意如下要领:

①在课文教学的感知阶段,可用主问题牵动对全篇课文的整体理解,从而提高学生阅读的质量,加深学生的思考。

如《珍珠鸟》"课文初读"的提问设计:

主问题:同学们从任意的角度说说这篇课文中有什么。

学生发言的内容可能有:

课文中有一只娇憨可爱的鸟,有一个爱鸟的人,有"我"和珍珠鸟之间的信赖关系,有在对小鸟神态、动作的描写之中融入的喜爱之情,有盎然的诗意,有画的色彩,有哲人的思索。有温馨和谐的环境,有一幅奇特高雅的水彩画,有一幅活灵活现的雏鸟初出图,有一幅摄人心魄的小鸟甜睡图,有十几个充满爱意的"小"字,有几个表达喜爱之情的"小家伙",有几十个用得轻盈活泼的动词,有暖色调的色彩词,有好多具有情态之美的修饰语,有一个简洁美好的开头,有富有哲理的点睛之笔……

"一花引来万花开",有了这样的"热身",实际上已经为课文品读揭开了美好的序幕。

②在课文教学的品析、理解阶段,可用主问题形成课堂教学的重要活动板块,深化对课文的认识、理解、品析、欣赏和探究。

如《卖油翁》品读中的"发现":

话题:请用"课文中有两个……"的句子说话,要求每个同学都从课文中有所发现。

学生的发言可能涉及的内容以及教师可能点示的内容有:

课文共有两段,第一段写的是"看陈射箭",第二段的内容是"评陈射箭"。

全文由两个段落组成,第一段写得略,第二段写得详。

第一段中有两个词对陈尧咨进行了概括介绍:"善射",说明他的特长;"自矜",点出他的弱点。

第一段中的"睨"和"微颔"这两个词写出了卖油翁不以为奇的心理和神情。"睨之"表明卖油翁对举世闻名的善射者的射技不以为然。"微颔"是对陈尧咨射箭的技巧略表赞许。

第一段中写了陈尧咨的"自矜"与卖油翁的"微颔"两种不同的神情态度。这给故事的发生、发展设置了悬念。

第二段中有陈尧咨"汝亦知射乎？吾射不亦精乎？"两个连续的问句，两问都含有轻视对方的意思，也表现了十足的自信。它们充分反映了陈的恃才自傲。

文中对卖油翁的描写有两组词值得玩味：一是"睨之""微颔之"，写出了卖油翁的神情意态；二是"取""置""覆""酌""沥""入"这几个动词使整个过程顺序分明，是卖油翁"手熟"的生动表现。

课文中有两个地方写出了卖油翁身怀绝技：一是对陈的射技"微颔"，敢于对"当世无双"的人"微颔"，自然是身手不凡，这里是"暗写"；二是"酌油沥之"的表演令人惊叹，这里是"明写"。

课文中写了陈尧咨和卖油翁两个不同性格的人物形象，这两个人物的性格是一刚一柔：陈尧咨骄傲自大，卖油翁沉着稳重。

陈尧咨和卖油翁在两个方面有着鲜明的对比：一是身份、技能的对比，二是性格的对比。

……

③在课文教学的深化阶段，可用主问题激发思考，引发讨论，深化理解，强化创造，形成波澜或高潮。

如《大雁归来》的第三个教学板块的主问题设计：

请每位同学都用"课文集美"的方式，从课文中勾画、连缀出一段话，以表现三月大雁的"说话"声，这样我们就能体味到课文中美的语言、美的手法、美的情感。

学生的活动成果：

它们顺着弯曲的河流拐来拐去，穿过现在已经没有猎枪的狩猎点和小洲，向每个沙滩低语着，如同向久别的朋友低语一样。

它们低低地在沼泽和草地上空曲折地穿行着，向每个刚刚融化的水洼和池塘问好。

在我们的沼泽上空做了几次试探性的盘旋之后，它们白色的尾部朝远方的山丘，终于慢慢扇动着黑色的翅膀，静静地向池塘滑翔下来。一触到水，我们刚到的客人就会叫起来,似乎它们溅起的水花能抖掉那脆弱的香蒲身上的冬天。我们的大雁又回来了。

第一群大雁一旦来到这里,它们便向每一群迁徙的雁群喧嚷着发出邀请。

从早到晚,它们一群一群地喧闹着往收割后的玉米地飞去。每次出发之前,都有一场高声而有趣的辩论,而每次返回之前的争论则更为响亮。返回的雁群,不再在沼泽上空做试探性的盘旋,而像凋零的枫叶一样,摇晃着从空中落下来,并向下面欢呼的鸟儿们伸出双脚。那接着而来的低语,是它们在论述食物的价值。

④在课文的收束阶段,有时也可用一个主问题形成生动活泼的教学细节,让课堂教学留有余味,结而不尽。

如《小石潭记》最后一步:趣味欣赏。

请同学们自选下面一个词,就课文内容写一个句子:

清新　清凉　清秀　清越　清澄　清脆　清亮　清澈　清幽
清冷　清寒　清寂　清静　清冽　清凄　清丽　清晰　清纯

同学们写的句子集中起来,就是一则趣文。

《小石潭记》趣味欣赏

"闻水声,如鸣珮环",水声叮咚,清越动人。

"下见小潭","尤"有清凉之感。

"青树翠蔓,蒙络摇缀,参差披拂",景物多么清秀。

鱼儿"往来翕忽",嬉戏在清澄的水中。

"影布石上",可见潭水冰清玉洁,清澈透明。

小溪也一定是水声清脆,水色清亮。

"坐潭上,凄神寒骨",是坐在石上的清冷。

"其境过清",环境太清静了,太清幽了,这让作者更感到心境的清凄。

全文段落小巧,景物清新,情景交融,充满诗情画意。

这样的课文教学的收束方式及内容值得经久回味。

请看一个整体的教学创意——自读课文《走一步,再走一步》的提问设计。

课文初读阶段的提问：请同学们自选角度，说说《走一步，再走一步》讲述的是一个什么样的故事。

课文教学进行阶段的提问：①请同学们尝试复述课文内容。②请同学们根据课文内容，说说文中对"我"的心理描写运用了哪几种方法？

教师在教学中引导学生进行不同角度、不同侧面的理解。

课文教学深化阶段的提问：赏析文中最后一段的表达之妙。

像这样的主问题设计是引领学生活动的设计，是学生阅读能力的训练设计，是教师与学生课堂对话的活动设计，阅读教学中常用的、惯用的零碎提问的手段在这里悄然淡化，而代之以学生的实践活动、课堂交流与师生对话，大大提高了课堂活动的效率。

（3）第三层次：说说主问题的"变用"

主问题的"变用"，就是反其道而行之，设置"微型话题"。

"微型话题"也叫作"话题群"，是众多的发散的可自由选择的话题。如：手的描写与孔乙己的悲剧命运、对孔乙己脸色描写的表达作用、怎样看孔乙己的"偷"、孔乙己与"酒"、孔乙己的神情描写与性格特点、说说没有出场的丁举人、"笑"在小说中的艺术力量、孔乙己的第一次亮相和最后一次出场、孔乙己的话语分析、孔乙己在小说中是一个弱者、咸亨酒店与孔乙己、孔乙己的善良、《孔乙己》中的"我"……

微型话题在阅读教学中的重要作用就是使阅读教学细节化、个性化。

学生的阅读思考、表达见解的活动占据了课堂教学的大部分时间，学生的能力提高和智力发展成为课堂教学活动的主流，有利于形成生动活泼的立体式双向交流的课堂教学结构，从而增大课堂教学容量，提高课堂效率。

它有利于教师水平的提高。教师在这样的教学中，既要具备高层次的阅读分析能力和审美鉴赏能力，反复地、多角度地阅读钻研教材，发现教材的不同侧面、不同层次的美点，又要提高教学设计水平。

在课文的研究性学习中，每一个话题都是一条有牵引力的线索。

如《拿来主义》"能力训练课，话题讨论式"教学方案设计中，可用于讨论的

"微型话题"丰富多彩。

①"课文概说"话题：

A. 对课文进行简洁的文意概括。

B. 根据文章内容阐释标题的含义。

C. 提取全文要点。

②"内容品析"话题：

A. 分析"拿来主义"在课文中的作用。

B. 课文划分为四个部分，概括其大意，阐释其作用。

C. 分析第一段的表达作用与效果。

D. 阐释本文语言表达的精妙。

E. 读课文第7—10段，进行美点品析。

③"技法探究"话题：

A. 分析本篇杂文在写法上的主要特点。

B. 阐释——作者在阐述"拿来主义"之前，为什么先谈"闭关主义"和"送去主义"？

C. 专题赏析——"大宅子"的比喻之妙。

D. 用"丰厚"一词阐释文章的表达特点。

E. 分析这篇文章中对比论证的手法。

F. 分析这篇文章高超的说理艺术。

……

每个话题都有难度，每个话题都是训练。

第五章

语文教师阅读教学的基本技能

语文教师阅读教学的基本技能，指的是教师在进行教学时必须具备的基础的常用的教学技能。其含义，可以从三个方面去理解。

第一，它们是中学语文阅读教学中层次比较高的教学技能。

第二，它们是要求在细节上做得比较精准的技能。

第三，它们是在课程改革背景下需要更多地进行创新的教学技能。

从职业的角度来看，它们是语文教师教学生涯中赖以生存的技能。

本章所阐释的，有九个方面的基本技能：课型设计技能、能力训练技能、语言教学技能、活动组织技能、手法运用技能、朗读教学技能、学法指导技能、教案撰写技能、语言表达技能。

即使是这样几乎每天都要用到的技能，也还有不少语文教师不能很好地运用，因此，知道什么是阅读教学的基本技能，学好练好阅读教学的基本技能，对于提高我们的教学技艺，进行规范的课堂教学操作，都有非常重要的意义。

1. 课型设计技能

阅读教学的课型设计，是语文教师应该掌握的重要的教学技能之一。

"课型"，是教师天天需要面对而实际上仍然感觉陌生的概念，因为，大多数语文教师在教学设计中几乎从不考虑它。

日常阅读教学中几乎千篇一律地都是"教读课"，连"自读课型"都很少出现。

课型的研究、实践与发展是与时俱进的。不同的时代有着不同的主流课型，不同的纲领性文件指导下会产生不同的新鲜课型，不同的教学流派有着各自的代表性课型，不同的课题研究在教学上也表现为不同的课型载体。

课型设计研究有两个基本内容：一是规范"课"的形态，即课型设计要得"体"，文学作品的教学课型与一般说明文的教学课型应该有明显的区别；二是丰富"课"的种类，即课型设计要适应时代的进步，要创新现有的课型，要创造全新的课型。

课改背景下的语文教学理念、教学要求、教学内容已经发生了深刻的变化。我们需要在词句理解、文意把握、要点概括、内容探究、作品感受等方面训练学生的思考与能力；在自主、合作、探究、创造等方面教给学生方法和技能；培养学生多角度、有创意地阅读的思维与方法；引导学生从阅读中获得对自然、社会、人生的有益启示；引导学生深化自己的情感体验；对学生进行人文熏陶，提高学生的文化品位和审美情趣，等等。

部分语文教师课型运用的能力远远不能适应教材改革的要求。统编教材新的教材体系需要我们努力进行这样一些课型的思考与实践：

①整体教读课型。这种课型的作用，是高效地、科学地进行单篇课文的整体阅读教学，在"教读"中训练学生。

②自读实践课型。这是以学生的自读活动为主的课型。在这种课型中，教师占有少量的活动时间，但承担着重要的指导任务。

③学法指导课型。重点用于对学生良好的阅读方法和科学的阅读技能的培养。其课型任务是进行阅读技能训练和学习方法的指导。

④语言学用课型。即语文教学中关键性内容——语言的学用课，这种课型可以细化为语言品读课、读写结合课和智能练习课等课型。

⑤文学欣赏课型。用于文学作品的赏析教学。它讲求突出文体色彩，要求有比较高明的教学手段，要求在语言品味、形象感染、手法欣赏、情感熏陶等方面下功夫。

⑥语文活动课型。这种课型将语文能力的培养融于生动活泼的课堂活动，包括"综合性学习"活动中将学生的兴趣爱好引入语文学习的广阔视野。

⑦自主阅读课型。用于统编教材中的"活动·探究"单元，几乎所有的时间都由学生在教师的指导和单元活动的要求下进行自读与自写的实践。

⑧思维训练课型。这是培养学生思维能力的课型，在这种课型中，教师要指导学生运用比较、分析、归纳等方法，发展他们的观察、记忆、思考、联想和想象能力。

还有朗读训练课、专题研讨课、探究性学习课、名著阅读指导课、课外阅读指导课、高中语文选修课，等等。

如此，阅读教学的课型设计的艺术就走进了千百语文教师的课堂。

下面来欣赏传统课文《七根火柴》"文学欣赏课型"的教学设计。

主要教学内容为：

1. 请同学们从课文中找出例子，说明环境描写的表达作用。

学生找出课文中对草地、恶劣天气的描写文字并进行讨论：茫茫的草地，恶劣的天气，阴冷的环境，可怕的黑夜，无路的征途，难耐的饥饿——无名战士就是在这样的环境里出场的。奄奄一息的他，与其说是熬过了风、雨、雷、电交加的夜晚，不如说是为了要把这七根火柴献给战友们才坚强地活下来的。作者精心设置了主人公活动的环境，有效地推动了故事情节的发展，有力地表现了主人公的意志和品质。

2. 请同学们从课文中找出例子，说明外貌描写的表达作用。

学生找出例子，在讨论中理解到：无名战士是在雨中淋着的，是倚着树杈半躺着的，是濒临死亡的，已经没有了活下去的可能。此时的他不需要食物上的救助，也不需要行动上的搀扶，他要的是把生的希望留给战友——可以想象，他是怎样顽强地坚持着才挨过了那漫长而寒冷的风雨交加之夜。

3. 请同学们从课文中找出例子，说明语言描写的目的和效果。

学生读课文，举例子，分析人物性格：无名战士的语言，表现了他处境的艰难、生命的垂危，但同时又表现了他的眷念、他的情感。他数火柴的声音虽然很小，却让人感到无比深沉。他牺牲前的反复嘱托，真可谓语重心长，最后一句话虽是断断续续，没有说完，但表明了他对革命事业的忠诚和对战友的牵挂。

4. 教师讲析，小结文学作品中人物的欣赏角度与方法，组织课外短文阅读实践。

这个课的教学内容的设计十分得体，是小说作品阅读欣赏教学的一个蓝本。

这个课的课型设计相当精彩、精致。

第一，它的设计是有课程标准依据的。《义务教育语文课程标准（2011年版）》指出了七至九年级的阅读教学应达到的目标："欣赏文学作品，有自己的情感体验，初步领悟作品的内涵，从中获得对自然、社会、人生的有益启示。对作品的思想感情倾向，能联系文化背景做出自己的评价；对作品中感人的情境和形象，能说出自己的体验；品味作品中富于表现力的语言。"所以，这种文学欣赏课的主要教学目的就是提高学生的欣赏品位和审美情趣。

第二，它有着鲜明的个性特色：突出文学欣赏教育，有比较高雅的教学手段，注重突显作品的立意之美与表达艺术之美，表现出强烈的审美意识和情感熏陶意识。从教学过程来看，它提炼准确，层次明晰，设问精到，学生的活动充实丰富，整节课既点示出文学作品的欣赏角度与基本方法，又让学生在文学作品的理解、鉴赏中受到高尚情操与趣味的熏陶，获得思想启迪，享受审美乐趣，丰富精神世界。

从课文处理的角度来看，这个课型也可称为"整体教读课型"；再从提问设计的角度来看，还可称为"无提问式课型"。"板块式"思路与"主问题"设计在教学中得到了切实的运用。

这样的课型设计，摈弃了通常的讲读课、讲析课、串讲课、答问课，让学生在主动积极的语言、思维和情感活动中，加深理解和体验，有所感悟和思考，表现出"得体""得法"的设计特点。

2. 能力训练技能

在阅读教学中要对学生进行能力训练，这是每一位语文教师都知晓的事情，但在日常教学中，"教课文"几乎成了主导倾向。我们习惯于教课文、讲课文而不习惯于在教学中关注对学生终身受用的阅读能力的训练。

每位教师都会为备课而阅读教材，但又基本上不会分析与提炼课文的能力训练点，这可能是语文教师研读课文的主要弱点。如果注重"用课文教"，那么在研读课文时一定要注意提取所教课文中的知识点和能力点，如此才能真正做到"利用课文增加学生知识，利用课文训练学生能力"，也才能从更深更细的层面来阅读分析课文。

下面是笔者对《赫耳墨斯和雕像者》的阅读能力训练点的分析。如果能有序地组合其中的几个"点"，它们就是课堂教学中的一组"主问题"，就能形成一节学生活动充分、能力训练到位的好课：

①课文第一部分的层次划分
②重新拟一个课文标题
③概说故事内容
④梳理、归纳故事的情节脉络
⑤概括文章主旨
⑥用成语评价人物形象
⑦提取能够表现课文信息的关键词语
⑧用朗读表达作品的意味
⑨想象、续写故事情节的进一步发展
⑩体味课文的表现手法
⑪语言赏析，特别是对"笑"字的品析
⑫对文中"三问三答"的表达作用的赏析
⑬扩写这则寓言故事
⑭品析故事中的"小说味"

⑮对课文的更深寓意的品味

语文教师的能力训练技能，首先表现在对课程标准规定的有关学生能力训练内容的把握和执行。

对学生的能力训练，最重要的有10个点：朗读课文、理清思路、文意把握、要点概括、内容探究、手法品味、词句品析、局部精读、阐释表达效果、初步鉴赏文学作品。

语文教师的能力训练技能，其次表现在能够提炼"通用的能力"并对学生进行"通用的能力"训练。

所谓"通用的能力"，指的是应对文体阅读或考察时需要的基本能力。如：

①基础的阅读能力。如朗读吟诵、辨识文体、解说结构、分层划段、概说文意、概括段意、分析情节、品词论句等，都属于基础的能力。基础能力的训练能让学生一生受用，阅读教学中必须关照这些能力的培养。

②实用文体的阅读能力。记叙文、说明文、议论文、传记、随笔、杂文、序言、书信、演讲稿等，这些文体都属于实用文体。要关注学生实用文体阅读能力的训练，怎样阅读记叙文，如何阅读说明文，怎样阅读议论文，都要有符合其文体特点的教学实践方式。

③文学作品的阅读能力。对诗歌、小说、散文、戏剧等作品的文学欣赏能力是高层次的阅读能力，即对作品的思想感情倾向，能联系文化背景做出自己的评价；对作品中感人的情境和形象，能说出自己的体验；能品味作品中富于表现力的语言。细化一点说，还有对文章的各种表达手法与写作技巧的辨识、理解、分析、欣赏等。

④文言诗文的阅读能力。文言诗文首要的教学要求就是落实字词，并特别注重对学生朗读、品析、阐释与作品欣赏的能力训练。

⑤实践学习方法的能力、一定的思维能力的训练，也是对学生的层次较高的能力训练。

对通用的能力的分析与提炼，能令我们在阅读教学的过程中做到心中有数，有的放矢，突显重点，不偏不倚。

语文教师的能力训练技能，还表现在对文体教学中的阅读能力训练内容的研究。如小说阅读训练能力点提炼——

基本能力点有：辨识小说的要素；分析文章的层次或概括选文的思路；分析或者概括故事情节；分析或者概括人物形象；在具体的语言环境中理解词义；在具体的语境中理解句义；品味句段中的修辞手法及其作用；概括段意或者事件；概括文章的思想内容及主旨等。

高层能力训练点有：文章线索的分析；故事片段的欣赏阅读；环境描写的分析理解；人物心理描写的分析与欣赏；各类描写方法和描写内容的品评；文中佳词美句的品味；表达方式、表现手法和表达效果的赏析；运用学习过的文学知识如伏笔、照应、悬念、正面描写、侧面烘托对指定的内容进行欣赏，等等。

如果大部分语文教师都能对学生的阅读能力训练点了然于胸，能在课文教学中进行、突显对学生的能力训练，就达到了我们孜孜以求的高效阅读训练的境界。

3. 语言教学技能

语言教学，是中学语文教学研究中最为基础的课题，是语文日常教学中的重头戏。

语言教学的技能，是语文教师最基本的教学技能。

《义务教育语文课程标准（2011年版）》极为强调语言教学的问题——课程标准中"语言"一词出现了近50次，"语感"一词出现了8次，"积累"一词出现了近20次。

"语文教学要注重语言的积累、感悟和运用"，是课程标准中关于语言教学的重要要求之一。此外，课程标准还要求"体味和推敲重要词句在语言环境中的意义和作用"、"品味作品中富于表现力的语言"、提高"欣赏品位"和"审美情趣"等，可谓反复强调，唯恐教师掉以轻心。

语言教学，从阅读教学的角度讲，指的是对学生进行语言训练的教学，即字、词、句、段、篇以及听、说、读、写、思训练中的语言感受、语言积累、语言学用、语言品析与鉴赏。

语言教学天然地存在于每一篇课文和几乎每一节语文课中。对学生进行语言教学，是工具的授予、技能的培养，也是人文的熏陶。

语言教学是课文阅读教学最基本、最重要的内容。其教学研究的内容丰富多彩。有关字词句篇、听说读写的每一项内容都大有文章可做。从学习语言的一般过程来讲，认知、感受、理解、积累、运用、品析、赏鉴、创造这一系列的环节中，每个环节内都包含着对教学内容、教学方法、教学艺术手法的研究。

语言教学的核心与灵魂，是语言积累教学。中学语言积累教学研究，应该是语文教学研究中最为基础的课题。在语言教学研究中，语言积累教学的研究应该是管总的。

所谓语言积累教学，可以从两个方面来看：第一，是在语文的读写教学中让学生习得更多更美的语言，如认识更多的字、记下更多的词，更重要的是成块成段成篇的语言材料的读背识记，它们是语言运用的坚实基础。第二，是在学生习得语言的同时，教会学生积累语言的方法，让他们学会品味、揣摩、感悟语言和欣赏优美、精彩的语言。

语言积累教学的精华内容应是：雅词、佳句、精段、美文以及综合性的精美的语言表达模式。为此教师还要善于从语言的角度对每一篇课文进行分析，分析课文的句式、段式、篇式，分析课文中语言组合的特点，分析课文语言在叙述、描写、说明、议论、抒情中传情达意的技巧。这种分析，就教师而言，进行得越周全越好，进行得越深刻越好，进行得越透彻越好。

教师语言教学技能的主要表现之一，是能够对教材和课文进行语言分析与研究。即从语言的角度对课文进行梳理、提取、分类、品味、欣赏；从语言的角度利用课文进行教学。

如下面对《在马克思墓前的讲话》语言表达艺术的分析，本身就已经是一个教学方案的雏形。

深沉的哀痛：3月14日下午两点三刻，当代最伟大的思想家停止思想了。让他一个人留在房里还不到两分钟，当我们进去的时候，便发现他在安乐椅上安静地睡着了——但已经永远地睡着了。

深情的评价：这个人的逝世，对于欧美战斗的无产阶级，对于历史科学，都是不可估量的损失。这位巨人逝世以后所形成的空白,不久就会使人感觉到。

深透的评述:马克思在他所研究的每一个领域,甚至在数学领域,都有独到的发现,这样的领域是很多的,而且其中任何一个领域他都不是浅尝辄止。

深挚的评议:正是他第一次使现代无产阶级意识到自身的地位和需要,意识到自身解放的条件。斗争是他的生命要素。很少有人像他那样满腔热情、坚韧不拔和卓有成效地进行斗争。

深切的悼念:现在他逝世了,在整个欧洲和美洲,从西伯利亚矿井到加利福尼亚,千百万革命战友无不对他表示尊敬、爱戴和悼念,而我敢大胆地说,他可能有过许多敌人,但未必有一个私敌。

教师语言教学技能的主要表现之二,是对语言教学形式、语言教学活动、语言教学手法的设计。

从日常教学看,语言教学最基础最朴实的方法是诵读记背,最自然最常用的方法是读写结合。语言教学的创新设计,可以以"读写结合"为最佳切入口。诸如成语接龙、美句摘抄、提纲罗列、画面描述、课文集美、人物素描、段式学用、补说续写、用词写话、古诗改写、信息提取、作品评论、活动记录等,都是常用的好方法。

关于语言教学的设计,可以通过如下的操作角度表现出来。

(1) 语言积累训练

这种创意着眼于语言的积累,着眼于识记,着眼于理解。

如《〈论语〉12则》第四个教学板块:积累课文语言。

教师下发印有"分类式整理练习"的白纸,学生分类整理课堂笔记。

在"成语"类记下:

不亦乐乎　三省吾身　三十而立　从心所欲　温故知新　疏食饮水　择善而从　三人行必有我师　不舍昼夜　逝者如斯　匹夫不可夺志

在"名言警句"类记下:

①激励志向

子曰:"三军可夺帅也,匹夫不可夺志也。"

② 陶冶情操

曾子曰:"吾日三省吾身:为人谋而不忠乎?与朋友交而不信乎?传不习乎?"

子曰:"学而时习之,不亦说乎?有朋自远方来,不亦乐乎?人不知而不愠,不亦君子乎?"

③ 启迪智慧

子曰:"三人行,必有我师焉。择其善者而从之,其不善者而改之。"

子在川上曰:"逝者如斯夫,不舍昼夜。"

④ 积累语言

子曰:"温故而知新,可以为师矣。"

子曰:"学而不思则罔,思而不学则殆。"

子曰:"知之者不如好之者,好之者不如乐之者。"

下课之前,同桌互相交换、检查课堂学习笔记。

(2) 语言品读训练

这种教学创意的教学视点放在语言的品味与分析上,在理解的基础上引导学生学会说、阐释、描述等品味语言的方法。

请看《口技》的最后一个板块的教学设计。

1. 教师:同学们,现在让我们来品读课文的美点。我们要抓住一个"善"字,针对课文内容,用"善"这个词来造句——造出的句子越多,你对课文的内容理解得越深刻——这就叫课文妙点揣摩。比如说:"善"在"遥闻"一词用得好,它写出了深夜的寂静,写出了声音由远及近;"善"在"深巷"一词用得好,它写出了犬吠的回音,表达了口技的高超。

2. 学生进行准备,小组交流,课堂发言:

"善"在声音有大小。

"善"在声音有远近。

"善"在声音有内外。

"善"在声音有动静。

"善"在声音有疏密。

"善"在"伸颈",写出了宾客在听表演时那种惊愕的神情。

"善"在"侧目",写出了宾客在听表演时那种专心体味的神情。

"善"在"微笑""默叹",生动形象地刻画出了听众听表演时那种陶醉、叹服的神情。

"善"在"变色离席",写出了听众惊魂落魄的样子。

"善"在"絮絮不止""作作索索",写出了口技表演出的不同的细小声音。

"善"在"拍而鸣之",写出了母亲性情的温和。

"善"在"夫叱大儿",写出了父亲态度的严厉。

"善"在"奋袖出臂""两股战战",让我们想到声音的逼真。

"善"在"作作索索""盆器倾侧",是以动写静。

"善"在"百千人大呼……"写出了声音的嘈杂与复杂。

……

3. 教师小结:"善"在用"善"字通贯全篇,"善"是概括本文题旨的关键字眼。

(3) 语言欣赏训练

语言欣赏教学关注的是对语言的品评欣赏,欣赏语言运用的准确、得体,欣赏语言运用的恰切、精美,欣赏语言运用的手法、技巧。

如《荷叶·母亲》的一个环节:品一品课文最后一段话的美妙。

母亲啊!你是荷叶,我是红莲。心中的雨点来了,除了你,谁是我在无遮拦天空下的荫蔽?

学生欣赏,品出了这个结尾段的六美:

修辞之美

句式之美

抒情之美

点题之美

升华之美

虚实之美

这是很有文学意味的欣赏。

（4）语言学用训练

这种教学创意着眼于语言的学习与运用，而且更多的是学习课文的语言，学用课文中的语言表达形式与模式。

如《苏州园林》的最后一个教学环节：学用"侧面映衬"的手法写"说明"的文字。

1. 教师出示《苏州园林》的一个段落：

苏州园林里的门和窗，图案设计和雕镂琢磨功夫都是工艺美术的上品。大致说来，那些门和窗尽量工细而决不庸俗，即使简朴而别具匠心。四扇，八扇，十二扇，综合起来看，谁都要赞叹这是高度的图案美。摄影家挺喜欢这些门和窗，他们斟酌着光和影，摄成称心满意的照片。

2. 教师再出示《桥之美》的一个段落：

广西、云南、贵州等省山区往往碰到风雨桥，桥面上盖成遮雨的廊和亭，那是古代山水画中点缀人物的理想位置。因桥下多半是急流，人们到此总要驻足欣赏飞瀑流泉，画家和摄影师们必然要在此展开一番搏斗。

3. 请学生分析这两个段落在结构上的相同之处：都写了人们对美景的喜爱。

4. 教师讲析：说明文的表达，有时也可以运用"侧面映衬"的方法，先生动地说明、描述景物，然后再用人们的喜爱、赞赏去映衬景物的美好。又如，《中国石拱桥》中的一段话也是这样——

全桥结构匀称，和四周景色配合得十分和谐；桥上的石栏石板也雕刻得古朴美观。唐朝的张鷟说，远望这座桥就像"初月出云，长虹饮涧"。

5. 请学生学用这种"正面说明＋侧面映衬"的结构形式，自选内容，写一个片段。

又如美文《乡下人家》中的"段式学用"。

乡下人家

乡下人家，虽然住着小小的房屋，但总爱在屋前搭一瓜架，或种南瓜，或种丝瓜，让那些瓜藤攀上棚架，爬上屋檐。当花儿落了的时候，藤上便结出了青的、红的瓜。（第一层：描写概况）它们一个个挂在房前，衬着那长长的藤，绿绿的叶，青、红的瓜,碧绿的藤和叶,构成了一道别有风趣的装饰,比那高楼门前蹲着一对石狮子或是竖着两根大旗杆,可爱多了。(第二层:描述美感)

有些人家,还在门前的场地上种几株花,芍药、凤仙、鸡冠花、大理菊,它们依着时令,顺序开放,朴素中带着几分华丽,显出一派独特的农家风光。(第一层:写"有些人家")还有些人家,在屋后种几十枝竹,绿的叶,青的竿,投下一片绿绿的浓阴。几场春雨过后,到那里走走,常常会看见许多鲜嫩的笋,成群地从土里探出头来。(第二层:写"还有些人家")

鸡,乡下人家照例总要养几只的。(第一层:概写)从他们的房前屋后走过,肯定会瞧见一只母鸡,率领一群小鸡,在竹林中觅食;或是瞧见耸着尾巴的雄鸡,在场地上大踏步地走来走去。(第二层:细写)

他们的屋后倘若有一条小河,那么在石桥旁边,在绿树阴下,会见到一群鸭子,游戏水中,不时地把头扎到水下去觅食。(第一层:写一般状况)即使附近的石头上有妇女在捣衣,它们也从不吃惊。(第二层:写特别情况)

若是在夏天的傍晚出去散步,常常会瞧见乡下人家吃晚饭的情景。他们把桌椅饭菜搬到门前,天高地阔地吃起来。(第一层:场景描写)天边的红霞,向晚的微风,头上飞过的归巢的鸟儿,都是他们的好友,它们和乡下人家一起,绘成了一幅自然、和谐的田园风景画。(第二层:环境描写)

秋天到了,纺织娘寄住在他们屋前的瓜架上。月明人静的夜里,它们便唱起歌来:"织,织,织,织呀!织,织,织,织呀!"(第一层:写情境)那歌声真好听,赛过催眠曲,让那些辛苦一天的人们,甜甜蜜蜜地进入梦乡。(第二层:写意境)

乡下人家,不论什么时候,不论什么季节,都有一道独特、迷人的风景。

这篇文章共7个自然段,呈分总式结构。

其语言表达的特异之处是,"分说"的6个自然段(第1—6段),竟然全都是"两层式"的结构,且写法各异,角度丰富,组合精巧,给人美不胜收的感觉。

无论取哪一段,都是语言表达形式的训练蓝本。

4. 活动组织技能

这里的"活动"二字，指的是学生在语文课堂上所进行的各种实践活动。

现在，在谈论课堂教学改革的时候，如果不谈及学生语文实践活动的设计与创新，那就少了很多分量。

一位语文教师，如果还对"学生活动"四个字茫然无知，那就很有点桃源中人"问今是何世"的味道。

活动的设计、组织与开展，是当今语文教师从事教学的重要技能。

让学生在大量、广泛的语文实践活动中逐步掌握、运用语文的规律，是课程标准的核心理念之一。

它点示出来的是语文教学改革本质性的特点，是大方向。据此，在课堂教学方面，从理念到手法，从教案的整体设计到细节的精心安排，从课堂上师生之间的关系到课堂教学结构，都必须而且应该发生根本性的变化——组织与开展属于学生的大量语文实践活动。

这就是所谓"学生活动充分"。

"学生活动充分"，指的是在教师的指导下，学生在充分占有时间的前提下进行的学习语言、习得技巧、发展能力、训练思维的学习实践活动。

"学生活动充分"，是语文课堂教学的高层次境界。这种境界能够表现出教师教学理念的时尚，同时又需要教师适应新的教学形式来形成熟练的教学技艺。

设计与组织语文课堂学习实践活动，要注意两个"关键"词："种类""层次"。

学生实践活动的"种类"要多。要让学生在不同的实践活动中学到不同的知识，形成不同的能力。如：活动时间较长的、层次清晰的朗读活动，独立进行的积累资料、处理信息的阅读分析活动，思考比较充分、阅读比较深入的品析活动，目标较为明确、话题比较集中的课堂交流活动，用成"块"的时间来进行想象、探究或创造的活动，以及学生独立进行的长时间的读写活动等，都是可以合理地设计与组织的。

学生实践活动的"层次"要高。例如，学习资料的收集、整理与分析，课与课之间的多角度比读，长篇课文的信息提取，课文阅读中的话题论证，课文学习中的美点欣赏，从课文中学作文，文体写作规律的发现与提炼等，都是具有一定能力层次与思维层次的实践活动。需要指出的是，目前，实践活动"层次"不高是教学中的普遍现象。为数不少的阅读课中，学生的活动基本上只是"找"：找到与教师提问有关的内容并将它们表述出来。类似这样的活动，因为没有多少思考的成分、欣赏的成分和探究的成分，学生阅读分析能力和思维能力的训练就显得"浅易"，欠缺应有的深度与力度。

设计与组织语文课堂学习实践活动，还要注意两个"关键"词："形式""创意"。即：课堂活动的形式要丰富，要实在，要有训练的力度；课堂活动的创意要生动，要新颖，要有精致的角度。

请看下面的设计实例。

（1）分层推进式朗读活动

一般的课堂朗读是齐声朗读、个别朗读、角色朗读等，教师指导的层面主要是让学生"出声"，很少关注对文本的反复体味，而下面冰心《纸船——寄母亲》这篇课文的朗读活动设计就不一样：

①请同学们用"温婉的调子"朗读这首诗。
②请同学们带着"水一样的柔情"朗读。
③请大家带着金子般的童心读出作者对母亲的思念之情。

这是一个很细节化的、立意很高的朗读活动设计，它不只是有序地推进，也不仅仅是欣赏角度的变化，更重要的是从第一步起就切入冰心作品的艺术风格之中，将学生引入优美动人的情境中。

（2）课文演讲式说读活动

说读，读课文加上说课文，由学生自己在说说读读中理解课文内容；是让学生就课文内容进行各种说话活动，如复述、概括、叙述、评点、演讲、想象等。说读是最能让课堂教学生动起来的一种教学活动。

如《创造宣言》的"说话"教学。

在"语言学用、思维训练"的实践活动中，教师出示课文片段：

有人说：山穷水尽，走投无路，陷入绝境，等死而已，不能创造。但是遭遇八十一难之玄奘，毕竟取得佛经；粮水断绝，众叛亲离之哥仑布，毕竟发现了美洲；冻饿病三重压迫下之莫扎尔特，毕竟写出了《安魂曲》。绝望是懦夫的幻想。歌德说："没有勇气一切都完。"是的，生路是要勇气探出来、走出来、造出来的。

请同学们反复朗读，品析这个语言片段的清晰层次和精彩议论的手法，学用其表达形式进行构思，说一段话。

这也是一个高屋建瓴的细节设计，首先有品析的训练，有发现的训练，然后还要调动积累形成学生自己要"说"的内容，活动的要求既宽松又严格，有着实实在在的训练力度。

(3) 角度丰富的写读活动

写读，读读写写，写写读读，有读有写，读写结合。其形式丰富多彩，如用词写话、美句学写、段式仿写、篇式模写、生动译写、想象扩写、片段点评、诗联欣赏、课文概述、课文作文、诗意地概括、艺术性改写等。

下面是对课文《叶圣陶先生二三事》的读写活动设计。

写作活动的目的：略读课文，从文中提取评价性语句，概说叶圣陶。

请同学们将课中美句集为微型短文并深情诵读：

概说叶圣陶

叶圣陶先生是单一的儒，思想是这样，行为也是这样。叶老既是躬行君子，又能学而不厌，诲人不倦，所以确是人之师表。

凡是同叶圣陶先生有些交往的，无不为他的待人宽厚而深受感动。文字之外，日常交往，他同样是一以贯之，宽厚待人。

叶圣陶先生有为人的宽的一面。他还有严的一面，是律己，这包括正心修身和"己欲立而立人，己欲达而达人"。

重视语文，努力求完美，并且以身作则，鞠躬尽瘁，叶圣陶先生应该说是第一位。

在这样的活动中，学生既受到扎实有效的训练，又有丰富的积累收获。

(4) 微型话题式品读活动

微型话题，是教师研读课文之后提炼出来的引领学生自主地合作进行课文研读的小小话题；每一个话题都是一个"抓手"，都能让学生深深地进入文本，都要求学生在理解课文的基础上进行创造性的"再表达"。

如统编教材自读课文《蝉》的课中微型话题设计。

活动一：自由写作

思考方向：(蝉)的神奇。

微型话题：神奇的隧道，神奇的汁液，神奇的工具，神奇的脱壳，神奇的产卵，神奇的鳍，神奇的线，神奇的隐藏，神奇的历险……

学生写作，交流。

教师顺势小结全文基本内容。

活动二：自由品析

任务：自选一个段（一个部分）写评点、赏析文字。

微型话题：有的段，从"文趣"的角度；有的段，从"情趣"的角度；有的段，从"理趣"的角度。

学生品析、发言。

教师小结，点示文中的手法与情感渗透的方法。

由这些话题，我们可以想到课堂阅读活动的精细深刻与生动深入。

(5) 妙点揣摩式欣赏活动

妙点揣摩就是引导学生对课文进行美点寻踪，进行妙要列举。有时候，这种实践活动是完全自由的，学生可以从自己喜欢的角度发表见解；有时候，这种实践活动有精确的要求，在这种要求下，活动的成果会显得特别精致。

如《松鼠》的教学片段：品析课文第二段的语言表达之美。

描述美：松鼠跑跳轻快极了，总是小跳着前进，有时也连蹦带跳。

修饰美：非常敏捷，非常机警；玲珑的小面孔；帽缨形的美丽的尾巴；格外漂亮；尾巴老是翘起来。

修辞美：它们面容清秀，眼睛闪闪有光，身体矫健，四肢轻快，非常敏捷，非常机警。

句式美：玲珑的小面孔，衬上一条帽缨形的美丽的尾巴，显得格外漂亮。

情感美：它们面容清秀，眼睛闪闪有光，身体矫健，四肢轻快，非常敏捷，非常机警。玲珑的小面孔，衬上一条帽缨形的美丽的尾巴，显得格外漂亮；尾巴老是翘起来，一直翘到头上，身子就躲在尾巴底下歇凉。

一个"美"字，贯穿文章细部的语言欣赏过程，像一条线索串起了闪光的珍珠。

学生课堂活动的设计与进行，需要着眼于能力训练，需要教师舍得给学生时间，需要教师在与学生的对话交流中提升、优化学生的看法。没有这三个"需要"，活动的质量会大打折扣。

（6）拓展迁移式创编活动

拓展迁移式创编活动是从课文出发，依托课文设计生动活泼的读写训练，将学生的课文学习引向更为深刻、更为广阔、更为自主的境界。

如《精神的三间小屋》的课堂创编活动设计。

请从下面句子中任选一句，接着写下去，写一则二三百字的微型演讲稿：

人的肢体活动，需要空间。人的心灵活动，也需要空间。那容心之所，该有怎样的面积和布置？_____

有一颗大心，才盛得下喜怒，输得出力量。_____

无论一生遭受多少困厄欺诈，请依然相信人类的光明大于暗影。_____

我们的事业，是我们的田野。我们背负着它，播种着，耕耘着，收获着，欣喜地走向生命的远方。_____

建立精神的栖息地，是智慧生灵的义务，每人都有如此的权利。_____

这样一个小小的细节，就能让所有的学生都怦然心动。
……

5. 手法运用技能

手法运用是指教师在教学中对教学手法的运用。

日常教学中，不少教师不讲究教学手法的运用，课堂教学粗糙、直露、单调。

课改中有些偏离理性的所谓教学模式，过分强调学生合作学习的作用，淡化教师的作用，甚至限制教师的课堂教学时间，在这样的课堂上几无手法运用的可能。

没有了教学手法的运用，课堂教学不再美好；对于师生而言，这是一种悲哀。

应该说，语文教师要十分讲求教学手法的运用，在教学的细节上，一招一式，都要表现出自己是有素养的教师。

根据习惯表述，可以认为，教学手法一般指教师在教学中所使用的手段、方法和技巧。

（1）教学手法的常用形式

教学手法的内涵非常丰富，仅从比较开放的教学手法看，就有如下常用的十几种形式。

①话题手法。用设置若干"话题"的方式引导学生进入文本，探究内容，表达感受。

②朗读手法。让所有的学生都在课堂上参与认知文字、感受声律、体味词句、领会情感、品味意境、发展语感的充满情致的实践活动。

③学法手法。以课文为学法实践的载体，指导学生自学，突显学习方法的训练。

④创编手法。指导学生从"写"的角度运用课文，读中有写，写中有读，有读有写，读写结合。

⑤讨论手法。读读议议，议议读读，用边读边议、边读边说的方式理解、品

读课文。

⑥情境手法。创设一定的教学情境,让学生在恰切的虚拟情境中进入角色,开展学习活动。

⑦联读手法。从某篇诗文扩展开,进行一次多篇式教学,或扩读,或比读,或专题研讨,或集中感受某种风格,或重点了解某种文化知识。

⑧穿插手法。在教学中适时地、有机地穿插与课文学习有关的若干资料,以增加教学内容的厚度。

⑨助读手法。用浅近的、生动的、精短的课文分析文章引导、辅导学生的课堂阅读。这是一种多快好省的教学手法。

⑩对话手法。师生就课文学习中某个或某几个预设的话题进行探究、对话、交流。

⑪赏析手法。用美点寻踪、妙点揣摩、妙要列举的方式,由学生对课文中的艺术形象、表现手法、描写方式、词语句段等进行自主的合作的阅读欣赏活动。

⑫讲析手法。深入文本,解决难点,突显美点,解析规律,增加教学内容的深度和知识的宽度。

⑬论证手法。请学生论证文章层次、思路、顺序、结构的严密性与正确性,训练学生的阐释能力。

⑭激趣手法。巧妙设计学生趣读、趣思、趣说、趣写的课堂活动,既有愉悦的学习氛围,又有良好的学习收获。

⑮迁移手法。将教学内容迁移到新的材料、新的语境中,给课文教学增添更浓厚的情感色彩或思想色彩。

……

运用这些教学手法的基本出发点,就是有利于、有益于学生在大量的语文实践中学习运用语文的规律。离开了这一点,就无所谓手法运用。

(2) 教学手法的设计要领

教学手法的设计要领表现在如下方面。

①要得体。教学手法不仅要为教学内容服务,更要与教学内容和谐地融为一体,教学手法的运用要充分考虑到文本的文体、内容、主题,要自然而又贴切地让

文本的教学更加生动、更加深入,更显现出教学艺术的味道。

②要美观。教学手法既然称之为"手法",就必然有它艺术性的一面。在"得体"的前提下,应该充分展现"手法"的生动性、艺术性与科学性,使之在促进学生的课堂实践活动上、调动学生的学习兴趣上、优化师生的课堂交流上发挥自身的优势。

③要丰富。教学手法的设计,可以说是创意无限。以前那种占主导地位的单纯的讲析式教学手法,现在只能占有教学手法中的一部分"地盘"。在目前的中学语文阅读教学的课堂上,哪怕是在一个课时的教学中,也可以较多地用朗读手法、赏析手法等若干种能够让学生充分活动起来的教学手法。

(3) 例析变形阅读手法

"变形阅读"的手法就很有雅趣。

变形阅读在教学中主要指"变文为诗""变诗为文"的阅读,但如"文中嵌字""词序变动""段序重排""选句成文""重新分段"等,也可视为变形阅读。

变形阅读适用于那些语句精短、音调和谐、具有阳刚之气或柔美之情的以及具有描叙之美的文章、文段,是一种别有情趣的阅读实践活动。将它用于阅读教学过程中,起码有两大好处。首先,因为需要"变形"而促使学生深层次地进入课文并专注地对课文内容进行分析、体味、揣摩;其次,因为文章的变形而让品味与阅读或朗读的过程变得有趣有味。所以,变形阅读常常是让美的文章、美的语言显得更加美好的阅读。

变形阅读有两种常用的方法。

①"变文为诗"的朗读。如,对《藤野先生》中很关键的一小段话语进行形式上的变化,用这种方式能够更加优美地表达出作者心中的怀念与感激之情。

> 有时
> 我常常想:
> 他的对于我的热心的希望,
> 不倦的教诲,
> 小而言之,是为中国,
> 就是希望中国有新的医学;

大而言之，是为学术，

　　就是希望新的医学传到中国去。

　　他的性格，

　　在我的眼里和心里

　　是伟大的，

　　虽然

　　他的姓名并不为许多人所知道。

这里的朗读，舒缓，深沉，充满激情，韵味十足。

②"观察结构"的能力训练。特别是微文、段落的品析，常常能给学生清晰的感受。如：

诫 子 书

诸葛亮

　　夫君子之行，静以修身，俭以养德。非淡泊无以明志，非宁静无以致远。夫学须静也，才须学也，非学无以广才，非志无以成学。淫慢则不能励精，险躁则不能治性。年与时驰，意与日去，遂成枯落，多不接世，悲守穷庐，将复何及！

全文由一个段落构成。在教学中可变形如下：

诫 子 书

诸葛亮

　　夫君子之行，静以修身，俭以养德。非淡泊无以明志，非宁静无以致远。

　　夫学须静也，才须学也，非学无以广才，非志无以成学。

　　淫慢则不能励精，险躁则不能治性。

　　年与时驰，意与日去，遂成枯落，多不接世，悲守穷庐，将复何及！

引导学生观察，思考，可知四个层次的表达目的分别是：君子的道德标准，立志学习的重要，克服人生的弱点，珍惜青春的光阴。

这就是艺术的手法带来的效果。

6. 朗读教学技能

朗读，一般解释为：用清晰响亮的声音诵读。

从教学的角度看，这样的定义还不足以表现朗读的魅力。

朗读不只是出声地"念书"，朗读也不只是"大声"地"读起来"。

朗读，是进行语音、语调、语速、语气等方面的技能训练和普通话训练的语文学习活动。

朗读，是进行语言熏陶的一种学习方法，朗读训练扎实的人一定有着比其他人更好的语言表达能力。

朗读，是讲求语音准确、语流顺畅的充满诗意的文学活动。

朗读，是用声音来传达作品内蕴的丰富细腻的情感活动。

朗读，是用心来揣摩、用情来传达的表达艺术，是体味作品的艺术，是欣赏词句的艺术，是调动情感的艺术，是拨动心弦的艺术。

朗读，能让每一个学生放飞思绪、张扬青春、心情愉快。

朗读教学，既是语感的、技能的，又是审美的。在日常教学中，没有朗读的语文课很难说是美的语文课。

重要的是：朗读教学一定是文本主义的，一定非常关注课文内容的诵读品析，在这里一定看不到淡化文本、脱离文本的做法。朗读教学也一定是生本主义的，需要着力突出学生的阅读感受、阅读品味、阅读欣赏等语文实践活动。

但是总的来说，目前中学语文朗读教学的研究及其实践都是滞后的。

这种滞后，是因为教师的能力，是因为许多语文教师难以胜任朗读教学。

这种滞后，表现于教学理念，就是人们一般认为，教学中不能没有分析理解、字词落实、质疑探究、品味欣赏等教学环节，但可以没有"朗读"。

这种滞后，表现为大多数农村中学语文课堂不进行朗读教学或很少进行朗读教学，表现为初三年级的语文教学因为逼近中考而淡化朗读教学，表现为在非文学作品教学中不进行朗读教学，表现为在很多学校的高中语文课堂上完全听不到读书声。

这种滞后，甚至表现为人们在中学语文课题研究中对朗读教学研究的淡漠与轻视。

很多年前就有人呼吁"还我琅琅读书声"，目前的朗读教学仍在"还"字上徘徊。

其实，"还我琅琅读书声"只是一种层次不高的教学要求。

在课程改革的背景下，在课程标准明确地提出"能用普通话正确、流利、有感情地朗读课文，是朗读的总要求""各个学段的阅读教学都要重视朗读和默读"的要求下，在中青年语文教师成为教学主流的环境中，我们更要"追求朗读教学的诗意美"。

在教学业务上，对于教师朗读教学技能的训练，我们要关注的是如何进行教学设计及其角度的取舍。

如下面的一些设计思路。

（1）小步轻迈——层次分明

所谓"小步轻迈"，是将我们原来对学生比较笼统的"大家有感情地读起来"之类的朗读要求，细化为经过切分的有步骤的朗读训练活动。即经过多个小的步骤的训练，达成一次课堂朗读教学的目标。

如《天上的街市》的朗读训练——层层推进，训练扎实。

第一，读诗，我们要表现出诗的音乐美，第一要素是把节奏读好。

（教师示范读第一段。）

指出：诗句中按音节或意义有规律的短暂停顿叫作节奏。

第二，节奏读好之后，要注意读好诗中较大的停顿，如"我想""我想""不信""你看"。

（教师示范读。）

指出：为了突出语意或情感的较大的朗读间歇叫作停顿。

女生齐读全诗。要求读好诗中的停顿。

第三，诗是抒情味最浓的一种文学体裁，必须读得抑扬顿挫，要把重音读出来。为了表达思想感情，有些词语的"音"要读得重些，这就是重音。

(教师示范读第二段。)

全班齐读第二段。

第四，还有一个要求，要把诗的韵脚读好。诗是讲究押韵的。什么是押韵？诗句中用韵母相同或相近的字结尾，就叫作押韵。本诗隔行押韵，每节换韵。

全班齐读。

这样的朗读训练步骤清晰，层次分明，渐次推进，内容扎实。

(2) 角度精确——过程生动

角度精确，指的是从课文教学的角度来组织朗读课文。在创新设计的要求下，这样的朗读可以完全摒弃原来笼统的要求，而是变化为每次的朗读都有具体的、细腻的角度要求。

如《口技》"朗读课"的教学流程设计。

第一次读：读得流畅响亮——人人出声，读得沸沸扬扬，形成课堂气氛并初步感知课文。

第二次读：读得字正腔圆——主要训练朗读第一段，教师示范，学生学读。这里的"字正腔圆"主要用于表现文中的气氛，为全文的朗读定下一个基调。

第三次读：读得层次分明——从理解段落层次的角度训练朗读第二、三段，同时训练学生的段落分析能力。

第四次读：读得有情有境——朗读第三、四段，教师示范，学生体味文中情境，并通过自己的朗读将其表达出来。

第五次读：读得有急有缓——重点朗读第四段，先急后缓，读出文中情境，读出段中层次。

这里的朗读教学要求具体，角度明确，覆盖周全，活动充分；加上形式的变化与调控手法的运用，场面的活泼可以想见。

(3) 听读结合——形式活泼

听读结合即既有朗读训练的要求，又有听读方面的要求，读中有听，听中有读，读读听听，听听读读。这样的设计主要是优化教学节奏，丰富学习内容。

如学习爱情诗——《我愿意是急流》。

这节课的教学思路是：美美地听，美美地读，美美地品，美美地说。

第一个教学板块：美美地听

师：请同学们听读一遍课文。听的时候要想象诗中的"画面"。

师：请同学们再听读一遍课文。听的时候要理解诗中的"意象"。

师：请同学们第三遍听读课文。听的时候要感受诗中的"真情"，同时要轻声地跟读。（过渡）

第二个教学板块：美美地读

下面请同学们自己朗读三遍：

第一遍，重在整体感受，注意语音（饱满，圆润）。

第二遍，重在体味情感，注意语流（节奏，停顿，快慢）。

第三遍，重在进入情境，注意语气（轻重抑杨，抒情性）。

1．请同学们先试读首尾两段。

2．请同学们在音乐声中朗读全诗。

……

这样的教学过程表现出听中有读、读中有听、听听读读、熏陶感染的特点，学生的活动充分，教学的过程细腻。

（4）创造氛围——激动心灵

这是层次要求更高的朗读训练要求，即有意地诗化朗读时的情境，让学生在一种浓郁的富有情意的或者是富有诗情画意的环境中朗读。

如冰心《纸船——寄母亲》这篇课文的朗读训练活动设想：

1．请同学们朗读课文，体味文中情感。

2．请用"内心独白"的方式自由朗读课文。

3．请用"轻声倾诉"的方式自由朗读课文，看谁最能传达出诗的情感。

4．全班同学用"深情演读"的方式朗读课文。

5．请同学们设计朗读方案，形成朗读方案，集体诵读。

(女领) 我从不肯妄弃了一张纸，
　　　 总是留着——留着，
(女合) 叠成一只一只很小的船儿，
　　　 从舟上抛下在海里。
(男领) 有的被天风吹卷到舟中的窗里，
(男合) 有的被海浪打湿，沾在船头上。
(女领) 我仍是不灰心的每天叠着，
(全班) 总希望有一只能流到我要他到的地方去。
(女领) 母亲，倘若你梦中看见一只很小的白船儿，
　　　 不要惊讶他无端入梦。
(女合) 这是你至爱的女儿含着泪叠的，
　　　 万水千山，求他载着她的爱和悲哀归去。
(全班) 这是你至爱的女儿含着泪叠的，
　　　 万水千山，求他载着她的爱和悲哀归去。

这里的"氛围"从"内心独白"式朗读开始形成，从"轻声倾诉"式到"深情演读"式，情感氛围逐步"浓郁"，朗读时间长、角度精、体味深、形式美，支撑起一个实实在在的感受、体验、诵读的学习板块。

(5) 以读带析——效益双重

教学设计的视点已经不在于单纯的朗读训练，而是融合了阅读分析能力训练的因素，既进行朗读训练，又进行文章分析训练。这样的设计，既有艺术性，又有实用性。如《白杨礼赞》的美段朗读教学设计：

那是力争上游的一种树，笔直的干，笔直的枝。它的干通常是丈把高，像加过人工似的，一丈以内绝无旁枝。它所有的丫枝一律向上，而且紧紧靠拢，也像加过人工似的，成为一束，绝不旁逸斜出。它的宽大的叶子也是片片向上，几乎没有斜生的，更不用说倒垂了。它的皮光滑而有银色的晕圈，微微泛出淡青色。这是虽在北方风雪的压迫下却保持着倔强挺立的一种树。哪怕只有碗那样粗细，它却努力向上发展，高到丈许，两丈，参天耸立，不折不挠，对抗着西北风。

师：这一段可以划分为两大层次。请同学们在"悟"的基础上读出课文的层次。女同学读第一个层次，男同学读第二个层次。

（学生朗读。教师点拨：第一个层次是写白杨的形态之美，第二个层次是写白杨的精神之美；前者是"实"，后者是"虚"。）

师：段中的第一层次有总说与分说，请同学们读第一个层次的内容，要求在总说与分说之间有一个节拍的停顿。（同学们朗读全段，体会段中更为细腻的层次。）

师：这段文字的第一层次主要在句子的限制语上表达作者的赞美之情，试读出它们的重音。（自由朗读，细细品味。）

师：这段文字的第二层次主要在句子成分的增加上表达作者的赞美之情，试读出"它们"的激情。（个别诵读，反复尝试。）

师：这段文字中有几个词写出了白杨的形象与性格，请同学们试将它们朗读出来。（同学们读出"力争上游""倔强挺立""参天耸立""不折不挠"。）

师：大家在朗读中就读好了课文，读懂了课文。现在请大家自由朗读课文，回味一下，看这样的朗读过程对自己有怎样的帮助。

（学生动情地朗读。）

这样的教学手法巧妙，引导悟读，以读带析；细节丰富，过程生动；既有朗读，又有品析，将学生引入课文，让课文真正成为训练学生能力的抓手。

朗读教学，有着更为高远的创新境界。如：我们可将朗读作为一种课型来设计，可将朗读作为一种教学线索来设计，可将朗读作为一种欣赏过程来设计，可将朗读作为一种教材处理的手法来设计，还可将朗读作为一种信息提取的活动来设计，等等。

这些，都需要语文教师的实力。

7. 学法指导技能

学法指导，是有效地训练学生的学习方法、思维方式和操作技能的高层次教学活动。

现代教学新理念，需要我们在学法指导上进行实践与创新。

①语文课程的重要目的之一是学生语文素养的形成与发展。这是学生学好其他课程的基础，也是学生全面发展和终身发展的基础。而在人的终身发展中，学习方法、思维方式和操作技能起着极为重要的支撑作用。

②语文课程教学积极倡导自主、合作、探究的学习方式。这种方式中除了"方法训练"成分外，更多地表现在对人的培养上，表现在语文教育为造就一代新人而发挥的重要作用之上——现代社会要求公民具备良好的人文素养和科学素养，具备创新精神、合作意识和开放的视野。

③现代语文教学要求拓宽语文学习和运用的领域，注重跨学科的学习和现代科技手段的运用，在不同内容和方法的相互交叉、渗透和整合中开阔学生的视野，让学生初步获得现代社会所需要的语文实践能力。

④现代语文教学鼓励学生选择适合自己的学习方式，要求学生掌握最基本的语文学习方法并初步掌握科学的思想方法，在发展语言能力的同时发展思维能力，激发想象力和创造潜能。

学法指导，无论是指导学习方法，还是培养操作技能，实际上都是着眼于学生思维方式的训练。

但从语文教学的现状看，学法指导实在是语文阅读教学中的弱势群体。由于传统的语文教学重在教师的讲析，重在知识的系统性，重在语文知识的考查，由于这种传统的观念与做法的巨大惯性，以及由此导致的语文教师的观念、视野与技能的局限，现在的语文教学基本上不进行这方面的指导。

课程标准不仅要求"教材应注意引导学生掌握语文学习的方法"，也要求教师训练学生"掌握最基本的语文学习方法"。事实上，我们很多时候在学法指导上都是"心虚"的，我们往往不清楚哪些是"基本的语文学习方法"。

"基本的语文学习方法"是人们常用的、受用终生的语文学习方法，不论是生活中的阅读，还是学术研究中的阅读，这些方法都应该是普遍适用的，从教学的角度来说，主要是指语文学习中整理的方法、概括的方法、摘录（提取）的方法、归类的方法、比较的方法、联想的方法、欣赏的方法和提炼的方法。对这些"基本的学习方法"，我们心中要有底。

在了解什么是"基本的语文学习方法"的前提下进行学法指导，可综合考虑如下层面的指导训练内容。

第一层面，要注意指导文体阅读的基本方法。如朗读和默读的方法，诵读的方法，精读、略读和浏览的方法，品读与欣赏的方法，整体把握文意的方法，各种文体的阅读方法等。

第二层面，要注意指导文章阅读的基本技能。如运用工具书的方法，圈点、勾画、批注的方法，摘录、制表格或制卡片的方法，写提纲、写阅读提要、写读书笔记的方法，概括或者延展的方法，等等。

第三层面，要注意指导立足发展的学习方式。如查找资料、引用资料特别是利用网络、音像制品、学习软件及图书馆搜集信息和资料的基本方法，运用现代技术整理资料、处理信息的方法，带有个性特点的积累资料的方法，制订阅读计划的方法，以及对适合自己的学习方式进行选择的方法，等等。

第四层面，要注意指导运用学习方法时的基本思维角度与思维方法。如综合、归纳、提炼、组合、链接、发散、分类、比较、印证、辨析、质疑、联想、想象等。

第五层面，要注意培养学生终身发展所必需的最优秀的学习品质。如多角度处理信息资料、连续发现、跳跃性联想、多方位探究、独立创意、反向思考等。

给学生指导"基本的学习方法"，其实践活动主要依托课文自然地进行。比如有时候，可以利用课文来突显"一个点"的学法实践。

所谓"一个点"，就是在某一单项内容上指导学生进行学法实践。

如"近体诗二首"（王维《山居秋暝》、杜甫《登高》）的教学。

这两首诗可以在多方面形成比较，适于在教学的适当时机自然地引导学生多角度地比读。此时的比较阅读就是进行学习方法实践的一个"点"。

《山居秋暝》——写美，自然生活心情美；《登高》——写悲，景物身世心境悲。

《山居秋暝》——给人闲适潇洒的感觉；《登高》——给人老病孤愁的感觉。

《山居秋暝》——充满诗情画意；《登高》——情景交融。

《山居秋暝》——一种迷醉自然的感受；《登高》——一种忧国伤时的心境。

《山居秋暝》——表现出清雅的格调；《登高》——表现出苍凉的意境。

《山居秋暝》——整首诗是一种悠然的陶醉；《登高》——整首诗是一种深沉的叹息。

有时候，可以利用课文来开展多个角度的学法实践，如人教版课标教材八年级上册《生物入侵者》这篇说明文，可以指导学生进行多方面的学法实践。

（1）学法实践之一：速读，提取全文信息

提取文章信息的重要方法之一是组合要言。

组合要言，就是着眼于摘取文、段中的总说句、中心句、结论句等重要句子，将其进行组合，完整而概括地展现全文信息，进行综合性的表达。

请同学们组合文中的要言，提取出本文的关键信息：

通过非自然途径迁移到新的生态环境中的"生物入侵者"在新的生存环境中很可能会无节制地繁衍。在给人类造成难以估量的经济损失的同时，也对被入侵地的其他物种以及物种的多样性构成极大威胁。许多"生物入侵者"是搭乘跨国贸易的"便车""偷渡"的。目前，世界上许多国家已开始认识到这一问题的严重性，并采取了相应措施。

（2）学法实践之二：概括，理解课文顺序

请同学们概括文中各个层次的大意，据此证明本文的说明顺序。

学生分组活动，进行概括：

第一段，解释概念，引出事物。

第二、三、四段，生物入侵及其危害。

第五段，生物入侵现象产生的原因。

第六、七、八段，人们的看法及采取的措施。

全文的表达顺序是：引出话题——摆出现象——分析原因——讨论对策。这

是一种"逻辑顺序"。

(3) 学法实践之三：提炼，表述事物特征

请同学们综合全文内容，提炼出"生物入侵者"的本质特点，并给"生物入侵者"下定义。

同学们认为可以这样来定义"生物入侵者"：

原本生活在异国他乡、通过非自然途径迁移到新的生态环境中且无节制地繁衍，对入侵地的其他物种以及物种的多样性构成极大威胁的物种就是"生物入侵者"。

(4) 学法实践之四：欣赏，品味语言特色

学生品味、思考、交流。

教师点拨：

本文说"干预"不说"管一管"，说"遗弃"不说"丢掉"，说"耗资"不说"花钱"，说"听任"不说"随它"，说"困扰"不说"麻烦"，说"急剧"不说"很快"，说"天敌"不说"对头"，说"更换"不说"换掉"，等等。

这类词语，可以称作"书面语"。

书面语就是有别于口头语的、常见于书面的语词，如说一个人有"才华""闻名"，这"才华""闻名"就是书面词。书面语的表达效果是规范、庄重、简洁、雅致，给人文气很足的感觉。

学生继续读课文，选读、品味文中生动的、雅致的、有文气的词语。

……

更多的时候，我们可以训练学生自己读书的能力，让他们自觉地进行学法实践。

如教师对学生进行"自读自讲"的方法指导：

自读自讲，其乐无穷；自读自讲，自我磨炼的一种有效方法；自读自讲，增长的是自己的阅读欣赏能力，其结果是读了文章之后能够给别人讲。

这种方法叫作"一句话反复概说法"。即在阅读欣赏一篇文章时，对着它用一

个句式反复说话。

说话句式是："这是一篇……"

面对一篇文章，如果你能就自己的理解说出5个不同的句子，说明你已读懂它的意思；如果你能说出15个不同的句子，说明你已欣赏到了它的细节之美；如果你能说出更多的句子，说明你很有自己的见解……

又如，请学生读张晓风的《敬畏生命》，感受它高雅的内容、流畅的思路和清丽的文笔，试用"这是一篇……"的句式反复说话。

敬 畏 生 命
张晓风

那是一个夏天的长得不能再长的下午，在印第安纳州的一个湖边。我起先是不经意地坐着看书，忽然发现湖边有几棵树正在飘散一些白色的纤维，大团大团的，像棉花似的，有些飘到草地上，有些飘入湖水里。我当时没有十分注意，只当是偶然风起所带来的。

可是，渐渐地，我发现情况简直令人吃惊。好几个小时过去了，那些树仍旧浑然不觉地，在飘送那些小型的云朵，倒好像是一座无限的云库似的。整个下午，整个晚上，漫天都是那种东西。第二天情形完全一样，我感到诧异和震撼。

其实，小学的时候就知道有一类种子是靠风力吹动纤维播送的。但也只是知道一条测验题的答案而已。那几天真的看到了，满心所感到的是一种折服，一种无以名状的敬畏。我几乎是第一次遇见生命——虽然是植物的。

我感到那云状的种子在我心底强烈地碰撞上什么东西，我不能不被生命豪华的、奢侈的、不计成本的投资所感动。也许在不分昼夜的飘散之余，只有一颗种子足以成树，但造物者乐于做这样惊心动魄的壮举。

我至今仍然在沉思之际想起那一片柔媚的湖水，不知湖畔那群种子中有哪一颗种子成了小树，至少，我知道有一颗已经成长。那颗种子曾遇见了一片土地，在一个过客的心之峡谷里，蔚然成阴，教会她怎样敬畏生命。

同学们概说的内容可能有：

这是一篇睹物抒情的文章，是一篇观景抒情的文章，也是一篇咏物抒怀的文章。

这是一篇对生命现象充满了敬重、充满了折服、充满了赞叹、充满了感动的文章。

这是一篇表达作者热爱生命、珍视生命、赞美生命的文章。

这是一篇由观察而思考，表达对生命力的感悟的文章。

这是一篇写观察时间之长和内心震撼之深的文章。

这是一篇用大量激情洋溢的词句描写、赞美湖边之树飘送"种子"的文章。

这是一篇用富于情感的抒情句表达自己内心真切感受的文章。

这是一篇运用了多种表达手法的文章。第一段是对事件要素的叙述：时间，地点，人物，事物；第二段主要用描写的手法写"物"；第三段是在写"物"的基础之上、在叙述之中的抒情；第四、五段对事物议论，再抒情。

这是一篇由两个部分构成的文章，第一部分是第一、二自然段，写物，这一部分重在描写；第二部分是第三、四、五自然段，抒情，这一部分重在抒怀。

这是一篇用直接抒情的语段表达自己内心热烈感受的文章。

……

像这样的自读训练，就是有效的可行的学法训练。

8. 教案撰写技能

教案撰写技能，是教学设计能力的外化；既要进行教学设计，又要进行教案写作。

总的来说，从中学语文教学的普遍情况看，太多的教学设计不求规范，不讲质量。大量简单、随意、不规范的阅读教学设计成为教学的先行，有的参赛课的教案设计甚至都不足千字，甚至有的名师就用草拟的"教学设计"进行教学。

阅读教学设计的质量直接影响着课堂教学的质量。

阅读教学设计不合规范直接反映了教师在教学技能训练方面的缺失。

关于"教学设计"的比较理论化的定义是：教学设计是依据对学习需求的分析、提出解决问题的最佳方案、使教学效果达到优化的决策过程。

其实，我们都知道：教学设计，是教师在教学之先为了把知识与技能有条理、有重点、有方法地传授给学生而根据特定的教学材料预先制定教学方案的一种过程，它起于教学构思，成于教学方案。

所以，从训练教师的教学技能特别是提升青年教师的业务素质的要求看，还需要再提语文教师"教案撰写技能"的训练问题。

下面分两个层面谈谈阅读教学规范设计的基本要求。

（1）普通的教学设计

这种教学设计，就是我们每天上课要用的教学设计，对这样的教学设计一点儿也不能马虎了事。

对于每一课而言，在这种"预先制定教学方案"的过程中，从"规范"的角度而言，大约都要做好10件事：

①读课文，了解课文所在的单元及这个单元的教学重点。

②了解课文的"身份"，是教读课文还是自读课文。

③反复研读课文，以获得对课文的新鲜感觉，获得对课文的深入理解，形成对课文的独到见解，提炼出字词教学、文章阅读、句段品析等方面的教学材料。

④阅读教学资料，包括专业的中学语文杂志上与本课有关的教学资料和教师教学用书上的资料，以完善、深化、优化自己对课文的理解与把握。

⑤收集与课文教学有关的背景资料、联读资料、穿插资料或者迁移资料等。

⑥确定教学目标，设计教学流程，勾勒教学思路，划分教学时间。

⑦根据自己所安排的教学流程或者教学思路，分析、提炼、组合教学内容，初步确定本次教学的内容重点和能力训练重点。斟酌重要教学板块的教学手法。

⑧按一定的书写格式、用完整的结构表述教学过程以及教学内容。其中略写的内容有"教学创意""教学目标""重点难点""课时安排""预习要求"等；详写的内容主要集中在各个教学步骤中。要特别注意不要随意地、长期地搬用所谓的"三维目标"，要特别注意科学地、艺术地设计学生的课堂活动，要准备好教师与学生对话的基本内容以及教师需要在教学中讲析的内容。

⑨完成辅助教学的板书设计或设计好多媒体课件。

⑩修改、补充、完善已经形成的初步方案。

从通常的语文教师的教学设计来看,即使是一般的、普通的教学设计,也要注意改变语文阅读教学设计中年深日久的旧思路与旧手法,即改变基本不变的结构模式、多年沿用的教学安排以及缺乏精致组合的教学内容等。每一位语文教师都有学习运用新的先进教学方式、养成与时俱进的教学设计习惯的责任。

(2) 艺术的创新的教学设计

这种教学设计,既可以是我们每天上课要用的教学设计,也可以是用作参赛、培训、研讨教学设计艺术、展现个人教学艺术的教学设计;它更加讲究设计的技艺与艺术,更加讲究表达的规范。

除了上述常规步骤与内容之外,创新的教学设计可在如下方面突显特色:

①明确地表现出新颖的以学生学习实践活动为主的教学创意。

②在突显课文的训练功能方面、在学生能力训练方面有着鲜明的个性特点。

③表现对课文的精细阅读、精确提炼和别出心裁的处理;在课文研读的过程中对课文进行分解与组合,提炼出课文教学的资料卡片。

④简化教学线条,优化教学内容。

⑤在提问设计上表现出极为简洁、一问能抵许多问的教学技巧。

⑥讲究师生对话,教学过程中甚至可以没有一问一答的教学细节。

⑦在教学细节上运用个性化的、灵动实用的艺术手法。

⑧在形式上淡化传统教学设计的模式,表现出新的角度、新的思路、新的结构。

从最近若干年来的中学语文创新教学设计来看,我们多多少少走了一点弯路,追求表面花样、轻慢课文文本、淡化知识积累、追求过分迁移的教学设计影响广泛。所以,进行教学设计的创新,除了理念的更新、手法的变换之外;除了以思维创新为先行,用开放、灵活的思维来引领教学设计的创新之外,还应当正视深入课文文本、加强语言教学、培养学生终身受用的语文能力的问题。

下面是笔者针对《沁园春·长沙》制定的无提问式的、力求规范的、训练活动比较充分的创新教学方案。

《沁园春·长沙》教学方案

课文语言卡片

字音：

沁（qìn）园春　百舸（gě）争流　怅寥廓（kuò）

峥嵘（róng）　挥斥方遒（qiú）　浪遏（è）飞舟

对称短语：

万山红遍，层林尽染

漫江碧透，百舸争流

鹰击长空，鱼翔浅底

指点江山，激扬文字

常用引语：

万山红遍　百舸争流　鹰击长空　苍茫大地

忆往昔峥嵘岁月稠　风华正茂　指点江山　激扬文字　中流击水

教学方案设计

一、教学内容

1. 读懂课文内容，感受诗的崇高美。

2. 学习一些有关知识。

二、教学创意

两条教学线索：一条是知识穿插，一条是朗读。

三、教学过程

导入：今天我们学习毛泽东作的词《沁园春·长沙》。

学习活动之一：诵读，整体理解

知识撷萃：毛泽东词《沁园春·长沙》。

这是青年毛泽东的词作。1925年秋，毛泽东去广州主持农民运动讲习所，经长沙时重游橘子洲，写下了这首画面壮阔、境界高远、感情奔放、胸怀豪迈的即景抒怀之作。

朗读训练（一）：读出诗中的激情。

1. 请同学们体味词的意境进行朗读。语速要适中，要表现出一种放眼天下、深思未来、激情满怀的心胸与气魄。

2. 请同学们再读课文，理解全词内容，试着用一句话或者一个短语对这首词进行评价。比如：岁月如歌。

学生回答的内容可能有：

心潮　同学情怀少年豪情　指点江山　青春岁月　忆往昔峥嵘岁月稠　激情燃烧的岁月……

教师略做小结。

学习活动之二：诵读，分层概括

朗读训练（二）：读好特殊节奏。

请同学们高声朗诵，在诵读中体会"领字"在结构和语速上的表达作用。感受上阕写景抒情、下阕叙事抒情的表达特点，感受词中瑰丽的景物描写和诗人激情勃发的思想感情。

知识撷萃：对仗。

诗词中的对偶叫作对仗。对仗指两句相对，上句叫出句，下句叫对句。"沁园春"这种词格一般都用较多的对仗。

如：

万山红遍，层林尽染；

漫江碧透，百舸争流。

又如：

鹰击长空，鱼翔浅底。

下面请同学们用对仗的方式来概括这首词的内容与风格。老师出"出句"，同学们写对句。

师生的活动"成果"如：

上阕写壮景；

下阕抒豪情。

上阕主写景，景中有情；

下阕主写情,情中有景。

万山红遍,一派壮丽秋景;

中流击水,一群热血青年。

上阕绘景,描绘橘子洲头秋色图;

下阕忆事,表现同学少年凌云志。

……

教师准备的小结式讲析的内容:

全词分上下两阕。上阕写景,描绘了美丽壮观的湘江深秋景色,并即景抒情,提出了苍茫大地应该由谁来主宰的问题。

下阕抒情,通过回忆,形象地概括了早期共产主义战士雄姿英发的战斗风貌和豪迈气概,艺术地回答了"谁主沉浮"的问题。

学习活动之三:诵读,品味词句

知识撷萃:炼字。

诗人讲究炼句、炼词、炼字。简单来说就是写作时反复斟酌、锤炼、推敲语句,使之精确简洁、生动传神,为诗文增色。炼句,往往是在炼字,这就是所谓一字千金。流传已久的"推敲"的故事正是如此。

下面请同学们用"一句话品析"的方式自由品析,说说这首词中的哪些字用得好,哪些词用得好,哪些句子写得好。

如:本词用语精当、形象,极富表现力。

"万"字摹出了群山叠嶂之态,"遍"字绘出了红色的彻底,"漫"字写出了江水满溢之状,"争"字活现出千帆竞发、力争上游的奋进场景。用"击"而不用"飞",准确地表现了雄鹰矫健翱翔的姿态;用"翔"而不用"游",精当地描绘出游鱼在水中轻快自如的情态。

同学们可以这样说:

"染"字用拟人手法,写出秋色之深。

"击"字显示出雄鹰展翅奋发、搏击的强劲有力。

"争"既写船,又写人,写出了人的奋发向上的精神面貌。

"翔",既写了"鱼",又写了"水"。

"翔"字写出鱼儿在清澈见底、水天相映的水中游动得自由轻快,像在天空中飞翔一样。"翔"突出轻、快。

"竞",以一个"竞"字说明万物为生存、为发展而不停地竞争。"竞"是对前面三个动词的高度概括。

"红",红色往往给人朝气蓬勃、喜庆祥和之感。由此可见作者内心的激情。

……

教师顺势讲析"诗眼":

诗眼在诗人,往往是最为得意之笔;在读者,则又是最提精神之处。所谓"炼字""炼句""苦吟""推敲"等,都与此有关。我们从最能体现诗人思想观点、情感态度的角度来品鉴本词的"诗眼",就是"问苍茫大地,谁主沉浮"。

朗读训练(三):语速缓急有致。

请同学们在品析欣赏的基础上自由地朗读课文,体会词中的情感。

学习活动之四:朗诵,感受意境

知识撷萃:意境。

意境,是作品中蕴含着、渗透着、表现着的作者思想感情的艺术境界。如王之涣的《登鹳雀楼》的意境是开阔的,王昌龄《出塞》的意境是豪迈的,马致远《天净沙·秋思》的意境是凄婉的,毛泽东《沁园春·雪》的意境是崇高的,柳宗元《江雪》的意境是孤寂的,陆游《十一月四日风雨大作》的意境是悲壮的,李清照《声声慢》的意境是凄美的,毛泽东《沁园春·长沙》的意境是高远的。

朗诵训练(四):音调高亢激越。

激情诵读,读出气势,感受意境。

先请同学们激情背读这首词。

再师生共同吟读这首词。

学习活动小结:说说励志的问题

励志,就是激发志气,以求有所作为。对于青年学子来讲,《沁园春·长沙》是一首洋溢着阳刚之气的励志词。

9. 语言表达技能

前面讲了语文教师的8种基本教学技能。还有一种技能需要强调，即教师的语言表达技能。

语文教师教学语言的最大弱点，就是缺少学科特点，课堂教学中，基本上是"家常话"式的表达占主流，教师在课堂上对文学作品欣赏中的术语用得很少。

中小学统编语文教材将优化教师的课堂教学语言提上了"议事日程"。

统编教材的编写者们倾注了极大的精力，优化了整套教材的编写语言，既表现出高层次的专业素养，又显现出高超的语言水平。

如统编语文教材七年级上册第一单元的导语，句式优美，语音清越。

日月经天，江河行地，春风夏雨，秋霜冬雪，大自然生生不息，四季景物美不胜收。本单元课文用优美的语言，描绘了多姿多彩的四季美景，抒发了亲近自然、热爱生活的情怀……

如《〈诗经〉二首》的预习提示，情感丰富，情趣盎然。

《诗经》中不少歌咏爱情的诗，或表达对美好爱情的向往和追求，或抒发爱而不得的忧伤和怅惘，这些诗，今天读来仍然会让人怦然心动，获得美的愉悦。诵读这两首诗，用心体会诗中歌咏的美好感情。

如《白杨礼赞》的思考探究，运用术语，点示知识。

文章开篇入题，紧接着又宕开一笔，用一大段文字描写高原景象，这样安排有什么好处？本文写法有扬有抑，富于变化，体会这种写法的表达效果。

如《登勃朗峰》的阅读提示，章法严整，骈散有致。

作者在文中记述了与友人游览勃朗峰的经历，或浓墨重彩，或简笔勾勒，笔法多变，妙趣横生。写上山，用散文笔法，描绘山中奇景，嶙峋的怪石，变幻的光彩，引出无限感慨；写下山，以小说笔法，叙述奇人奇事，惊险的旅途，怪异的车夫，富有传奇色彩。细读课文，或许还能够感受到一份别样的幽默。

如《"飞天"凌空》的课文批注，言简意赅，容量饱满。

①以白云、飞鸟之动衬托她的沉静。②连贯的跳水动作被分解成起跳、腾空、

入水三个步骤,逐一描写,犹如慢镜头回放。③展现生动的画面,是新闻特写常用的写法。④侧面描写,满怀自豪。

如课外古诗词诵读《庭中有奇树》的诗意解说,语言优雅。

诗作开头写叶绿花盛,本是春日佳景,但一人独赏,引动思念之情。于是,女主人公攀枝折花,欲寄远人。此花若能寄到,也是一种安慰,然而天长地远,相思何处可达?女子执花在手,无语凝伫,任花香盈袖,愁绪百结,终无可奈何,心生感慨:此花虽美,不能相赠,有何可贵?不过更增思念之苦罢了。全诗因人感物,由物写人,抒写情思,通篇不离"奇树",篇幅虽短,却有千回百折之态,深得委婉含蓄之妙。

……

下面是从统编语文教材七年级下册课本中摘取出来的有关语汇,它们显示出优化教学语言运用的三种角度,可供参考。

①知识术语。

细节描写,故事情节,直接抒情,间接抒情,借景抒情,托物言志,写景状物,铺陈排比,烘托,称谓语,文章起笔,叙事诗,传记文学,传奇,科幻小说,第一人称口吻,画面感,韵律美,制造悬念,埋下伏笔,误会,一波三折,象征,暗写……

②评价语言。

简洁精练,铿锵有力,直抒胸臆,精致凝练,富有诗意,别具一格,经典作品,刚健质朴,民歌特色,神奇色彩,生动传神,简洁风格,弦外之音,诗中有画,清新流畅,耐人寻味,抑扬错落,饶有趣味,含义丰富,寄寓情思,真情洋溢,想象奇特,构思巧妙,感人至深,意境悲凉,议论精警,幽默诙谐,意趣横生,饱含着感慨,哲理的光彩,寄托着深意,出人意料又在情理之中……

③指导用语。

精读,通览,略读,简要分析,涵泳品味,扫视文段,提取信息,把握关键词句,揣摩品味含义,体味表达的妙处,体会语言的表现力,找出评价性词语,说说其表达效果,体会作品情境,感受作者情怀,感受文章的意蕴,把握严谨的思路,说说语言风格的不同,体会词句蕴含的情感,解释其衍生的意义……

似乎编者们所想的是,时时处处,角角落落,都得讲究语言的美,都得讲究书卷之气，都要表现出文学作品审美的味道。这对语文教师是极好的暗示与启迪，教师的课堂教学语言，也应该像语文教材一样，简明，准确，流畅，生动，雅致，要表现出专业性、准确性、简洁性、情感性、知识性的特点。

　　语文教师要想方设法提高自己教学语言的表达质量，在文学作品的教学中坚持运用有文学味道的教学语言。有了这方面的基础并习惯于课堂教学中的运用，我们的教学语言就会纯粹起来，优雅起来，丰美起来。

第六章

语文教师作文教学的基本素养

语文教师作文教学的基本素养，主要由八个方面的"能力"构成：

能从各类文体的角度对写作技法进行综合的研究。

能收集、整理、收藏大量的范文并欣赏其精妙之处。

能从阅读教材中提炼出精巧实用的句、段、篇的写作形式。

能对写作过程中的不同环节进行细致的指导。

能设计不同类型的有训练实效的作文详案。

能创造与实践灵动多姿的日常写作训练形式。

能策划中考或高考作文复习的详细计划或系列训练点。

能用多种方法对学生的习作进行评改，能组织很好的作文评讲课。

本章重点表述了对文体的写作技法进行综合研究、对不同的写作环节进行细致的指导、设计有训练实效的作文详案、创造灵动多姿的写作训练形式、关注作文评点语的魅力、养成积累"范文"资料的好习惯六个方面的教学素养。

1. 对文体的写作技法进行综合研究

从"文体"的角度对写作技法进行综合研究，是范围极大、任务极重的一种教学研究。

如：告诉你这样写记叙文，建议你这样进行议论，说明文写作全程指导，"咏物"类文章系列训练，作文开头20法，文章结尾20法，以及七年级作文训练点研究、八年级作文训练点研究、九年级作文训练点研究，等等，都属于这样的综合研究，每一个方面的研究成果都可以用一部著作来表现。

笔者曾对"初中记叙文写作训练"进行过系统的研究，所涉及的训练点大约有20个：记叙的要素，记叙的顺序，记叙的详略，记叙一件事，记叙几件事，记叙文的开头与结尾，通过一件事写一个人，通过一件事写几个人，通过几件事写一个人，通过几件事写几个人，记叙文的纵式结构与横式结构，记叙文的形式美，记叙文中的描写，记叙文中的议论与抒情，游记，新闻，人物小传，托物抒情，叙事散文，记叙文中的想象（改写、扩写、续写）。如果初中生都经过这样的规范训练，在记叙文的写作方面应该说就具有了相当可观的能力。

一线语文教师，难以长时间坚持进行这样严密而周全的研究，但可以进行一些内容集中的、线条细腻的写作技法研究。如关于咏物短文的写作，研究的主要内容为：A. 对物抒情，B. 托物寄意，C. 写物喻人，D. 借物言情，E. 写物忆趣，F. 咏物明理，G. 物我交融，H. 即物抒怀，I. 学用象征手法，J. 以物为线，记事写人抒情。一线语文教师都可以对这样的小"专题"进行研究。

下面是笔者对"说明文写作的科学训练"进行专题研究之后的阐释，它比较全面地表现了如何"对文体的写作技法进行综合研究"。

"说明文写作训练序列"探索

为了说明文写作教学研究的需要，笔者收集、整理、比较了20余种初中说明文写作训练的序列设计。结果表明，在这些写作训练的序列设计中，有90%以上都是从文体组合训练（即每次完成一篇作文，重点训练文体的一个侧面的表达技巧）的角度来安排写作训练点的。它们或将说明文写作训练点集中安排，如《说明文全程训练》《说明文写作入门》；或者将说明文、记叙文、议论文、应用文的写作训练点交叉安排，各成体系，分头并进，如初中语文教材和《作文汉语》教材中的作文训练安排。其设计思想几乎完全一致，表明文体组合的训练体系是人们长期探索研究的经验总结，有着广泛的适用性和可行性，但它也从相反的角度启示我们，思维模式如此相似，就必然存在大家都没有考虑到的某个重要环节，我们有可能改变思维模式，变换思维角度，设计出更加优秀的训练序列。

这个新的序列，应有如下特点：①突出文体特点，以"言之有序"为训练的主要线索。②明确训练的阶段及其中心，明确训练的主要方式，表现训练的最佳角度。③读写结合，符合学生认识能力的发展水平，易为大多数教师采用。④方法多样，分段循环，反复而又螺旋式的上升，最终使学生思有其序，写有其法。

现将具体训练方案的设计表述如下。

一、片段写作训练阶段

在此阶段中着重进行铺垫性、引渡性的说明文片段写作训练，它要求以典型的说明文片段为例文，对其中可以借鉴的某种特点进行精要分析，使学生在尝试某种写法时有所依据，由浅入深，逐步掌握写作要领。此阶段的训练任务主要是解决"语言准"的问题，训练的任务落实在七、八年级，训练的方式可以灵活多样，可结合课文进行，可结合大作文进行，也可以分专题进行。训练的步骤如下。

1. 区别性写段训练

通过写段训练，初步理解说明事物的特征是说明文的基本要求，说明顺序的清晰是表达方面的重要特点，恰当的说明方法是表现事物特征的主要手段，让学生弄清说明与记叙、议论、抒情的区别，克服联想、抒情、引申、升华的习惯思路，建立客观的描述说明对象的定式思维。

2. 方法性写段训练

着眼于让学生初步理解和掌握说明的方法。结合教学进程，逐步进行举例子、列数字、打比方、下定义、分类别、做比较、制图表、做诠释、引资料、做描摹10种基本说明方法的训练。

3. 顺序性写段训练

进行思维、写作的条理性训练。为了便于入门,符合学生认识水平,可分为动态顺序(包括操作过程、事态过程、生长过程、认识过程、游览过程等)和静态顺序(包括空间关系、并列关系、因果关系、主次关系等)的写作基本功训练。

4. 结构性写段训练

进行语段内部句子组合的条理性训练,表现在文面上的是段落的结构。可分为总分式、分总式、总分合式、并列式、对比式、分类式、主从式、层进式、承接式等组合基本功的训练。

5. 语言性写段训练

强化学生准确、通顺、连贯地运用语言的意识和能力。重点进行准确使用限制语、准确使用修饰语、准确运用比喻以及使用生动的语言、运用恰当的句式等方面的训练。

6. 科学性写段训练

着眼于抓住事物的特征,确定说明事物的角度的训练。结合教材内容,可进行建筑物的结构、建筑群的布局、动物的生态特征、动物的生长过程、事物的用途、事物的成果、事物之间的关系、一种现象的事理、一类事物的事理、一门科学的原理等方面的写段训练。

二、整体作文训练阶段

在此阶段中着重进行正规的说明文成篇写作训练。它要求以典范的文章作为借鉴,通过教师精要的讲析、辅导,使学生在"言之有序"这个要点上得到一连串的收获和启迪,从而真正掌握说明文的表现形式。此阶段的任务主要是解决"条理清"的问题,训练的任务落实在七、八年级,训练的要求是"一文一得",说明的方法、说明的语言,贯穿于每次作文训练之中。训练的步骤和具体要求如下。

1. 按空间变化的顺序作文(事物说明文)
2. 按时间变化的顺序作文(事物说明文)
3. 按并列或分类的顺序作文(事物说明文)
4. 按步骤先后的顺序作文(程序说明文)

5. 按层层深入的顺序作文（事物说明文）

6. 按由浅入深的顺序作文（事理说明文）

7. 按认识水平发展的顺序作文（事理说明文）

8. 按多角度介绍的顺序作文（事物说明文）

三、综合训练阶段

在此阶段中探求说明文谋篇布局规律，进行思维灵活性的训练、写作构思训练。此阶段的训练，要求以阅读教材为基础，从纵、横两方面归纳，找出规律性的写作知识，从而激发兴趣，活跃思维，指导写作，并将学生的写作水平提到一个新的高度。此阶段的训练任务主要是解决"布局美"的问题，训练的任务落实在八、九年级。训练的手段灵活多样，不必拘泥于成篇的正式作文。训练的内容主要包括以下几个方面。

1. 说明文的开头方法

侧入法：引用材料式，引述故事式，假设情景式，起兴式，发出疑问式。

正入法：开门见山式，层层铺垫式，发出号召式，描绘式，抒情议论式。

2. 说明文的结尾方法

总结式，补充式，交代式，引申升华式，展望式，议论抒情式，描绘式，自然收束式。

3. 说明文基本的结构方式

总分式结构（含总分合式）：总分并列式，总分分类式，总分对比式，总分层进式，总分主次式，分总式，并列分总式。

承接式结构：方位变化式承接，时间变化式承接，事态发展式承接，逻辑关系式承接。

4. 说明文基本的构思方法

举例说明构思法，系列用喻构思法，移步换景构思法，分类说明构思法，比较说明构思法，标题构段构思法，间接说明构思法，拟人自述构思法，问答组合构思法，图表辅助构思法，导游解说构思法，描述说明构思法，穿插铺叙构思法，编写故事构思法，多角度说明构思法，综合表达构思法。

执行一项较好的作文序列训练需要两个前提：一是教师对教法的改革，要在不增加课时的原则下完成写作训练任务；二是教师对作文的精要独到的指导。以下就是笔者为学生写的关于构思方法的说明指导。

一、导游解说构思法

介绍风光、风景、地理知识、旅游路线的说明文，宜用导游解说法。如课文《从宜宾到重庆》。

用导游解说法写成的说明文，其主要特点是作者面对读者说话，自然生动，娓娓道来，在导游、解说中让读者进入意境，留下"游览"的余味。分析《从宜宾到重庆》，可以领会到导游解说法的大致写法。

（1）顺序而写。也就是沿着规定的路线，介绍景物构成的特点，激发读者的游兴。《从宜宾到重庆》的课文题目就规定了解说的范围和顺序，课文正是按宜宾—重庆这条路线的顺序来写的。

（2）突出景点。就像记事文中要突出主要事件一样，导游解说中也应突出重要的风景点；平均用力的导游解说文章会平淡无味。《从宜宾到重庆》的重要景点是重庆。在作者的解说中，重庆的地理位置、城名来历、地形走向、山城特点，还有那又多又浓的雾，无不在读者心中留下美好难忘的印象。

（3）适当穿插。穿插的目的是使文章活泼生动，增强文章的趣味性、感染力。导游解说式文章，宜适当穿插三个方面的内容：第一，精美的佳句，如课文中"在重庆，有时候是人骑车，有时候是车骑人""勤劳的山城人民，祖祖辈辈踏着这些琴键，演奏着生活的交响乐"等都是很美的充满诗意的句子。第二，有助于说明的有关知识，如"有趣的是，凡是两江汇合的地方总有比较繁华的城市，譬如……""四川是一个典型的盆地……"这两个自然段，就介绍了读起来令人兴味盎然的知识。第三，有关历史传说、风土人情、典故及作者的联想猜测等，如课文中对"宜宾"来历的揣测、对"重庆"来历的简介等，都很吸引读者。

（4）融之以情。融情的目的是为了感人。导游解说式文章不宜抒发浓烈的感情，但字里行间融合着感情，则显得清新、美好，能引起读者热爱祖国山河、热爱大自然的情感的共鸣，如课文中"这闪烁的亮光……这是自由诗……这是交响乐"一段，蕴含着丰富的感情，读后给人流连忘返之感。

在具体的构思过程中，结合具体的文章，还应考虑到开头、结尾构段的方式，考虑到比喻手法和描写笔调的使用，同时还应考虑到不同层次读者的需要，使文章雅俗共赏。

二、描述说明构思法

有些事物，特别是自然现象，有时无法用其他方法给予精确的说明，有时为了生动和有趣不需要进行精确的说明，这就需要描述。描述在说明文中有两种表现形式：一种是说明的过程中穿插描写的片段；另一种是整篇文章都是说明与描写的有机融合。后者就采用了描述说明的构思方法。

科学小品文《松鼠》就是运用描述说明法进行构思、写作的知识性趣味性很强的说明文。通过对课文的研读，我们知道，用描述说明法进行写作，要做到以下几点。

第一，说明的框架要严整。说明文运用描写，讲求语言的分寸感，不能随意抒发、尽力渲染。《松鼠》的结构框架严整分明，条理清晰。文章开篇用"漂亮""驯良""乖巧"三个形容词总括松鼠的特征，总领全文，然后依次从漂亮的外形、驯良的习性、乖巧的性格等方面描写说明。全文由浅入深，由易到难，文章层次井然、结构严谨、布局合理，描述紧密结合说明的要求进行。

第二，说明的过程要准确。说明文在描述中不论采用什么样的形象化的描写手段，都必须以"准确"为前提。《松鼠》由于采用描述说明法，它的说明准确性不是表现在数字的精确上，而是表现在概括和提炼的恰切上。作者说松鼠"漂亮""驯良""乖巧"，是对松鼠特征的准确概括；作者说松鼠"警觉""轻快""敏捷"，是对松鼠性格、动作的准确形容；作者说松鼠"面容清秀，眼睛闪闪有光，身体矫健，四肢轻快"，是对松鼠外形的准确描写。作者使用的都是"模糊"语言，但给读者的却是清晰的印象和真实的美感。

第三，说明文辞要优美。说明文运用描写，是以各种形象化的手段进行表述的，文辞优美能使文章具有强吸引力，更好地传播科学知识。《松鼠》在描写说明松鼠的外貌时，运用了白描手法；在描写说明松鼠的跑跳动作时进行了充分形容；在描写说明松鼠做窝的本领时，又运用了生动的拟人手法。作者笔下的松鼠，机敏灵活，天真可爱，栩栩如生，这一艺术效果的产生与作者精练优美的语言是分不开的。

2. 对不同的写作环节进行细致的指导

在学生习作的过程中，教师需要对学生作文的不同环节进行细致的指导，这是作文教学最基本的要求之一。

这对语文教师的功底、实力提出了很高的要求。

语文教师有必要在如下作文指导的方方面面提升自己的教学素养。

(1) 精细审题，准确扣题

审题，是开展写作的第一关。没有认真周密的审题，谈不上准确扣题。

题目审读清楚了，可以确保扣题的质量，可以确保心情的舒畅和写作过程的顺畅。为此，必须做到如下两点。

①精细审读。审题力求精细，认真读题，一字不漏，从头至尾反复领会、研读，不得忽略一处。

②多角度探究。对题目认真品析，咬文嚼字。注意品析字词的含义，揣摩修饰语的表达作用，注意题目中的限制，关注题目所暗示的取材方向，还要注意"要求""导语""说明""提示"中的隐含信息。

千万不要以为写作文只看作文题就行了，其实有很多的奥妙在"要求"及"导语"中。审题时一要注意题目要求中的"警告性信息"，二要注意题目引导语中的"暗示性信息"。

每一个作文题，不论其题型如何，都有具体的写作要求。这些"要求"透露出来的大多是"告诫性信息"，它们的作用是防止"技术犯规"，使答题人少失分。

另外，题目中关于注意字数、规范地书写、标点占格、把作文题补充完整以及如何运用作文题所提供的材料、图画等，也会做出说明，在审题中均应予以注意。

在认真审题的基础上，最重要的就是写作中扣题的问题了。

先说说扣题的第一个层面的问题。

扣题的反义就是走题。作文一旦走题，就有全军覆没的危险。所以说，扣题要准确，要掌握好作文的方向盘。

扣题的技巧可以从两个方面看：技巧之一，就是全文写作的内容与作文题目紧紧相连，如写"微笑原来如此重要"这个题目，表达的内容就要突出"微笑重要"几个字。技巧之二，就是在写作的形式上注意扣题，再以"微笑原来如此重要"这个题目为例，可以在文章开头处回扣一下标题，可以在文章中间回扣一下标题，还可以在文章的收束之处回扣一下标题。如果在内容与形式上都注意了扣题，作文就基本上不会走题。

再说扣题的第二个层面的问题。

有很多时候，学生不能很好地扣题的原因是读不懂作文题或者读不懂作文题的材料。连题目都读不懂，自然就谈不上扣题了。

有时作文命题会让人难以下笔。所以说，在扣题方面，还应该有意识地进行一些克服难点的训练。如：

①如何看懂作文材料中漫画或者图形的含义。

②如何读懂作文材料中文字材料的意思或含义。

③如何懂得比较偏而难的话题或题目的含义。

④如何应对题目写作的要求与自己的生活积累相去甚远的困难。

只有这样，才能做到胸有成竹地扣题写作。

（2）灵动思维，多角度立意

对作文的立意，人们往往有"立意要准确""立意要深刻""立意要新颖"等说法。其实，这些说法都只说对了一小半。还有一大半在哪里呢？在作文题中。离开了作文题这个具体的语言环境来谈立意，都是空话。

作文立意的一个基本意识就是提醒自己关注"多角度立意"。

多角度立意的技法适用于命题作文、半命题作文、话题作文、材料作文等各种作文题型。多角度立意的技法是一切立意技法的"总管"，它带给我们的是"最优立意"的意识，它要求养成一种良好的习惯：立意之初，就应该多考虑几种角度。如写读后感，就可从三五个不同的角度立意，然后选出自认为最优的一种进行写作。

作文"立意"的基本技法有：

①填题式立意。此种立意技法适用于半命题作文。这种题型从本质特点上讲，只是划定了一个写作范围，很多时候没有在题目中表明立意的要求，而是把选材、立意的自由让给了写作者。在这种情况下要非常珍惜自己的读题感受，在读题、填题的过程中思考自己的立意。如"我生活在_____之中"这个题目，就可选填"高兴""幸福""激动""快乐""温暖""烦恼""痛苦""遗憾"之类的词语或含有这些意义的短语，要以"立得住，站得稳"为原则，认真考虑立意角度，写出自己最真切的感受，表达自己的心声。

②启迪式立意。此种技法适用于那些有导语的作文题或者暗示了立意角度的题目，我们在读题时会受到一些启迪，然后在启迪的基础上确定自己的立意。由于受到了题目暗示，这样的立意可能不会很新颖，但一定很稳妥。如下面的作文题："初中的生活经历，使你逐步增长了知识，感受了人生，获得了启迪，体验了纯真……请你将题目'_____告诉我'补充完整，写一篇夹叙夹议的记叙文。"这其中的"增长了知识，感受了人生，获得了启迪，体验了纯真"就是在启发立意的角度。

③提炼式立意。此种技法适用于多个材料的作文，适用于多幅或者单幅图画的看图作文。此时或者阅读作文题中的材料，体味材料的含义，从中提炼观点，再进行立意；或者观察作文题中的图画，品析含义，提炼主题，确定立意角度。

④扣词式立意。此种技法适用于那些题目中已经明确点示了立意方向的命题作文或者半命题作文。这种题目用"关键词"的形式确立了立意的方向，只能扣住这个关键词、沿着这个方向进行生发，再选择一个点作为自己的立意。如作文题"美在课余"，这个"美"字已经限定了立意的方向，就要在作文究竟表达"什么美"上用心思。

⑤自由式立意。此种技法适用于命题作文、话题作文。一般来说，这样的题目都很"大"，有的看起来也浅显，比较便于立意。此时要注意的是，一定要注意立意的深度与高度，不要太肤浅，不要太俗套。

(3) 斟酌比较，精心选材

没有好的材料，就没有好的作文。作文的选材与构思紧密相连，与表达紧密相连，也与作文的得分紧密相连。

一般来说，作文的选材有"四要"：材料要真实，材料要新鲜，材料要精致，材料要有味。

然而仅仅知道这"四要"还不行，还要知道如何选材。

可以从如下几个方面做好选材的工作。

①选材要"合"题。大量的作文题都是让自由选材，所以选材的一个基本要求就是要合乎题目的表达要求。如此才能支撑题目，顺利成文。如作文题"我最好的朋友""把_____写在_____"，都要在选材上仔细斟酌，以"口子小，角度新"为原则，反复比较，筛选出自己最熟悉、最有意义、最容易写好的材料，完成题目并进行写作。

②选材要"扣"题。即所选材料要紧扣题目的表达要求，不能顾左右而言他。如作文题"春节里的故事"，所有的材料必须扣住"春节"二字才有意义，否则费力不讨好。

③选材要"就"题。也就是要就着题目的意思来选材，而不要与之相别扭。如作文题"有那么一次"，出题者所要求的只是写好一次经历，写好一件事情，写好一个故事。应当而且只能或者记叙一次经历，或者表现一个事件，或者讲述一个故事，而不能去写"几"次、"几"个。凡写几次、几个的，一律是"自作多情"，不合题目要求。

④选材要"美"题。有的题目从表面看是平淡的，是没有什么感情色彩的，所选的材料就应当让这个作文题活跃起来，美好起来，生动起来。如以"少年时代"为话题写作文，应力求避免再现校园中那种沉重的、繁忙的学习生活，力争发现一些新鲜的、有意义的内容，撷取中学生活中丰富多彩的生活画面，根据自己命题、立意的需要将它们连缀、组合在一起，从多个侧面表现"少年时代"特有的生活，表达出自己真切的感受。

然而仅仅做到上面这四"要"还不行。选材的功夫还在于积累。

①积累自身的材料,包括"我""我与学校""我与家庭""我与社会"四大方面具有"闪光点""美点""感点"性质的精彩片段。

②供引用的材料。主要是与自己特别的生活、学习、思想修养、世界观形成有关的真人真事、名言、警句、诗词、例证等,以便需要时引用。

③供借鉴用的材料。主要是记叙文、议论文、散文类短小精美的范文,仔细阅读、分析、揣摩、领悟,学习其构思、表达的技巧。

④要非常关注重大事件材料的积累。它们对于作文来说是非常有价值的材料。

语文教师还要经受一些运用材料的训练。

①训练自己从单一角度运用材料。这是较低层次的训练,要求将材料用好、用准、用实。

②训练自己多角度地运用材料。这是较高层次的训练。目的是培养多方位、多角度思考的习惯,训练思维的敏锐和选材时的变通能力,要求将材料用活、用巧。

(4) 结构精致,思路流畅

下面是常用的作文结构模式,它们能让作文结构既规范,又好看。

①循序推进式。这一类的文章表现出层层推进、顺流而下的特点。运用这种模式,可以写单纯性情节推进的文章,如小小说、小童话、寓言等;可以写移步换景的游记;可以写按时间顺序组合材料的记叙文、通讯报道;还可以写一些随自己性情自由挥洒的随想类的文章。其结构上总的特点就是段与段之间、层与层之间表现出承接推进的关系,少有穿插,少有过渡,少有大段的点题文字。

②夹叙夹议式。其结构上总的特点就是边叙边议,经常用来叙事、写人、咏物。在记事时常常穿插议论以充分表达感受与情感,在写人时穿插议论以充分表现对人物的评价,在咏物时穿插议论以充分表达对生活或哲理的感悟。此类文章因叙中有议而显现出清晰的脉络层次,给人以清朗的感觉。

其实,在作文中,这个"议"往往是被抒情性的语言代替的。

③卒章显旨式。从行文布局看,它是一种结构文章的构思方式;从突出主旨看,它也是常用的一种结尾的方法。大量的精美的叙事、抒情、哲理短文都是用这

样的模式进行写作的。运用这种模式可以记事，可以写人，可以写景，可以记游；可以写现实，可以写梦境……可以说寓言，可以写童话。其结构上的鲜明特点就是叙后有议，比起夹叙夹议类文章，它在写作上显得更加轻松自然。

④板块连缀式。就是或将几个情节、或将几个故事、或将几个生活片段、或将几次活动安排、或将几种说明内容、或将角度不同的几个议论、或将几个方面的联想……围绕着一个中心、一个主题、一个话题组合起来，成为一篇完整的文章。这也就是我们常说的"横式结构法"。其总的特点就是，充分地、多角度地表现人物、记叙事件、描写景物、说明事物、论说道理、表现思想、表达感情。它文面清晰，各个"板块"的内容可以一目了然。

⑤小段铺展式。小段铺展，是说一篇文章由短小的细密的段落铺展而成。有时甚至一句话就是一段。

小段铺展式的结构方式，可用于散文诗、散文、随笔、小小说、散文式议论文、思想小品等文体的写作。用"小段铺展"之法写成的文章，其文面的重要特点是段落短、细、密，由于文章全由小段构成，读起来给人一种流畅清新、一气呵成的感觉，具有散文式的韵味。比起那些用大而长的段落构成的文章，它显得秀美而抒情。

⑥引入深化式。此种写作形式的表达特点就是从一个"点"出发，进行拓展、延伸、深化；全文由此及彼，文中的那个"点"只是一个引子、展开话题的由头。此种写作模式常常用于一事一议、一事几议、读后感、观后感、小评论、咏物抒情小品以及联想类文章等。

(5) 适度抒情，锦上添花

作文中的情感抒发主要有两种方式：一种是在语言表达中渗透情感，也就是让语言富于诗意，富于情意；另一种是在文章中用直接抒情的方式来表现作者的情感。

①了解为什么要在记叙中穿插抒情。

一般来讲，记叙中的抒情主要有如下作用：第一，表达作者的观点；第二，抒发作者的情感；第三，表现人物形象；第四，深化文章的主题；第五，严密文章的结构；第六，增强文章的艺术感染力。有时候抒情用得好，可以对上述这几种作用进行综合的表现。

②学习如何在记叙之中穿插抒情。

第一，在记叙中穿插抒情，应有明确的目的。这种目的，大体表现在上面所说的六个方面。但在具体运用中要注意：要着重对最典型的事例进行抒情，要着重在最动人之处抒情，要着重在作者感情最激动的时候抒情，要着重在点示全文的意义时抒情。

第二，在记叙中穿插抒情应掌握一定的方法。

A．泼墨法。这是最常用的一种方法，是在文章的结尾处集中一大段语言文字进行抒情，给人以"泼墨如雨"的感觉。

B．点示法。即用很少、很精粹、很关键的文句，或在文章的开头，或在文章的结尾（主要是在文章的结尾）"点"一下，人们往往称这一"点"为"画龙点睛之笔"。

C．呼应法。主要表现为首尾呼应，结尾与作文题呼应。这种方法使用熟练后也可以用于段与段之间的呼应。

D．穿插法。即在文章的一个一个的层次中安排抒情的内容。每叙述一个故事，就用抒情议论之笔穿插一段文字。

第三，在记叙中穿插抒情的表达要求。一是内容要适当，二是表达要简洁，三是语言要精美，四是要用真情抒情。

记叙文中的抒情应切合全文的主题，服务于作者的表达意图，因而有不同的表达手法和不同的表达角度：角度一，点示主旨；角度二，表达感悟；角度三，评赞意义；角度四，表达心情；角度五，渲染气氛；角度六，表现哲理。

第四，在记叙中穿插抒情，应避免抒情不当。

在记叙中穿插适当的抒情，往往可以使文章锦上添花，但如果使用不当，不知道记叙文是以记叙这种表达方式为主的，不知道文中的抒情应是在充分记叙的基础之上有感而发，就会随意点缀，勉强凑合，或者极力抒情而又空洞无物。要避免抒情不当，就要注意在穿插上下功夫，做到紧扣内容，衔接自然，灵活、简洁、适度地进行记叙中的抒情。

(6) 注重表达，清新生动

①写句技巧。写句技巧是作文的局部表达技巧。它的内容关涉开头写句、结尾写句、过渡写句、文中写句等。从另外一个角度看，关涉短句、长句，散句、整句，一般句、修辞句等。

写句技巧表现在作文的每一个具体的细节上，就拿"开门见山式"开头来讲，就有线索式、要素式、情节式、写景式、简介式、论题式、论点式、抒情式、悬念式等多种形式。所以说在每一个具体的细节上都要注重句子的写作。

写句技巧总的体现在10个字上：准确、简明、生动、注重形式。

②写段技巧。规范的段往往就是一篇完整的短文。段写得好，对于五六百字的大作文来说，无疑是把住了质量关；对于片段作文来说，更是有举足轻重的作用。

下面分三个层次谈谈作文的写段技巧。

第一，就全篇文章来讲，要重点写好三种段。

A．开头段。要将各种适用于作文的开头方式运用于段的写作，使作文"初露锋芒"。

B．重点段。紧扣作文题，注意文体，为表达文章的主题而写好主体部分的一两个段落，使作文"一展风采"。

C．结尾段。充分运用收束文章的方法，让作文"锦上添花"。

第二，就一个重点段落来讲，要写好段的如下几个方面的内容。

A．写好段的首句。段的第一句，是段的窗口，通过它可以表达作者的情感，突显段的中心。

B．写出段的层次。通过段内清晰的层次来表现段落规范的结构和作者清晰的思路。写好段的层次，有许多形式可供选用。如，从结构上：a.先总后分，b.先分后总，c.先正面后侧面，d.先正后反，e.先景后人，f.先叙后议，g.先说明后评议，h.先描写后抒情，等等；从顺序上：a.时间发展式承接，b.对话发展式承接，c.事态发展式承接，d.方位变化式承接，e.感情发展式承接，f.景物观察式承接，g."首先""其次"式承接，h.先实后虚式承接，等等。

第三，写好段的语言。

用段中准确的用语来丰富段落的血肉，表现作者的语言表达水平。语言的表达要做到手法丰富、句式简洁、词语生动。要有侧重地写出有个性的段落，如：A.用词生动的段，B.句式精美的段，C.辞格丰富的段，D.描写细腻的段，E.议论有力的段，F.情感丰富的段，G.说明准确的段，H.哲理深刻的段。

除了上述技巧之外，还要注意段的文体特点，注意段与全文结构的协调。

③铺展技巧。在构思上，要做到"或一点式伸展，或多点式铺陈"。

"或一点式伸展，或多点式铺陈"这句话，可以说是作文铺展的总策略。"一点式伸展"，就是一篇文章内只将一个内容写好、写细、写完整；"多点式铺陈"，就是在文章中多写几个内容，将它们有机地组合在一起。

以这两种形式为基础进行变化，设计好开头、结尾，安排好不同表达方式的穿插，作文的框架便能够设置得完整、规范。

④文面技巧。文面，就是让人家看到的写好了的作文的"外表"。

文面要清朗。不论对于作文成绩优秀的学生，还是对于作文成绩比较差的学生，清朗优美的文面都是对老师的一种礼貌，能够在批改作文的老师面前展示一个人学习语文的态度和习惯，有可能得到一定的感情上的肯定和友好的评价。所以，好的文面从来都是作文的得分因素，要有信心、有耐性写出整齐的字迹，写出整洁的卷面。

3. 设计有训练实效的作文详案

进行作文教学，就教师的教学准备工作而言，最为重要的是备好作文指导课；作文指导课的教案必须是有训练实效的详细方案。

从作文训练的教学情况来看，少有对学生系统地进行作文训练的周全计划，少有对学生进行中、高考作文训练的周密安排，也少有作文训练详细教案的普遍运用。所以，运用详细教案对学生进行作文指导与训练，应是教学的基本要求，是教师作文教学设计的基本素养。

作文详案的设计应该力求做到：每次作文训练都有详细的方案，每次的方案都要突出一个作文训练点，每次的教案都需要有多篇范文，每次的教学都应该有教师的指导性文字，每次的教案都要强调学生的笔记，每次的教案都应该有精心设计的作文题。要特别强调作文教学设计中"范文引路"的理念与做法。

下面是笔者设计的形式不同的作文指导详案。

作文教案形式之一

训练内容——写人要抓住特点

【训练要求】

了解记叙文的特点，实践在叙事中写人、写出人物特点的写作方法。

【背景知识1】

记叙文是借助叙述、描写、抒情等手段记人、叙事、写景、状物的文章，通常可以分为记人叙事类、写景状物类和抒情类三种。

【背景知识2】

"人"从来都不是孤立存在的，而是处在一件件事情中。要把人写"活"，写成"他自己"，就要把人放在事件中写，写他与别人的交往，写他富有个性的语言、动作行为和心理活动。可写的事情较多，要选择能够表现人物特征的事来写，可以是一件事，也可以是几件事。

【范文品析】

浅水洼里的小鱼

清晨，我来到海边散步。走着走着，我发现在沙滩上的浅水洼里，有许多小鱼。它们被困在水洼里，回不了大海了。被困的小鱼，也许有几百条，甚至有几千条。用不了多久，浅水洼里的水就会被沙粒吸干，被太阳蒸干。这些小鱼都会干死。

我继续朝前走着，忽然看见前面有一个小男孩。他走得很慢，不停地在每个水洼前弯下腰去，捡起里面的小鱼，用力地把它们扔回大海。

看了一会儿，我忍不住走过去对小男孩说："水洼里有成百上千条小鱼，你是捡不完的。"

"我知道。"小男孩头也不抬地回答。

"那你为什么还在捡？谁在乎呢？"

"这条小鱼在乎！"男孩一边回答，一边捡起一条鱼扔进大海。他不停地捡鱼扔鱼，不停地叨念着："这条在乎，这条也在乎！还有这一条、这一条、这一条……"

【技法借鉴】

教师在学生品析、讨论之后小结：第一人称的记叙角度，选材精致，事先巧妙地交代环境，暗含时间顺序，突出动作和语言的描写，人物特点鲜明。

我不是最弱小的

夏天的一个周末，五岁的萨沙和哥哥托利亚，跟父母一起到森林中去玩。森林里的景色是那么美好，空气是那么清新。他们来到林中的一片空地。那里盛开着美丽的铃兰花。

"看！这儿还有一朵野蔷薇呢！"大家被萨沙的叫声吸引过来。原来有一丛野蔷薇，被铃兰花簇拥着，开出了第一朵粉红色的花。带着露珠的花朵随风舞动，芬芳扑鼻。一家人坐在野蔷薇旁边，聊起天来。

突然，雷声大作，天上飘下几滴雨点，紧接着，下起了倾盆大雨。妈妈赶紧从背包里拿出雨衣递给身边的托利亚，托利亚又把雨衣给了萨沙。

萨沙不解地问："妈妈，您和托利亚都需要雨衣呀，为什么要给我呢？"

妈妈回答说："我们应该保护比自己弱小的。"

萨沙又问："这就是说，我是最弱小的了？"

"要是你谁也保护不了，那你就是最弱小的。"妈妈说着摸了摸萨沙的脑袋。萨沙朝蔷薇花丛走去。大雨已经打掉了两片蔷薇花瓣，花儿无力地垂着头，显得更加娇嫩。萨沙掀起雨衣，轻轻地遮在蔷薇花上，问道："妈妈，现在我还是最弱小的吗？"

妈妈笑着说："不，不，你能保护更弱小的，你是勇敢的孩子啦！"

【技法借鉴】

教师在学生品析、讨论之后小结：客观叙述的记叙角度，景物描写有重要作用，映衬手法，照应手法，突出语言和动作的描写，人物性格特点鲜明。

全 神 贯 注

法国大雕塑家罗丹邀请奥地利作家斯蒂芬·茨威格到他家里做客。

饭后,罗丹带着这位挚友参观他的工作室。走到一座刚刚完成的塑像前,罗丹掀开搭在上面的湿布,露出一座仪态端庄的女像。茨威格不禁拍手叫好,他向罗丹祝贺又一件杰作的诞生。罗丹自己端详一阵,却皱着眉头,说:"啊!不,还有毛病……左肩偏了点儿,脸上……对不起,请等一等。"他立刻拿起抹刀,修改起来。

一刻钟过去了,半小时过去了,罗丹越干越有劲,情绪更加激动了。他像喝醉了酒一样,整个世界对他来讲好像已经消失了——大约过了1小时,罗丹才停下来,对着女像痴痴微笑,然后轻轻地吁了口气,重新把湿布披在塑像上。

茨威格见罗丹工作完了,走上前去准备同他交谈。罗丹径自走出门去,随手拉上门准备上锁。

茨威格莫名其妙,赶忙叫住罗丹:"喂!亲爱的朋友,你怎么啦?我还在屋子里呢!"罗丹这才猛然想起他的客人来,他推开门,很抱歉地对茨威格说:"哎哟!你看我,简直把你忘记了。对不起,请不要见怪。"

茨威格对这件事有很深的感触。他后来回忆说:"那一天下午,我在罗丹工作室里学到的,比我多年在学校里学到的还要多。因为从那时起,我知道人类的一切工作,如果值得去做,而且要做得好,就应该全神贯注。"

【技法借鉴】

教师在学生品析、讨论之后小结:第三人称视角,故事内容详略有致,反复手法描述人物,动作神态描写生动,大段议论有重要作用,人物性格特点鲜明。

【写作实践】

自由命题,运用"技法借鉴"中习得的技法,通过一件事写一个人,表现一个有特点的人。

作文教案形式之二

训练内容——亮出你的感悟

【技法点拨】

什么是"感悟"呢?

感悟,就是对事物有所感触而领悟到的某种道理、哲理、诗化了的思想。

那么,什么是作文中的感悟呢?

作文中的感悟,就是通过对人、事、景、物与生活现象的抒写来表现或表达自己的领悟。由于感悟类文章注重对文章思想内容的深化——理性的升华,所以它有时会更有深度,更富情致,更有动人心弦的作用。

请看下面的短文:

有只小虫子,误落水杯中,已经挣扎了两天。它总是一个劲地往下钻或左冲右突,希望找到或是撞开一个缺口逃出去。累了,就浮上水面透一口气,休息一会,再往下钻。它已经精疲力竭了。

其实,杯子口并未盖上,小虫很容易从杯口逃掉。

有时候,转个方向,往往海阔天空。

文中"有时候,转个方向,往往海阔天空"这句话,就是作者通过叙说故事而表达出来的一种感悟,这句话一说出来,立即让人觉得文章意味无穷。

让我们回忆美文《散步》的结尾:

这样,我们在阳光下,向着那菜花、桑树和鱼塘走去。到了一处,我蹲下来,背起了母亲,妻子也蹲下来,背起了儿子。我的母亲虽然高大,然而很瘦,自然不算重;儿子虽然胖,毕竟幼小,自然也轻;但我和妻子都是慢慢地,稳稳地,走得很仔细,好像我背上的同她背上的加起来,就是整个世界。

"我背上的同她背上的加起来,就是整个世界",这是作者的深刻感悟,也是全文内容的深化和情感的升华。它表达精美,含义丰富,意境高远,激动着读者的心灵,给人留下了反复回味的余地。

再让我们看看课文《故乡》的结尾:

我想,希望是本无所谓有,无所谓无的。这正如地上的路;其实地上本没有路,走的人多了,也便成了路。

极简短的一句话,表达的是作者对人生的感悟。它寄托着作者的心志,表达出警策性很强的哲理,让人们去思索社会和人生,得到战斗的鼓舞,吸取奋斗的力量。

由此,我们可以感受到"感悟类"作文的表达特点:

或叙说一个事件,

或讲述一个故事,

或叙写一种现象,

或描述一种景物,

或引用一个传说,

或吟咏一类物品。

然后,"亮"出一个精美的闪光的道理,抒发一种带有独特感受的情感。

也就是说,写此类文章——

要有清晰的文章结构:先细细地叙说,再精粹地点示。

要注意升华文章主题:诗化点题,精妙议论,升华哲理。

要注意语言的优美表达:有一点情感,有一点诗意,有一点写句技巧,有一点哲理显现。

感悟类文章是"随心"的作品,它重在创意,各种作文题型都适于感悟类文章的写作,关键在于对"感悟"的抒发。

一般来说,我们可以写生活中的事件,对此进行感悟。即使是小小的生活片段,也可以让我们心生感悟。例如愉快的登山旅游,深夜之中完成了小论文的写作,严冬过去春天给人带来喜悦等。在这些内容中点缀一点细节,紧扣作文题去点化意境和主题,也同样耐读耐看。而且,让我们有感而发的,并不一定都要求是事件,不一定都要求是故事,生活现象同样让人思绪激荡,如对萤火虫、对大风、对冬天、对时间、对流水、对雪花、对树根……都能让我们有所感想而生发出带有哲理意味的感悟。

【美文展示】

母爱无缝隙
叶雨浓

曾看到这样一幅画：一位白发苍苍的老妇人，在微弱的灯光下，佝偻着身躯，在认真地穿一根针，她的膝上放着儿子的一件衣服。这幅画的名字叫"母亲"。就这两个字，让人深深地感动。"慈母手中线，游子身上衣。临行密密缝，意恐迟迟归。谁言寸草心，报得三春晖。"母亲为了我们做了这么多，我们何尝报答过她呢？也许就和这首诗一样吧，我们永远也不能报答母亲对我们的恩情。母亲对我们的爱，永远是无私、无悔、无憾的。

当春天来临时，憋了一冬的我们在绿草和花儿中天真活泼地跑着、跳着，母亲不时地告诫我们慢点跑，当我们跌倒时，她并不会怪我们没听她的话，而是跑过来安慰我们。

当夏季来临时，我们会遭受蚊子兵团的攻击，妈妈总是会摇着扇子让我们入睡，生怕我们受到一点点伤害。就在我写这篇文章时，妈妈都还说了一句："我给你到房间里赶蚊子去啊。"这句话让我听了心里暖暖的，一种幸福感油然而生。

当秋天来临时，每个妈妈都会让自己的孩子多加点衣裳，告诫我们要小心、别着凉等一些话，有时我们会认为这是唠叨，可是在这唠叨中渗透着的都是爱心。没有它，妈妈怎么会对你嘘寒问暖，没有爱，她又怎么会关心你呢？

当冬季来临时，你冷了，妈妈会为你加衣；当你觉得非常寒冷时，她会将你紧紧抱住，用她那暖暖的手握住你冰凉的手。

从这些一点一滴的小事中，我们感受到了母爱的无私、伟大，母爱无处不在。拥有母爱的孩子是幸福的。

母爱没有缝隙，而我们对母亲的理解和感恩却是有缺憾的，我们怎样去弥补，是一道永恒的思考题！

（选自《好文100》，指导教师：陈克荣）

【技法点评】

选文的立意好，"母爱无缝隙"，生动而又准确。围绕着这个立意，作者的组材可谓"针线绵密"。春夏秋冬中的母爱一一写来，恰好与"无缝隙"暗合。再看首尾，文章的开头是渲染，是"未成曲调先有情"。文章的结尾是两个层次的"感"。倒数第二段表达的是感受，结尾段表达的是感悟，它们朴实生动，含意深刻，激起了我们心中的共鸣。

梦结束的地方

栖云

有人做过统计，迄今为止，大约有五百人成功地登上了珠穆朗玛峰顶，亦大约有五百人在攀登过程中献出了宝贵的生命。无论这个统计数字属实与否，都不折不扣地表明，攀登珠峰生死系于一线，代价极其残酷。

因攀登珠峰而遇难的勇士阎庚华去世后，笔者走进他独居的家，目睹的是一个痴迷的登山者的世界：墙上贴满了登山明星照、珠峰风景画，挂满了登山爪、登山靴、滑雪杆。他用13年的漫长岁月做准备，为此放弃了婚姻，离开了心爱的女儿，甚至不惜失去生命。

无限风光，唯有触天者才领略得到吧！一位朋友成功地登上了海拔6400米的一座山峰，我问他，那种高处不胜寒的峰巅之感一定惊魂动魄吧？没有一丝尘埃的繁星，广袤深邃如宝石样的天宇，还有洁白无瑕的冰雪，一定让人的肺腑都透明了！朋友却一本正经地摇头道："完全不是这样，冰天雪地的山头上能有什么吸引力？天幕、繁星、晶莹的冰雪，那是诗人塑造的仙境。当时的情形根本不浪漫，巨大的风裹着彻骨严寒，满眼白茫茫的，就这些。"

真就这些，这么令人失望吗？答案如此肯定。那么，为什么要登山呢？不要命地登那么高的山，想证明什么？英雄气概？挑战极限的能力？我费解而焦急地望着朋友。朋友悠悠地说："那一刻，我只觉得一颗心从喉咙里咯噔一下回到胸膛里去了，就像做了一个痛苦而漫长的梦，我终于可以释怀。"

那是梦结束的地方，高耸入云。这梦牵扯着生命的脚步，一路跋涉，万水千山，赴汤蹈火。无论那座山叫什么名字，在地壳上，在实验室中，还是在书本里，都充满了诱惑。

明白了吗？生命原来是梦想的一架梯子，可以一直延伸到梦想成真的那一刻，只要你永不放弃。

【栖云. 梦结束的地方 [J]. 花季雨季，2001 (6).】

【技法点评】

文章的内容顺序非常漂亮。第一段说的是一批人,第二段略说一个人物,第三、四段比较详细地写一个人的故事,但如果说文中只是叙说了这样一些内容,那还没有什么味道。有味的就是文中后面两段,那点示的哲理使文章的内容顿然升华,那思想的闪光就像一股涓涓细流,美美地沁入了人们的心中。原来,第一至四段是文章的第一部分,它的反复渲染,都是为了第二部分——哲理性感悟的点示。这,就是美好的构思。

【新题演练】

题目:每个人都有一个世界

世界上没有两片完全相同的叶子,世界上也没有绝然相同的两个人。生活是丰富多彩的,但每个人都会有自己的世界。请仔细揣摩文题,写一篇六七百字的作文,文体不限。

构思提示:"每个人都有一个世界",这句话本身的意味就值得咀嚼。所以,在审题中要充分地品味它。在文章的点题处,要充分突显"世界"一词的特别含义,要兼有议论与抒情,做到读后让人玩味再三。

4. 创造灵动多姿的写作训练形式

学生的写作训练不可能只限于"大作文"。

语文教师在作文方面的教学素养,还应该表现在能够创造灵动多姿的写作训练形式上。

一切写作训练形式的创造与写作训练手法的运用,都是为了学生喜欢写、乐于写、善于写、坚持写,并自觉地想方设法地去写好。

下面一些简洁实用的写作训练形式都是可以尝试运用的。

(1) 微格简叙

训练学生捕捉生活中的细节,并用精巧的形式、朴实的语言加以表现。

范文：

鲇 鱼 跑 了
余霁月

傍晚，爸爸回来了，喜滋滋的。

他买回了三条活蹦乱跳的鲇鱼，说是小贩要回家，廉价卖给他的。看见这鲜活的鱼，似乎看见了一碗热腾腾的散发着诱人香味的鲇鱼汤，哇，真美……

晚上，爸爸说："鲇鱼聪明得很，它会不顾一切地设法溜掉，如果不严加防范，那鲇鱼汤可就喝不成啰！"爸爸把装鱼的桶提进离卫生间很远的厨房，用一个篮子盖严桶口，再压上一块大砧板，还仔细看了看，这才放心地走出厨房。

第二天大清早，我就听见爸爸在厨房里大叫："鲇鱼跑了！"我连忙从床上蹦下来，跑去看。只见篮子、砧板横躺在地上，桶里空无一鱼，两条正在挣扎的鲇鱼已经靠近卫生间。另外一条遍寻不着，大家分析它已经通过卫生间的下水道跑掉了。

妈妈埋怨爸爸："就是你，昨晚说的话都让鲇鱼给听见了。""哼，便宜无好货，咱们一人少吃两块鲇鱼肉！"爸爸愤愤地说。

我没有责怪小鲇鱼的逃脱，也不像爸爸妈妈那么想，因为我突然感觉到：拼搏中的生命具有不可遏止的力量！

(2) 日记创写

训练学生天天写日记，写叙说的日记，写感悟的日记，写抒情的日记，写议论的日记，写富有文采的日记。

范文：

日 记 一 则

新建的大礼堂里，坐满了人。我们毕业生坐在前八排，我又是坐在最前一排的中间位子上。

今天是我最后一天在这学校里啦！

当当当，钟声响了，毕业典礼就要开始。

韩主任上台了。他很认真地说："各位同学都毕业了，就要离开上了六年的小学到中学去读书。做了中学生就不是小孩子了,当你们回到小学来看老师的时候,我一定会高兴地看到你们都长高了、长大了……"

我唱了五年的骊歌,现在轮到同学们唱给我们送别:"长亭外,古道边,芳草碧连天。问君此去几时来,来时莫徘徊!天之涯,地之角,知交半零落,人生难得是欢聚,惟有别离多……"

我哭了,我们毕业生都哭了。我们是多么喜欢长高了变成大人,我们又是多么害怕呀!当我们回到小学来的时候,无论长得多么高、多么大,老师,你要永远拿我们当孩子呀!

(3) 寓言创作

指导学生写寓言,练习精短文章的展开技巧,训练思想表达的深刻性。

范文:

大鱼和小鱼

佚名

小鱼问大鱼道:"妈妈,我的朋友告诉我,钓饵上的东西是最美的,可就是有一点儿危险。要怎样才能尝到这种美味而又保证安全呢?"

"我的孩子,"大鱼说,"这两者是不能并存的,最安全的办法就是绝对不去吃它。"

"可他们说,那是最便宜的,因为它不要求任何代价。"小鱼说。

"这可完全错了,"大鱼说,"最便宜的很可能恰好是最贵的,因为它希图别人付出的代价是整个的生命。你知道吗,它里面裹着一只钓钩?"

"要判断里面有没有钓钩,必须掌握什么样的原则呢?"小鱼又问。

"那原则其实你都说了。"大鱼说,"一种东西,味道最美,又最便宜,似乎不用付任何代价,钓钩很可能就藏在里面。"

(4) 生活小品

指导学生细致地观察生活,提炼身边的生活细节,并写下抒情的短章。

范文：

请写下毕业赠言
余映潮

进入紧张的中、高考复习阶段，就意味着又有无数的同学将结束人生旅途中一个重要阶段的生活。

腾出手来，在精美的小本上，相互写下毕业赠言吧！

它们是闪耀在同学们心灵之间灿烂的火花。粗犷的笔迹，娟秀的字体，庄重的语调，稚嫩的口吻，美好的希望，深情的祝愿，朴实的哲理，昂扬的激情，都融汇在一起，交织在一起，撞击在一起，像在谱写告别之曲，更像在合奏奋进之歌。

它们是闪现在同学们记忆长河中美丽的白帆。一趟有趣的远足，一场激烈的争论，一次倾心的长谈，一回紧张的竞赛；只言片语，展现出中学生活令人难忘的美好画面，永远散发出青春的气息，永远激发起青春的力量。

请在花季中给你的同学和朋友写下你的赠言。富有生活气息的赠言，给人以深深的回忆；富于想象的赠言，给人以饱满的激情；富于哲理的赠言，给人以警示与鞭策。既自勉，又互勉，形式、内容、风格可以不同，然而都是思考的结果、友谊的结晶。

请相互写下毕业赠言吧！这形式短小而内涵丰富的"一秒钟作品"，将为每个毕业生中学阶段的生活增添绚丽的光彩。

（5）咏物抒情

训练学生写咏物抒情的短文，能提高学生观察事物的能力、训练学生的联想能力和表达能力。

范文：

蝉
小思

今年，蝉鸣得早。杜鹃花还没零落，就听见断续的蝉声了。近月来，窗外蝉更知知不休，使事忙的人听了很烦。

一天，在树下拾得一只病蝉，透明的翅收敛了，身躯微微颤动，没有声响。

它就是曾知知不休地在树上过日子的小东西。那么小，却那么响，竟响彻一个夏天！曾这样问：何必聒聒？那只不过是一个夏天罢了！

朋友说：知道吗？它等了17年，才等到一个夏天。就只有这个夏天，它从泥土中出来，从幼虫成长过来。等秋风一吹，它的生命就完结了。

17年埋在泥中，出来就活一个夏天，为什么呢？

朋友说：那本来的生活历程就是这样。它为了生命延续，必须好好活着。哪管是90年，90天，都不过要好好地活过。

哦！那是蝉的生命意义！

斜阳里，想起秋风颜色，就宽恕了那烦人的聒聒！

(6) 情境写作

在一定的情境活动中组织学生写作，提高学生的写作兴趣，发挥他们的创造力。

"倡导文明、传递爱心"公益短信写作大赛

——童稚的心灵就像一张洁白无瑕的白纸，阳光和风雨都能印在上面。如果我们撒给它尘埃，它就会变成荒漠；如果我们洒给它七彩，它就会成为一座花园。

——讲解与书写，建筑了人类的灵魂。粉笔和灯光，留给了祖国昌盛的未来。无论时日怎样轮换，三尺讲台总是延伸着！

——最有力的是手，最稳定的是脚，最智慧的是头，最灵敏的是鼻，最锐利的是眼，最聪明的是耳，最干净的是嘴，最有爱的是心！

——多给父亲一个微笑让他永远不老；多给母亲一个拥抱让她笑口常开；多看父亲的手掌让他感受劳累的回报；多听母亲的唠叨让她感觉生活的美妙！

——如果你必须失去，但愿是忧愁。如果你必须遗忘，但愿是烦恼。如果你必须错过，但愿是厄运。如果可以永远，但愿伴随你的是健康、幸福、快乐和爱！

——错过了晨曦，你可以欣赏暮霭；错过了春花，你可以接纳秋实；错过了太阳，你可以仰望星月；错过了昨天，你可以拥抱今天！祝你快乐！

还有：趣味接续、精美扩写、诗意说明、微型随笔、时事短论、课文作文、短诗写作、故事新编、唐诗素描、人物白描等多种形式。

观察教材的课后练习，可以发现更多的妙不可言的写作活动的设计。

如高中语文教材中的"品种"——

①提纲罗列：阅读课文，写出祥林嫂人生悲剧情节的提纲。

②内容概述：写一段两三百字的短文，概述杨志等人在黄泥冈上被劫的经过。

③简洁评说：先列出评介提纲，然后综合评述杜十娘这个人物，写成两三百字的短文。

④表达感想：联系生活实际，写出你对葛朗台的看法，写两三百字。

⑤想象扩展：根据夏瑜和红眼睛阿义的不同身份与思想性格，试写他们在牢中的一段对话，要求写200字左右。

⑥定向探究："话说凤辣子"。要求写一篇三五百字的短文，说说王熙凤的辣，结合课文而不限于课文，可就你所知，联系《红楼梦》中有关王熙凤的描写去谈，也可以发挥想象力。

⑦变体改编：将《阿Q正传》的某个片段改编成课本剧，并分角色表演。

⑧技法体会：学习《墙上的斑点》，自拟题目，练习写一篇描绘人的心理意识流动的短文。

⑨设想推论：假如项链没有丢掉，或者丢了之后立即知道项链是假的，玛蒂尔德的结局将会怎样？请根据题意自拟题目，写两三百字的短文。

⑩理由论证：电影《祝福》中有这样一个情节：祥林嫂捐了门槛，仍然被禁止参与祭祀活动，于是拿起菜刀，跑到土地庙怒砍门槛。你觉得增添这个情节妥当吗？写一篇短文，说说你的看法。

……

在运用自己所创造的灵动多姿的写作训练形式时，我们同样需要备课，同样需要写教案，让精致的设计给学生实实在在的指导。

如笔者的一次"小练笔"作文指导。

《展开想象，生动描述》写作指导

展开想象，生动描述，是写作能力训练的要点之一。

这种手法可以用于文言诗歌的教学。充满画面之美的诗句能够让学生充分地展开自己的想象,让学生的脑海中酝酿出或朦胧、或清晰、或平面、或立体的画面。它也可以用于故事类作品的教学;作品之中的空白,留给了学生尽情想象的空间。

想象,然后用文字进行描述,用笔墨勾勒出摇曳生姿的画面,用文句叙说出生动的故事。这些,都是能力训练。

如《晓出净慈寺送林子方》的画面描述。

教学创意:多角度点拨。

活动方式:想象画面,描述画面。

教师点拨:展开想象,描述文言诗歌的画面,会让你神思飞扬,浮想联翩。现在让我们带着美好的想象来读杨万里的《晓出净慈寺送林子方》。

可从许多方面来展现"接天莲叶无穷碧,映日荷花别样红"的画面。

如从直觉的角度想象,阳光照耀,粉红色的荷花在碧绿的莲叶的映衬之下显得格外娇艳。

可以从嗅觉的角度想象,从触觉的角度想象,从景物层次的角度想象,从景物烘托的角度想象,从远观的角度想象,从特写镜头的角度想象,从身处其中的角度想象,等等。

还可以从"动景"的角度去想象,从"静景"的角度去想象,从"太阳升起"的角度去想象,从"夕阳西下"的角度去想象,从"俯视"的角度去想象,从"仰视"的角度去想象……

同学们写作,课堂交流中可能出现如下内容:

辽阔的西湖上,莲叶无边,延伸到远方,与天相接。

朝阳照耀,粉红色的荷花在碧绿的莲叶的映衬之下显得格外娇艳。

莲叶的清香沁人心脾,荷花的幽香令人陶醉。

触一触莲叶,莲叶给人一种充满生命力的感觉;摸一摸荷花,荷花瓣就像小姑娘的手那样柔嫩。

莲叶立于水面,像一片碧绿的海洋,荷花有的在莲叶边绽放,有的高高挺立,它们相互映衬,错落有致。

几片碧绿的莲叶高低错落,簇拥着一枝嫩嫩的、尖尖的就要开放的花蕾。

莲叶与荷花上面，不时有白色水鸟飞过。

层层的莲叶中间，绽放着水草的小小白花。

青蛙卧在水面的莲叶上，享受着花影下的清静。

人们在湖边走过，欣赏着莲与荷的美妙组合，幽香清香阵阵袭来，使人感到清凉舒坦。夏日里，阳光下，划着轻舟在莲叶与荷花的海洋里缓行，莲叶摇曳多姿，荷花清新淡雅，微风送来清香，让人心旷神怡。

教师的对话穿插其中，优化学生的发言，深化学生的见解。

如笔者的又一次"小练笔"作文指导。

《文学性小练笔》教学设计

一、教学内容

文学性小练笔。

二、教学对象

初中一年级下学期的学生。

三、预习要求

1. 请同学们各自找到写"花开了"的语言片段。

2. 请同学们想一想，怎样将"雪""下雪"铺展成一段优美的文字。

四、教学过程

1. 导入

我们要养成勤动笔的习惯。日常的小练笔，如日记、诗歌、杂感、札记等，都是很好的练笔方式。身边发生了一件新鲜事，班里来了一位新同学，考试成绩不好，赛跑得了冠军，老师的批评，妈妈的叮咛，乃至下雨了，刮风了，凡是你所见所闻、所思所感，都可以记下来；有话即长，无话则短，关键是要有随时记录的意识。

一位当代作家，上学期间每天都记下自己的观察、感受、对事物的见解，常常只是一些片段、点滴，比如：

蜻蜓在人的脸前飞来飞去。要下雨了。

在蒙蒙的细雨里，人的轮廓都变得模糊了，只剩下混混沌沌的一团。路灯像一个圆圆的黄绒球，悬在半空。

他是个羞怯的少年，总是低下通红的脸，却抬起发亮的眼睛，看着他的对话者。

……

这位作家日后的成功显然和这些大有关系。勤于记录不仅能练笔，也能为作文提供细致生动的素材，更重要的是还能锻炼记录者观察捕捉、思考感受的能力。

2. 展示PPT，一句话：春天，花开了。

例文——一段写春天花开的描写文。

教师点示：文学性小练笔就是将常见的、细小的、简单的用一句话可以概说的事情铺展成优美的文段。

3. 展示PPT，一句话：春天，花开了。

例文——①一段写春天花开的描写文，②一段写春天花开的抒情文，③一段写春天花开的寓言，④一段写春天花开的诗歌，⑤一段写春天花开的哲理文……

教师点示：文学性小练笔表达的角度丰富多彩，我们要进行独创性的表达。

教师讲析文学性小练笔的思维方向、思考角度：

(1) 对眼前的自然景物进行多角度描写。

(2) 对人物的形、貌、言、行……进行细节性的描画。

(3) 将一个静止的物品变成一个会说话的"人"。

(4) 将一次细微的心理活动铺展成细腻生动的过程。

(5) 将一个短短的"事件"编写成一个故事。

(6) 将一个简单的道理铺展成一篇小小的寓言。

(7) 由一种常见的自然现象感悟出一点人生的哲理。

(8) 将一份情感演绎成一首充满感情的诗歌。

……

再强调：文学性小练笔就是将常见的、细小的、简单的事情铺展成优美的文段。

讲析文学性小练笔的写作要求：

新、短、美——需要我们进行独创性的表达。

文学性小练笔的写作方法——铺展。

(1) 恰当运用限制性、修饰性的生动准确的语言。

(2) 大胆地运用拟人、比喻、呼告、排比、设问等手法。

（3）写出上下、远近、动静、声光色味。

（4）铺设背景，安排场景，设想情境，设计情节。

（5）进行联想、想象、抒情、深化、升华。

（6）精心选择与运用文句、文段的文体模式与结构模式。

4．再展示 PPT，一句话：春天，花开了。

再展示例文——写春天花开的散文——诗人泰戈尔的《花的学校》。

花 的 学 校

泰戈尔

当雷云在天上轰响，六月的阵雨落下的时候，湿润的东风走过荒野，在竹林中吹着口笛。

于是一群一群的花从无人知道的地方突然跑出来，在绿草上跳舞、狂欢。

妈妈，我真的觉得那些花朵是在地下的学校里上学。

他们关了门做功课，如果他们想在放学以前出来游戏，他们的老师是要罚他们站墙角的。

雨一来，他们便放假了。

树枝在林中互相碰触着，绿叶在狂风里簌簌地响，雷云拍着大手。这时，花孩子们便穿了紫的、黄的、白的衣裳，冲了出来。

你可知道，妈妈，他们的家是在天上，在星星所住的地方。

你没有看见他们怎样地急着要到那儿去吗？你不知道他们为什么那样急急忙忙吗？

我自然能够猜得出他们是对谁扬起双臂来，他们也有他们的妈妈，就像我有我自己的妈妈一样。

讨论或点示：作者是怎样把"春天的花开了"这个意思写成一首优美的诗的呢？技法有：

（1）设置背景。

（2）安排场境。

（3）想象情节。

（4）描写形象。

(5) 表达感受。

5. 请学生结合教师讲析的方法将"雪""下雪"铺展成一篇短文。

6. 学生写作，交流。教师评点，小结。

5. 关注作文评点语的魅力

作文指导与作文评改，远远比阅读教学困难，语文教师的教学素质重点表现在作文指导的素质上。

作文教学的环节与手法多种多样。在作文评改方法运用上要非常注意学生习作评点语的写作，它是师生之间的一座桥梁。

学生习作的评点语写作需要教师"胸中有丘壑"。

一般而言，"丘壑"指的是教师要对记叙文、说明文、议论文、叙事散文、杂文的文体表达技巧有比较深入的研究和了解；对各种不同的段落形式要有一眼洞穿的功力；对各种修辞手法、句式要有很好的语感。只有这样，在指导学生习作时才能有力量，才能有文学性，才能有指导性。否则写出来的可能就是空话、套话、敷衍的话、应付的话。

学生习作的评点语写作需要教师"笔下重技法"。

作文评改的重要要求，是要多从表达技法的角度肯定学生的作文。作文是讲究技巧的事，评改就要重视学生的表达技巧，不仅要重视，还要给学生点出来。

下面是笔者的若干作文评语。

《美，在我们中间》简评

文中表现出如下方面的写作技巧：

1. 环境设置的技巧。作者将故事放在"雨境"中进行，"雨"是人物活动的场景，由"我"在"雨"中的困难表现出周围人们的心灵之美。

2. 画面组合的技巧。作者注意到"美，在我们中间"的"我们"两个字，所以组合了校外和校内两个方面的材料，有力地扣住了文题。

3. 抑扬技巧。文中第三段是抑,第五段是扬,一抑一扬,既表现了作者的心情,也更有力地表现了人物的美。

如果要让这篇文章显得更美,还可以在剪裁技巧上下一点功夫。

《我懂得了父爱》简评

1. 文中有一些妙笔

作者的笔下,没有对父亲的语言描写,父亲对儿子一句话也没有;但文中有粗、细两种行动描写。细的,是三年前开学的前一天,父亲为"我"送行的情景;粗的,是对父亲三年里的关爱的概述。这些安排周密的事例,使父亲的形象显得格外美好。

2. 文中有一些妙语

比如"三年前"与父亲告别时,"我骤然发现父亲那被朝阳拉长的伛偻的身影,分明是一种象征,一种父爱的象征";又比如三年来,我感受到"父亲用他那双皲裂的手塞给我一把钱时,好像是将自己成吨的汗水连着一颗纯朴的爱心,伴着日月星辰一起塞给了我",这些都是真实的心灵感受。

由此,可以看出作者确实是"懂得"了父爱。

《良师》简评

此文的美点不少。

你看,标题多美。三个小标题,形成一个反复式排比句,带有抒情的意味,又清晰醒目地标示出文章的层次。

你看,文面多美。三个段落,用差不多的字数,组成篇幅大致相等的板块,给人一种匀称、清爽之感。

你看,情感多美。三个段落,每段都是先咏物,再抒怀,"我把……视为良师"反复出现,既显现结构,又点题扣题。

更重要的是,你看,角度多美。在大家都以人为良师的时候,作者却别出心裁地以物为良师。这样的新意,怎能不迅速跃入老师的眼帘?

《雨夜，我一个人在家》简评

"雨夜，我一个人在家"是一个很虚的题目，乍一看，还真不知道如何下手。

此文的作者很聪明，巧妙地运用了化虚为实的构思方法，而且将化虚为实的角度设定得十分美妙。

一般来说，可能都是写"雨夜，我一个人在家"做什么，而此文的作者却另辟蹊径，写的是"我"在想什么。

这个"想什么"的角度也十分精妙——那一盏火苗跳动的小油灯，将作者引向对昔日生活的回忆。

于是小小油灯就有了一定的象征意义，那就是爸爸的爱啊！

于是小小油灯就有了一定的表达意义，那就是"我"懂得了什么是爱，"我"走向了成熟。

《读书真让我着迷》简评

可以看出，这篇文章的作者在布局谋篇上运用了"蒙太奇"手法。

开头一段，是作者剪辑的第一个镜头，它表现的是，"我时常迷在书中"。

第二段，是作者剪辑的第二个镜头，它表现的是，"我的这种'迷'，是由来已久的"。

第四段，是作者剪辑的第三个镜头，它表现的是，"读书真让我着迷呀！"

现在我们明白了，这里所谓的"蒙太奇"手法，是说像电影一样，为了表现主题思想，把很多"镜头"组织起来，使之构成一篇前后连贯、首尾完整的文章。

《读书乐》简评

"读书乐"，这是一个多么大的题目！看到这样的题目，一时真的感到难以下笔。但本文的作者能够把大题化小。其方法在于：

开头点出叙事的中心；

第二段用美句抒情，以表现自己是一个爱读书的人；

第三段运用一个例子，从知识熏陶的角度写读书给"我"带来的乐处；

第四段又运用一个例子,从思想修养的角度,再写读书给"我"带来的乐处;

第五段呼应第二段,再次抒情、点题;

第三、四两段是实写,第二、五两段是虚写。

看来,为了表现读书乐,就得大题化小,选用不同角度的实例叙写;为了文章生动感人,就得进行一定的虚写,以充分表达自己的情感。

《家中喜事》简评

文中有一个起"凝聚"作用的场面,这就是"吃饭"。

妈妈是从厨房里走出来的,爸爸是手提二锅头走进屋里的,哥哥回来后,大家都围坐在饭桌旁,吃饭时,大家都各说各的收获……

"我"买体育彩票中了奖,爸爸被评为"高工",奶奶康复了,哥哥的国画被评为一等奖,这一切一切的好消息都与"吃饭"的场面有关。自然,全家人都喜气洋洋,"喝个痛痛快快"。

原来,作者运用了"辐集"的构思技巧,把不同方面的"喜事"集中在一起,造成一种喜庆的色彩和欢乐的气氛。这"家中喜事",是够热闹的。

这是小作者的大手笔。

《读〈动脑的结果〉有感》简评

读后感是一种材料作文,是一种引申性作文。

"引申"有五种类型:①通过"感",陈述一些认识;②通过"感",证明一个观点;③通过"感",发表一种评议;④通过"感",表达一种情感;⑤通过"感",批驳一类现象。

很明显,这篇文章是——通过"感",陈述一些认识。

认识之一,是说在学习中"要懂得开动脑筋解决问题"。

认识之二,是说在工作中"要善于开动脑筋"。

认识之三,是说在国家建设上"需要我们善于动脑"。

全文呈总分总式结构,条分缕析,层次分明。

《管住自己》简评

本文的作者，力求把自己的这篇文章写得有深度。

他采取了三个措施。

①开头不忙着引述文题中的材料，而是引用了一句名言。这句名言能够有力地支撑文题，顺利地引出下文，表现出作者的"策划"比别人"精"一些。

②在引述了李红同学的材料之后不忙着"议"，而是在议之前插进了第三段的"析"。这一段"析"写得真好，表现出作者的"见解"比别人"深"一些。

③在引用例证之后不忙着"联"，而是扎实精确地进行了议论。第四段中的议论也写得好，表现出作者的"观点"比别人的"高"一些。

用"重技巧点拨"的方法对学生的习作进行评说，其魅力表现在对习作中表达技巧的归纳与小结，这是对学生的赞许，也是对学生作文技巧的再次指导。

这是教师将自己的教学魅力化入作文评点语中，去教育学生，感染学生，滋润学生的心田。

6. 养成积累"范文"资料的好习惯

什么样的作文是好作文？好作文是情感真挚的作文。写真事，说真话，抒真情，议真事；不说假话、空话、套话，不说庸俗的话。

好作文，应该有独到的视点，有健康的内容，有流畅的文笔，有雅致的语言，有新颖的角度。特别需要具有章法之美，能够从如下某个方面表现出精心的构思与表达：起笔收笔之美、叙议结合之美、详略有致之美、承接过渡之美、穿插点染之美、句式段式之美、细节描写之美、手法运用之美、结构俊朗之美……

这些写作的要求，都需要有优美的、能够体现表达规律的范例、范式的影响。

"规律"二字很重要，作文指导教学，在"规律"的点拨上着眼，无疑是比较科学而高效的。凡语文教师，在有效作文的指导方面，都可以进行"提炼规律"的尝试与研究，以发现更多、更实用的写作诀窍，对学生进行有效、科学的指导。

作文教学中的表达规律的研究，主要有如下一些视点或者说是着眼点：

①一般记叙文的章法特点与大致规律的研究。

②一般说明文的章法特点与大致规律的研究。

③一般议论文的章法特点与大致规律的研究。

④与生活密切关联的写作能力训练如"读后感""短评"的构思方法研究。

⑤某种特别有用的大众化的构思规律如"横式结构"的研究。

⑥某种学生必须经历的写作训练如"我的一天"的构思形式研究。

⑦中考、高考作文复习备考中的作文训练点的研究。

⑧文章特别部位如"开头""结尾"的多种形式的提炼研究。

⑨文章特别手法如"倒叙""插叙"的形式研究。

⑩各种段落结构及展开形式的研究。

⑪各种不同句式的表达形式及实际运用的研究。

⑫对现实生活中创新的短文构思形式与手法进行发现与研究等。

如果用资料说话，从大量的美文资料中提取有用的写作指导的精华材料即范文，教师就能有丰富的积累，学生就能有直观的范本。

于是我们的教学指导就能更加明确有效，能由随意而到严谨，由粗疏而至准确。

像这样的研究，既表现出学术性，又显现出实用性。

它们其实涵盖了作文教学研究的三个重点，一是对"写作思维"的研究。二是对"写作类别"的研究，三是对"写作范式"的研究。

所谓"写作思维"，就是从大量文章中表现出来的表达习惯及表达规律。对"写作思维"的研究，可以帮助我们提升对写作规律方面的一些认识。

如"起承转合""先总后分"就是写作思维。又如，"三"是一种写作思维，"四"是一种写作思维，"五"是一种写作思维，"叙议结合"是一种写作思维，"横式结构"是一种写作思维，"春夏秋冬"是一种写作思维，"山水相依"是一种写作思维，"宕开一笔"是一种写作思维，"抒情句反复穿插"是一种写作思维……寻觅写作思维的规律，发现写作思维的形式，指导与训练学生，就能达到"规范"的标准。

下面是关于"三"的写作思维的简单描述：层波叠浪，三次反复。

三次反复，是将同一类事情写三次，逐层变化、深化，以形成文章的主体内容。运用这种思维方式写童话、寓言、故事，或者写议论文、说明文甚至进行演讲，都是比较常见的。

如：《赫耳墨斯和雕像者》，运用了三次对话的方式推动故事情节的发展；《七颗钻石》，运用了写铁罐三次变化的方法来表现故事情节的曲折有致；《女娲造人》，写了女娲造人的三种方法。甚至神话中都有用"三写"来表现人物的：极度干渴的夸父，先饮于黄河，再饮于渭河，最后欲往北方的大湖去饮水。

再看安徒生童话《皇帝的新装》中的"三写"：因为骗子说过，任何不称职的或者愚蠢得不可救药的人，都看不见这衣服。这让皇帝的心里感到有些不大自然，他想派人去看看工作的进展情况。于是有了三次反复。

……

运用"三次反复"的方法，能够更加深刻地用反复的手法表现人物，表达出故事"纡行"的美感，使故事表现出或轻波微澜、或层波叠浪的情节特点。

在文学作品中，"三次反复"也是一种具有文学意味的手法。

连苏霍姆林斯基在《致女儿的信》中所引用的童话，也让上帝三次来到充满爱意的人间。

经典的课文中，《谈骨气》《真理诞生于一百个问号之后》，都是立论文中运用"三"的思维的好文章。

拓展我们的眼界，还可以看到更多的有趣有味的"三"：一个人物，三个故事；前后中间，三层描叙；叙说故事，三写对话；一个故事，三个人物；叙议结合，三次叠加；咏物抒情，三步到位；美化细节，三写情境；立论论证，三用论据；评述评议，常说三"境"；发表意见，三个观点……可谓有趣有味。用资料说话，在资料研究中进行发现，能够大大提升教师的教学科研能力。

对"写作类别"的研究能解决训练内容的问题。让我们知道应该对学生进行什么样的训练，重点在哪里，要求是什么。统编初中语文新教材，设计了一套七年级至九年级的作文训练体系，有助于我们循序渐进地进行日常作文教学。它们照应着阅读教学单元，共有36个训练点：

七年级上册：热爱生活热爱写作　学会记事　写人要抓住特点　思路要清晰

如何突出中心　发挥联想与想象

七年级下册：写出人物的精神　学习抒情　抓住细节　怎样选材　文从字顺　语言简明

八年级上册：新闻写作　学写传记　学习描写景物　语言要连贯　说明事物要抓住特征　表达要得体

八年级下册：学习仿写　说明的顺序　学写读后感　撰写演讲稿　学写游记　学写故事

九年级上册：尝试创作　观点要明确　议论要言之有据　学习缩写　论证要合理　学习改写

九年级下册：学习扩写　审题立意　布局谋篇　修改润色　对演出进行评议　有创意地表达

观察这36个训练点，可以发现其内在的训练类型大致如下。

①表达方式训练：学会记事，学习抒情，学习描写景物。

②实用表达训练：新闻写作，学写传记，学写读后感，撰写演讲稿，学写游记，学写故事，对演出进行评议。

③文体写作训练：写人要抓住特点，写出人物的精神，说明事物要抓住特征，说明的顺序，观点要明确，议论要言之有据，论证要合理。

④语言表达训练：文从字顺，语言要连贯，表达要得体。

⑤写作思维训练：学习仿写，学习缩写，学习改写，学习扩写。

⑥基本技能训练：思路要清晰，如何突出中心，发挥联想与想象，抓住细节，怎样选材，审题立意，布局谋篇，修改润色。

⑦特别项目训练：热爱生活热爱写作，尝试创作，有创意地表达。

可以看出，统编教材的作文训练体系基本上是比较合理的，尽管在实用文章写作的训练上欠缺力度，但毕竟有了这36个训练点的出现，在作文训练体系的建立上迈出了一大步。

如果视野再放开一些，从学生适应未来社会和生活需要的角度来看，从学生的写作能力的全面发展来看，我们还需要对学生学习写作的类别进行更加深入广泛的探究，让更多的使学生终身受用的写作训练目标进入我们的视线，例如凡人趣事、观景短文、微型报导、随感随笔、图书短评、微型说明、袖珍议论、人物写真、活动报道、事物短论、知识趣说、精短时评、诗歌评析、小说评点、活动侧记、读书笔记、新闻采访、人物小传、工艺说明、画面解说、发言摘录、简明统计、活动综述、科普微文、节日祝词，甚至节目串词等，都是可以依凭丰富的资料进行提炼与研究的。

对"写作范式"的研究能够比较好地解决规范而具体地进行作文指导的问题。

日常作文教学中的谈话式教学是比较苍白无力的疏懒的教学，因为教师拿不出精致的范文对学生进行启迪与濡染，只能凭自己的口头讲述。

作文指导特别是构思指导的一种好做法是"范文引路"。

"范文"所表现出来的，是规律，是经验，是意美、语美、形美的高效濡染。"范文"，正是因为表现出构思写作的规律而具有示范性。如下面的范文。

父亲的三句箴言

父亲是位农民。他幼年失怙，家中贫穷，没有上过学，因而目不识丁。幸亏"生活是本无字书"，他从生活中汲取了诸多人生经验和生活智慧，令我至今记忆犹新。

三十多年前的一个冬夜，父亲有事出门，母亲睡在牛屋里看牛。半夜里，窃贼把牛屋的后墙掏出一个大洞，偷走了牛。那时，牛是农家的"半边天"，耕地打场都指望着它。这下"半边天"塌了，母亲自责得吃不下饭。父亲回来，不但没责怪她一句，反而微微一笑安慰她说："不要气。大风刮走鸭蛋壳，财帛去了人安乐。"后来，父亲借钱又买了一头小牛。

曾经，我家和二叔家共住一处老宅子。后来分家时，本应一人一半，但二叔蛮不讲理地霸占了大半。父亲不和他争，母亲责怪他窝囊，他却淡淡一笑："不要争。争名夺利是枉然，临死两手攥空拳。"过了几年，二叔因为和他儿媳妇争一点儿菜地，气得脑溢血，匆匆离世。

那年，父亲从集市上买回一棵核桃树栽在院子里，栽好之后摸着我的脑袋说："桃三杏四梨五年，枣树栽上就卖钱。等着这棵核桃树给你结核桃吃吧。"可是，我在树下眼巴巴地盼望了好几年，却仍然一个核桃也没结。听人说，核桃树有公母之分，母的结果，公的不结果。年年失望惹得我一肚子怒火，我拿着一把锯子对父亲说:"这棵核桃树是公的吧?还不如锯掉算了!"父亲拿过我手中的锯子,呵呵一笑:"不要急。天地从容,万物从容。"

我只好耐着性子又等了一年,它终于结出许多青青圆圆的核桃。秋天,核桃成熟了,敲破果壳,吃着清香的核桃仁,我想父亲的话是对的。天地从容,万物从容,人也要从容。

如今,闲暇时,我爱细细品味父亲的这三句箴言。"不要气",他教我做一个豁达乐观的人;"不要争",他教我做一个宽容厚道的人;"不要急",他教我做一个镇定从容的人。这三句箴言,虽然简短,却意义深远,每一次品味都促我反躬自省,让我受益匪浅。

【郑传省. 父亲的三句箴言[N]. 光明日报,2013-06-26(12).】

这篇文章表现出"三"的写作思维。用三件小事写了一位父亲的一生,取材虽然平常,但角度精细。全文思路明晰,层次井然,照应生动,叙议结合;这篇文章表现出一定的构思规律,对于指导中学生写"多事一人"的文章是很好的范文;换个角度看,也是中考复习中学生必须经历的一个作文训练点。

范文的提取,中小学语文教材是首选。小学第一、二学段的课文往往是第三学段乃至第四学段的作文范文。由于课文精致,当它们用作作文范文的时候,在很多方面都会有明显的示范作用。

比如下面这篇短文。

阳 光

阳光像金子,洒满田野、高山和小河。

田里的禾苗,因为有了阳光,更绿了。山上的小树,因为有了阳光,更高了。河面闪着阳光,小河就更像长长的锦缎了。

早晨,我拉开窗帘,阳光就跳进了我的家。

谁也捉不住阳光,阳光是大家的。

阳光像金子,阳光比金子更宝贵。

它是人教版小学一年级的阅读课文,但经过抽象与提炼,可以发现它表现出来的是咏物类文章构思与表达的一种规律,即"先引出事物——再描述事物——最后托物寄意"的写作"三部曲"。小学语文课文中,《珍珠鸟》是这样;中学语文教材中,《紫藤萝瀑布》《荷叶 母亲》乃至《白杨礼赞》也是这样。它们都表现出"三部曲"式的结构与手法的规律。这种规律一经点示给适当年级的学生,便可以让他们由一篇知一类,产生一定的语感与文感,从而能够在规律的影响下进行自由而比较规范的写作。

如下文,是人教版小学二年级上学期的课文,原标题为"日记两则":

梦中的花裙子

6月1日　　星期五　　阴

昨天晚上,我做了个梦。梦见我穿上了摆在商店橱窗里的那条裙子。那是一条镶着花边的百纱裙。我穿着它走进学校,同学们都投来羡慕的目光。今天是我的节日,妈妈一定会给我买那条裙子。

妈妈下班了,手里提着一大包东西。我迫不及待地打开包,里面有两条粉红色的布料连衣裙,两个红书包,两套《少年儿童百科全书》,就是没有我心爱的裙子。

妈妈把礼物分成两份,给我一份,留下一份,说那一份是给阿英妹妹的。

阿英妹妹是谁?她在哪里?妈妈明明知道我喜欢那条裙子,却不给我买,妈妈真小气!

7月20日　　星期日　　晴

阿英妹妹昨天到我家来了。

阿英是个苗族小姑娘,家在贵州山区。她告诉我,是妈妈一直寄钱帮助她读书,要不,她早就失学了。她还说,她穿的衣服和来我家的路费,也是我妈妈寄去的。阿英很勤快,她很好学,不是看书就是问问题。

昨天晚上,我又做了个梦,梦见妈妈带我去买那条裙子。我没让妈妈买。我说把钱省下来,可以买好多书。在梦里我和阿英一起去了苗家山寨,看到了许多苗家小姑娘。我从书包里拿出书送给她们,她们高兴得围着我跳起舞来。

这篇课文以小见大:通过一件小事表现了一种美好的社会现象,赞美了妈妈的爱心。

它用特别的形式叙述完整的故事。两则日记分述故事,形式新颖,结构对称,一线贯穿;思路清晰,情节生动,浑然一体。

它用特别的手法增加美感。有悬念，有释念；有实写，有虚写；有预伏，有照应；有正面描写，有侧面烘托；以梦开始，引人入胜，以梦收束，意味深长。

它用特别的笔触表达内心情感。写出了渴望，写出了误解，写出了理解与真诚；情节一波三折，心情抑扬起伏；连日记中的日期都用来表达心情的微妙变化。

这篇课文在写作上给我们的启迪是：美在选材角度，重在优化形式，精在手法运用。它可以是中考"写好一个人物群体"之类作文的必用范文之一。

学生作文的范文，更多地在日常的读物中。

教师在日常阅读中要做"积累范文"的有心人，见到好文章及时记载、录入，顺势进行，高效省力。

如笔者积累的几则"游记"范文，在教学中非常管用，它们是教学详案的基石。

七月的天山
碧野

朋友，你到过天山吗？天山是我国西北边疆的一条大山脉，连绵几千里，横亘在准噶尔盆地和塔里木盆地之间，把广阔的新疆分为南北两半。

七月间，新疆的戈壁滩炎暑逼人，这时最理想的是骑马上天山。

进入天山，戈壁滩上的炎暑就被远远地撇在后边，迎面送来的雪山的寒气，会使你感到像秋天似的凉爽。蓝天衬着高高耸立的巨大的雪峰。在太阳下，几块白云在雪峰间投下云影，就像白缎上绣了几朵银灰色的暗花。那融化的雪水，从高悬的山涧、从峭壁断崖上飞泻下来，像千百条闪耀的银链。这飞泻下来的雪水，在山脚汇成冲激的溪流，浪花往上抛，形成千万朵盛开的白莲。可是，每到水势缓慢的洄水涡，却有鱼儿在跳跃。饮马溪边，你坐在马鞍上就可以俯视到那阳光透射的清澈的水底，在五彩斑斓的水石间，鱼群闪闪的磷光映着雪水清流，给寂静的天山增添了无限的生机。

再往里走，天山越来越显得优美。白皑皑的群峰的雪线以下，是蜿蜒无尽的翠绿的原始森林，密密的塔松像撑天的巨伞，重重叠叠的枝丫，只漏下斑斑点点的细碎的日影。骑马穿行林中，只听见马蹄溅起漫流在岩石上的水的声音，增添了密林的幽静。在这林海深处，连鸟雀也很少飞来，只偶尔能听到远处的几声鸟鸣。

如果说进到天山像是秋天，那么，再往里走就像是春天了。山色逐渐变得柔嫩，山形也逐渐变得柔和了，很有一伸手就可以触到嫩脂似的感觉。这里溪流缓慢，萦绕着每一个山脚；在轻轻荡漾着的溪流两岸，满是高过马头的野花，红、黄、蓝、白、紫，五彩缤纷，像织不完的丝锦那么绵延，像天边的霞光那么耀眼，像高空的长虹那么绚烂。这密密层层的成丈高的野花，花朵赛过八寸的玛瑙盘，花瓣儿赛过巴掌大。马走在花海中，显得格外矫健；人浮在花海上，也显得格外精神。在马上，你用不着离鞍，只要稍微伸一下手，就可以捧到满怀你最心爱的大鲜花。

虽然天山这时不是春天，但是有哪一个春天的花园比得过这时天山的无边繁花呢？

【赏析】

《七月的天山》节选自碧野的游记散文《天山景物记》。

非常严谨的结构，文脉非常清晰：骑马上天山——进入天山——再往里走——走进天山深处。全文写景状物，文笔优美，描述生动，抒情色彩浓郁，在移步换景之中依次展现雪峰、溪流、森林、野花。

首尾照应的同时，也流露出作者的赞美之情；文中的映衬手法特别值得我们欣赏、学用。

鸟 的 天 堂
巴金

我们吃过晚饭，热气已经退了。太阳落下了山坡，只留下一段灿烂的红霞在天边。

我们走过一段石子路，很快就到了河边。在河边大树下，我们发现了几只小船。

我们陆续跳上一只船。一个朋友解开了绳，拿起竹竿一拨，船缓缓地动了，向河中心移去。

河面很宽，白茫茫的水上没有一点波浪。船平静地在水面移动。三支桨有规律地在水里划，那声音就像一支乐曲。

在一个地方，河面变窄了。一簇簇树叶伸到水面上。树叶真绿得可爱。那是许多株茂盛的榕树，看不出主干在什么地方。

当我说许多株榕树的时候，朋友们马上纠正我的错误。一个朋友说那里只有一株榕树，另一个朋友说是两株。我见过不少榕树，这样大的还是第一次看见。

我们的船渐渐逼近榕树了。我有机会看清它的真面目，真是一株大树，枝干的数目不可计数。枝上又生根，有许多根直垂到地上，伸进泥土里。一部分树枝垂到水面，从远处看，就像一株大树卧在水面上。

榕树正在茂盛的时期，好像把它的全部生命力展示给我们看。那么多的绿叶，一簇堆在另一簇上面，不留一点儿缝隙。那翠绿的颜色，明亮地照耀着我们的眼睛，似乎每一片绿叶上都有一个新的生命在颤动。这美丽的南国的树！

船在树下泊了片刻。岸上很湿，我们没有上去。朋友说这里是"鸟的天堂"，有许多鸟在这树上做巢，农民不许人去捉它们。我仿佛听见几只鸟扑翅的声音，等我注意去看，却不见一只鸟的影儿。只有无数的树根立在地上，像许多根木桩。土地是湿的，大概涨潮的时候河水会冲上岸去。"鸟的天堂"里没有一只鸟，我不禁这样想。于是船开了，一个朋友拨着桨，船缓缓地移向河中心。

第二天，我们划着船到一个朋友的家乡去。那是个有山有塔的地方。从学校出发，我们又经过那"鸟的天堂"。

这一次是在早晨。阳光照耀在水面，在树梢，一切都显得更加光明了。我们又把船在树下泊了片刻。

起初周围是静寂的。后来忽然起了一声鸟叫。我们把手一拍，便看见一只大鸟飞了起来。接着又看见第二只，第三只。我们继续拍掌，树上就变得热闹了，到处都是鸟声，到处都是鸟影。大的，小的，花的，黑的，有的站在树枝上叫，有的飞起来，有的在扑翅膀。

我注意地看着，眼睛应接不暇，看清楚了这只，又错过了那只，看见了那只，另一只又飞起来了。一只画眉鸟飞了出来，被我们的掌声一吓，又飞进了叶丛，站在一根小枝上兴奋地叫着，那歌声真好听。

当小船向着高塔下面的乡村划去的时候，我回头看那被抛在后面的茂盛的榕树。我感到一点儿留恋。昨天是我的眼睛骗了我，那"鸟的天堂"的确是鸟的天堂啊！

【赏析】

巴金先生的《鸟的天堂》清丽流畅，线条简洁地描绘了"鸟的天堂"高雅清幽的风景画，表达了作者对大自然生命力的热爱和赞美。

全文的表达特点为：有清晰的结构顺序，有一早一晚的反复，有一静一动的变化，有叙事与抒情的融合，有情感的抑扬，特别有"游踪"变化之中的"定点观察"之法。第一次观察的是大榕树，第二次观察的是树上的小鸟。

它给我们显现了并非一天之内的"游记"写作的构思技巧。

五 花 海
林非

从藏马龙河沟原始森林回来的路上，我终于瞧见了五花海的美景。清晨路过的时候，早就闻名的这一片湖泊，被满天的云雾笼罩着，还未曾露出自己绝代佳人似的容颜。

为什么从这一汪迷人的碧波里，竟泛出了湛蓝的涟漪？像一粒粒璀璨的宝石，像一块块蓝得发亮的天空，给宁静和纯洁的碧波，抹上了多少神奇的色彩。在荡漾的微风里，我仔细地往湖面看去，只见那澄清的碧波，竟是深一层、浅一层，浓一块，淡一块，真正是千姿万态。而在这明澈的碧波底下，一株株躺着的树桠，像是许多雪白的珊瑚，诉说着大海里的童话故事。在这一串串珊瑚顶上，晃动着紫色的光点，粉红色的云霞和鹅黄色的树影。为什么在五花海里，蕴藏着这么多迷人的颜色呢？

当白云飘过山峦的顶端，万顷碧波中又浮动着乳白色的倒影，衬着这白茫茫的一片，旁边的碧波显得更明媚和鲜艳了。往远处望去，对岸山坡上黄杨树的倒影，在绿水中间轻轻摇荡，一簇簇浅黄色的光影，缥缈而又朦胧，还有那一束束墨黛色的光柱，悄悄地竖立在里面，原来是一棵棵枞树的倒影。这一团团蓝色的光波，密密层层地凝聚在一起，竟像是从未见过的海市蜃楼，在蓝天和白云底下，不断地变幻着色彩与光泽。

当太阳冲出云围，在蔚蓝的天顶露面时，立即像一团火球掉进了碧清的湖泊中，炽热的火焰被撕得粉碎，闪烁出数不清的阵阵金光，有的像孔雀的翎毛，有的像火树银花，有的像满天的星光。我曾神往过法国的印象派绘画《日出印象》，惊叹于莫奈竟如此敏捷地捕捉住光和影瞬间的变化。比起《日出印象》凄清和迷茫的光影来，五花海的颜色简直太丰富了，太浓郁了，像多少绘画大师永远都用不完的调色板，真是变幻无穷，神秘莫测。

当我离开五花海的时候，它已经变成了一幅充满色彩的油画，永远悬挂我的心坎上了。如果有谁要问我，什么叫作色彩的美？我就可以大彻大悟地告诉他"你上九寨沟去看五花海吧！"

（节选自：林非. 中华百年游记精华［M］. 北京：人民文学出版社，2001.）

【赏析】

这里的游记片段，就是一篇小小的游记。

它略略地交代了"游踪"，主要运用了"定点观察"的写法，即观察"五花海"湖面的美好变化。这种观察过程的表达也极有顺序，先描述湖面的神奇美好的色彩，再写白云飘过时湖面色彩的变化，最后描绘、赞叹太阳冲出重围时五花海变幻无穷的色彩。

全文首尾照应，语言华美，手法生动，真情流露，美感丰富。

山 中 访 友

李汉荣

走出门，就与微风撞了个满怀，风中含着露水和栀子花的气息。早晨，好清爽！

不坐车，不邀游伴，也不带什么礼物，就带着满怀的好心情，踏一条幽径，独自去访问我的朋友。

那座古桥，是我要拜访的第一个老朋友。啊，老桥，你如一位德高望重的老人，在这涧水上站了几百年了吧？你把多少人渡过对岸，滚滚河水流向远方，你弓着腰，俯身凝望着那水中的人影、鱼影、月影。岁月悠悠，波光明灭，泡沫聚散，唯有你依然如旧。

走进这片树林，鸟儿呼唤我的名字，露珠与我交换眼神。每一棵树都是我的知己，它们迎面送来无边的青翠，每一棵树都在望着我。我靠在一棵树上，静静地，仿佛自己也是一棵树。我脚下长出的根须，深深扎进泥土和岩层；头发长成树冠，胳膊变成树枝，血液变成树的汁液，在年轮里旋转、流淌。

这山中的一切，哪个不是我的朋友？我热切地跟他们打招呼：你好，清凉的山泉！你捧出一面明镜，是要我重新梳妆吗？你好，汩汩的溪流！你吟诵着一首首小诗，是邀我与你唱和吗？你好，飞流的瀑布！你天生的金嗓子，雄浑的男高音多么有气势。你好,陡峭的悬崖!深深的峡谷衬托着你挺拔的身躯,你高高的额头上仿佛刻满了智慧。你好,悠悠的白云!你洁白的身影,让天空充满宁静,变得更加湛蓝。喂,淘气的云雀,叽叽喳喳地在谈些什么呢?我猜你们津津乐道的,是飞行中看到的好风景。

捡起一朵落花,捧在手中,我嗅到了大自然的芬芳清香;拾一片落叶,细数精致的纹理,我看到了它蕴含的生命的奥秘,在它们走向泥土的途中,我加入了这短暂而别有深意的仪式;捧起一块石头,轻轻敲击,我听见远古火山爆发的声浪,听见时间隆隆的回声。

忽然,雷阵雨来了,像有一千个侠客在天上吼叫,又像有一千个醉酒的诗人在云头吟咏。满世界都是雨,头顶的岩石像为我撑起的巨伞。我站立之处成了看雨的好地方,谁能说这不是天地给我的恩泽?

雨停了,幽谷里传出几声犬吠,云岭上掠过一群归鸟。我该回家了。我轻轻地挥手,告别山里的朋友,带回了满怀的好心情、好记忆,还带回一路月色。

【摘自:李汉荣. 山中访友 [J]. 散文,1995(6).】

【赏析】

作家李汉荣的这篇文章很有意思。它是感恩大自然的写景散文,也是别具一格、形式特别的游记散文。从早晨到傍晚,作者进入山林到离开山林,有着明晰的游踪,写出了地点和景物的变化,表现出移步换景的层次之美。

全文构思新奇,富有创意。一是首尾的美好照应,二是详略的灵动处理,三是描述方位的变化,四是第二人称的写法——这是本文最奇美的地方。

每一位语文教师,在作文教学中都应该做到"范文引路"。在平时的备课与阅读中,要善于利用中小学语文教材中的课文、作文教学专业书籍、日常报刊中的精美文章、中小学优秀作文等资料,对文章写作进行形式与手法的研究,提炼出精巧实用的句、段、篇的写作形式,收集、整理、收藏大量的范文并欣赏其精妙之处,从而用"精选范文"的方法来丰富自己的积累,提高自己的教学能力。

教师在精选范文的过程中,需要品读鉴赏、分析对比、及时提取、分类整合,既有选文方面的收获,又有资料积累习惯的养成。试想,如果一位语文教师收集、积累了100篇、200篇甚至几百篇作文指导范文,那么这位教师的作文教学是不是可以锦上添花?

　　进行范文积累方面的研究,是一种积累研究、发现研究、创新研究,它需要毅力、坚持、心有所系。当这种研究有了一点发现,有了一点在发现基础上的教学实践,那一定是一种很幸福的感觉。

　　希望更多的一线语文教师养成"积累范文"资料的好习惯,在作文范文积累方面给自己创造出新颖丰富的成果。